NOS TRÈS CHERS ÉMIRS

DES MÊMES AUTEURS :

Christian Chesnot

La Bataille de l'eau au Proche-Orient, Éd. de L'Harmattan, 1993.

Palestiniens 1948-1998 : Génération fedayin, de la lutte armée à l'autonomie, avec Joséphine Lama, Éd. Autrement, 1998.

Orient-Occident, le choc ? avec Antoine Sfeir, Éd. Calmann-Lévy, 2009.

Georges Malbrunot

Des pierres aux fusils, les secrets de l'Intifada, Éd. Flammarion, 2002.

Les révolutionnaires ne meurent jamais, entretien avec Georges Habache, Éd. Fayard, 2008.

L'Irak, un pays sans État, Éd. du Cygne, 2009.

Dans l'ombre de Ben Laden, les mémoires de son garde du corps, avec Nasser al-Bahri, Éd. Michel Lafon, 2010.

Christian Chesnot et Georges Malbrunot

L'Irak de Saddam Hussein, portrait total, Éd. First, 2003.

Les Années Saddam, révélations de son traducteur, avec Saman Abdel Majid, Éd. Fayard, 2003.

Mémoires d'otages, Éd. Calmann-Lévy, 2005.

Qatar, les secrets du coffre-fort, Éd. Michel Lafon, janvier 2013.

Les Chemins de Damas : le dossier noir de la relation franco-syrienne, Robert Laffont, octobre 2014.

Christian Chesnot
et
Georges Malbrunot

NOS TRÈS CHERS ÉMIRS

Sont-ils vraiment nos amis ?

Michel Lafon

118, avenue Achille-Peretti – CS 70024
92521 Neuilly-sur-Seine Cedex

www.michel-lafon.com

« Qatar, assez, c'est assez ! »

Enough is enough !, « Assez, c'est assez ! » La colère d'Anouar Gargash, le vice-ministre des Affaires étrangères aux Émirats arabes unis (EAU), est à peine contenue[1]. Depuis dix ans au moins que le Qatar exaspère ses voisins des Émirats et d'Arabie Saoudite, le temps des représailles a enfin sonné.

Le 5 juin 2017 au matin, l'Arabie Saoudite, les Émirats, Bahreïn, l'Égypte et le Yémen rompent leurs relations diplomatiques avec le minuscule Qatar, qu'ils accusent de financer le terrorisme islamiste. Aussitôt, dans les locaux de l'ambassade d'Arabie à Doha, le personnel saoudien brûle des télégrammes diplomatiques. Mais les sanctions ne s'arrêtent pas là : les frontières terrestres sont fermées. Le Qatar ne peut plus importer l'essentiel de ses produits alimentaires d'Arabie. En plein ramadan, les ressortissants qatariens ont deux semaines seulement pour quitter l'Égypte, les Émirats et l'Arabie. Les liaisons aériennes entre

1. France Inter, 11 juin 2017.

Doha et ses voisins sont interrompues. Un blocus aérien se met en place : chaque jour jusqu'alors, trente-deux vols reliaient quotidiennement Doha à Dubaï. « Maintenant, je devrai passer par Oman ou Koweït », se plaint un expatrié, pointant les deux pays du Golfe qui ne se sont pas associés à la batterie de sanctions imposées au Qatar. Le coup est rude pour Doha. « Le modèle de développement du Qatar est fondé sur la liberté de circulation des personnes », analyse un homme d'affaires français installé dans la capitale qatarienne. Sans cette ouverture, les dizaines de milliers d'expatriés, ces cols blancs qui font tourner l'économie du pays, seront lourdement handicapés.

Ce n'est pas la guerre, mais comme le souligne Éric Chevallier, l'ambassadeur de France à Doha, quand il convoque le jour même des représentants de la communauté française inquiets, « nous sommes très haut dans l'échelle des sanctions imposées par un pays à un autre ». Riyad et Abou Dhabi emploient les grands moyens pour faire rentrer le Qatar dans le rang.

Comment en est-on arrivé là ? La guéguerre est ancienne entre le Qatar et ses voisins, comme nous le verrons plus loin, mais le dernier épisode de la brouille est récent. Il remonte à la visite de Donald Trump à Riyad les 20 et 21 mai 2017. Devant une cinquantaine de chefs d'État arabo musulmans – dont l'émir du Qatar, cheikh Tamim – le président américain les a exhortés à se mobiliser contre l'extrémisme et le terrorisme.

Le très imprévisible leader du monde libre a deux cibles en ligne de mire, l'islam politique et l'Iran. Cela tombe bien. Ses hôtes épousent exactement cette ligne un tantinet simpliste : les Émirats arabes unis exècrent les Frères musulmans – le levier dont se sert le Qatar depuis des années pour exercer une influence dans le monde arabe – et l'Arabie est obsédée par la menace d'un Iran que l'accord nucléaire signé deux ans plus tôt avec les grandes puissances a réintégré dans le concert des nations.

Grâce à Donald Trump, Saoudiens et Émiriens tiennent enfin l'occasion rêvée de régler leurs comptes avec ce petit Qatar qui les nargue par son hyperactivisme sur la scène internationale depuis trop longtemps. Si la crise n'est pas née durant la visite de Trump, avec ce dernier, Saoudiens et Émiriens ont l'appui qui leur manquait pour instruire le dossier de la duplicité du Qatar vis-à-vis de l'Iran et des islamistes. Reste à trouver l'étincelle pour allumer la bombe.

Elle est lancée trois jours plus tard, le 24 mai, peu après minuit. L'agence de presse officielle, Qatar News Agency, publie sur son site Internet un communiqué reprenant une déclaration de l'émir cheikh Tamim, dans laquelle ce dernier parle de « tensions » avec Donald Trump, spécule sur un président qui pourrait « ne pas durer longtemps », préconise des relations « amicales » avec l'Iran, loue le mouvement islamiste palestinien Hamas, et souligne enfin les bonnes relations du Qatar avec Israël. Ces prétendues paroles de l'émir, parfois contradictoires, sur l'état hébreu et ses ennemis intégristes en particulier, sont du pain béni pour les ennemis du Qatar !

Vingt minutes plus tard, en pleine nuit, des télévisions saoudiennes et émiriennes, non seulement diffusent l'information, mais déroulent déjà les réactions d'experts et de commentateurs dûment installés en plateau pour dénoncer la « perfidie » du Qatar[1]. Pourtant, dans l'heure qui suit, les autorités qatariennes ont publié un communiqué démentant ces accusations, affirmant que QNA a été victime d'un hacking – un piratage informatique. Mais rien n'y fait. La machine médiatique et diplomatique s'emballe.

Très vite, le doute s'installe. Un hacking a-t-il réellement eu lieu ? Un journaliste de la QNA s'est-il fait taper sur les doigts pour avoir rapporté ou déformé des propos tenus en *off* par l'émir ? Le 23 mai, cheikh Tamim s'est bien rendu à une séance de remise de diplômes auprès de jeunes officiers, mais il n'a jamais prononcé les propos que ses détracteurs lui imputent, assure un diplomate de l'ambassade de France qui était présent sur place.

« Un hacking de QNA (Qatar News Agency) a attribué à l'Émir des propos qu'il n'a jamais tenus », peut-on lire dans un courriel qu'Éric Chevallier a adressé aux représentants

1. *New York Times*, 8 juin 2017.

de la communauté française, après sa réunion avec ces derniers le lundi 5 juin après-midi pour les tenir informés de l'évolution de la situation. « À partir de là, il y a eu une escalade médiatique. Quinze jours de montée en puissance de la tension (médiatique et sur les réseaux sociaux) », ajoute le mail de l'ambassadeur de France.

L'équipe du FBI et d'experts britanniques, dépêchés à Doha, conclut également à un hacking par des pirates russes indépendants agissant pour le compte des ennemis du Qatar. Une pratique répandue entre pays du Golfe, qui louent les services de hackers pour mener une guerre de l'ombre afin de ternir l'image de leurs voisins, *via* des relais dans les médias ou les think-tanks, aux États-Unis en particulier.

S'il y a eu une incontestable instrumentalisation de cette crise par l'Arabie et les Émirats, il y a aussi du vrai dans les reproches adressés au Qatar. Le Qatar a bel et bien financé le Hamas palestinien, dont l'ancien chef du bureau politique Khaled Meshal est un ami personnel de l'émir-père cheikh Hamad. La bande de Gaza, contrôlée par le Hamas, ne pourrait survivre sans les subsides accordés par Doha. Le Qatar a aussi fermé les yeux sur le financement par des individus privés des organisations terroristes, comme nous l'écrivions dans la première édition du présent ouvrage (*cf.* Chapitre 4 : « Les émirs financent-ils le terrorisme ? »). Déjà, nous citions plusieurs noms que l'on retrouve sur la liste que Riyad et ses alliés ont publiée le 9 juin 2017, où figurent cinquante-neuf individus et douze entités soutenant le terrorisme et appuyés par Doha.

Cette mansuétude des autorités qatariennes n'est plus tolérée, ni à Washington ni même à Paris où, après une certaine complaisance de François Hollande et de Nicolas Sarkozy, Emmanuel Macron a réclamé durant sa campagne une clarification sur ces soi-disant financiers privés du terrorisme. Déjà en 2014, l'Arabie Saoudite et les Émirats avaient mis le Qatar au banc des accusés en rappelant leurs ambassadeurs et en adressant une sévère mise en garde à leur voisin. Plusieurs mois de médiation koweitienne avaient fini par faire retomber la tension (*cf.* chapitre 9 : « Le Qatar de Tamim »). Doha expulsa sept responsables Frères musulmans égyptiens, dont la plupart se réfugièrent en Turquie. La chaîne de télévision Al-Jazeera consentit à ne plus attaquer l'Arabie et ses responsables, mais elle continua envers l'Égypte du maréchal Sissi ainsi qu'en Syrie, où elle diffusa les messages du Front al-Nosra, la branche locale d'al-Qaïda. Bref, comme le reconnaît le chercheur Nabil Enasri, proche du Qatar, « Doha fit le minimum syndical ».

« Avec le Qatar, nous avons été très patients pendant très longtemps, affirme à l'un des auteurs Anouar Gargash[1]. Nous avions pourtant trouvé un accord en 2014 avec l'émir du Qatar. Il avait approuvé certaines mesures contre les Frères musulmans, contre le Hamas et contre beaucoup

1. Entretien avec l'un des auteurs, 7 juin 2017.

de personnalités extrémistes. Mais, malheureusement, il n'a pas appliqué l'accord. Il y a eu beaucoup de duplicité de sa part. Depuis 2014, la situation s'est aggravée. Nous avons vu le Qatar appuyer des extrémistes et des organisations terroristes un peu partout, au Mali, en Syrie et en Libye où Doha soutient des groupes pro al-Qaïda. Nous ne voulons pas changer de régime au Qatar, mais changer de façon structurelle sa politique extérieure, son approche de l'extrémisme et du terrorisme. »

Mais au-delà de son appui avéré aux islamistes, c'est surtout son refus de durcir le ton contre l'Iran qui a déclenché la crise. Contrairement à ses voisins saoudiens et émiriens, Doha n'est pas obsédé par la menace de l'Iran. Sa lecture des événements au Moyen-Orient n'a jamais été une lecture chiite-sunnite. Le partage avec Téhéran d'un immense champ gazier dans les eaux du golfe Persique l'a conduit à modérer ses positions. Après la réélection du président Hassan Rohani, cheikh Tamim l'a appelé pour le féliciter. Mais pour ses voisins, ce geste – fût-il réaliste et protocolaire – était insupportable, d'autant qu'ils sont soutenus par Donald Trump, qui veut rogner les ailes de l'Iran au Moyen-Orient, c'est-à-dire au Yémen, en Irak, en Syrie et au Liban. « Au sommet de Riyad, poursuit Anouar Gargash, le message était très clair sur l'extrémisme, le terrorisme et l'Iran. Or le Qatar essaie d'affaiblir ce message. »

Pour autant, dans le golfe, Doha n'est pas seul à se distancier de la fermeté saoudo-émirienne contre l'Iran.

Le Koweït, et surtout le sultanat d'Oman, ont fait le choix de garder des liens avec l'Iran. Quelques jours après la mise au ban du Qatar, Oman faisait d'ailleurs savoir qu'en 2011, déjà, les Émirats arabes unis avaient tenté de fomenter un coup d'État contre le sultan Qabous, accusé d'être trop complaisant avec l'Iran[1].

Cette crise, inédite depuis la création du Conseil de coopération du Golfe en 1981, révèle également un profond changement de méthodes. Elle n'est pas la première, comme on l'a vu. Outre 2014, en 2002 déjà l'Arabie avait rappelé son ambassadeur à Doha. En 1992, gardes-frontières qatariens et saoudiens s'étaient même affrontés quelques heures au poste frontière d'al-Khaffous. Mais à chacune de ces « chicayas », les émirs du Golfe réglaient leurs différends à la bédouine, c'est-à-dire en s'expliquant dans les instances régionales à l'abri des regards indiscrets, sans battage médiatique.

Or cette fois, c'est exactement le contraire. On lave son linge sale en public. La crise a été précédée d'une agitation médiatique. Elle a impliqué un hacking de plusieurs sites officiels au Qatar. « Cette crise est orchestrée par des leaders issus d'une nouvelle génération », analyse la chercheuse Fatiha Dazi-Heni. Il s'agit du prince héritier des

1. C'est à Mascate que les premières réunions secrètes entre Américains et Iraniens se sont tenues au printemps 2013, avant la relance des négociations officielles sur le nucléaire entre Téhéran et les grandes puissances.

E.A.U, Mohammed Bin Zayed, dit « MBZ », 56 ans, et du fils du roi d'Arabie, Mohammed Bin Salman dit « MBS », 32 ans, également ministre de la Défense. Deux leaders qui s'apprécient mutuellement et qui n'ont pas froid aux yeux.

« Cette attitude agressive, tranchée et déterminée, organisée autour d'une campagne médiatique de dénigrement à l'aide de techniques modernes en vue de faire plier l'adversaire s'apparente à des méthodes d'intimidation utilisées par des services de renseignements ou agences de coercition pour faire céder un ennemi », selon Fatiha Dazi-Heni[1].

Quelles que soient les médiations, la crise du printemps 2017 sera longue à régler. Elle pourrait même signer l'arrêt de mort du Conseil de coopération du Golfe. La solidité du pacte signé entre ses dirigeants en pleine guerre Iran-Irak a toujours tenu à la volonté de ces derniers de préserver la solidarité inter-dynastique. Or celle-ci a volé en éclat. « Le Qatar ne pourra pas avoir un pied dans le Conseil et un autre soutenant l'extrémisme et des organisations terroristes », nous confiait Anouar Gargash.

Dans son bras de fer, Doha ne semble pas vouloir céder. Le Qatar ne s'estime pas isolé. Son allié turc a proposé de dépêcher des troupes dans la base dont Ankara dispose au Qatar. L'Iran a envoyé quatre avions cargos d'aide

1. La diabolisation du Qatar sonne-t-elle le glas du Conseil de coopération du Golfe ? *The Conversation*, Fatiha Dazi-Heni, 8 juin 2017.

alimentaire, tandis que le sultanat d'Oman ouvrait une nouvelle liaison maritime pour approvisionner l'émirat. « Pas question qu'on nous dicte notre politique étrangère », répète le ministre qatarien des Affaires étrangères, Mohammed Bin Abderrahmane Al-Thani.

Tout dépendra de la position américaine, qu'il est bien difficile d'anticiper, compte tenu de la personnalité de Donald Trump. Après un premier tweet assassin dans lequel il prenait fait et cause pour l'Arabie, le président américain téléphona à l'émir du Qatar pour lui proposer une médiation, tandis que ses ministres de la Défense et des Affaires étrangères rappelaient l'importance des partenariats avec Doha, qui abrite la plus grande base aérienne américaine au Moyen-Orient, dispositif clé dans la lutte contre Daech.

Mais dans la foulée, alors que Rex Tillerson au Département d'État appelait l'Arabie et ses alliés à assouplir leur blocus contre Doha, à la Maison Blanche, Trump troublait le message en accusant le Qatar d'avoir « historiquement » financé le terrorisme. Bref, bien malin qui pourrait dire de quel côté le balancier américain va pencher.

Et la France, dans tout cela ? Elle est plutôt gênée. Elle est embarrassée de voir trois de ses alliés dans le Golfe s'entredéchirer. Paris est lié avec le Qatar par un accord de défense vieux de plus de vingt ans, mais la France a aussi ouvert en 2009 une base militaire aéronavale permanente aux Émirats, et noué un partenariat stratégique avec l'Arabie.

Qui choisir ? Pas si facile. Il y a des intérêts à préserver avec chacun. En blâmer un avec vigueur, c'est prendre le risque de voir celui-ci ouvrir des dossiers embarrassants pour Paris. Bref, on se hâte de ne pas trop choisir, préférant au contraire tenter de jouer les médiateurs. Aux premiers jours de la crise, Emmanuel Macron a ainsi appelé les principaux protagonistes, l'émir du Qatar, le roi saoudien et le prince héritier émirien. Un même message d'apaisement leur a été transmis : « Faites taire vos divisions, et unissez-vous ! »

Que pense Emmanuel Macron de cette crise et des pays qui l'alimentent ? À la fin de la campagne électorale, le candidat de La République en Marche a eu des mots durs contre l'Arabie Saoudite et le Qatar, promettant qu'il n'aurait « aucune complaisance » à l'égard de ces pays.

« J'aurai beaucoup d'exigence à l'égard du Qatar et de l'Arabie Saoudite, en termes de politique internationale et pour avoir une nouvelle transparence quant au rôle qu'ils exercent dans le financement ou dans les actions qu'ils peuvent conduire à l'égard de groupements terroristes qui sont nos ennemis », expliquait le 9 avril Emmanuel Macron. « Parfois, ce qu'on nous oppose, c'est que ce sont des financements privés, et pas gouvernementaux, mais je demanderai aux régimes en place de nous garantir justement de stopper ces financements, développait-il, soulignant qu'il faut beaucoup d'exigence en la matière. »

Quelques jours après la crise, Christophe Castaner, le porte-parole du gouvernement, a semblé faire porter à Doha une part de responsabilité : « Il faut que le Qatar assume toute la transparence et réponde précisément aux questions qui sont posées, en particulier par les États voisins, c'est la demande expresse de la France (…) Le Qatar est aujourd'hui interpellé (…), laissons aux responsables du Qatar le soin de répondre. »

Sitôt élu, Emmanuel Macron a reçu des appels téléphoniques de félicitations du roi d'Arabie, Salman, et du prince héritier émirien Mohammed Bin Zayed. Mais cheikh Tamim dut attendre près d'une semaine pour que le président de la République le prenne au téléphone. Serait-ce le signe que Paris sera plus dur vis-à-vis de Doha ? Emmanuel Macron est sans doute au courant des agissements douteux de l'émirat au Sahel et en Libye. La disparition de trois sous-officiers de la DGSE en juillet 2016 dans la région de Benghazi, dont l'hélicoptère les transportant a été abattu par un missile sol-air tiré par un groupe djihadiste financé et armé par Doha (*cf.* chapitre 5 : « Une diplomatie française sous influence »), n'est pas de nature à le rassurer.

Outre la gestion de la crise entre Doha et ses voisins, le test sera la promesse qu'Emmanuel Macron a prise lors de sa campagne de remettre en cause l'exonération fiscale accordée aux investisseurs qatariens par Nicolas Sarkozy en 2009. « Je mettrai fin aux accords qui favorisent en France le Qatar. Je pense qu'il y a eu beaucoup de complaisance, durant le quinquennat de Nicolas Sarkozy en particulier », affirmait-il le 9 avril 2017 sur BFMTV.

Avec Emmanuel Macron à l'Élysée, le vent semble avoir tourné vis-à-vis du Qatar. Le Président n'est pas « accro » aux monarchies du Golfe. Son intérêt est davantage tourné vers l'Afrique et le Maghreb, comme en témoignent ses premières sorties à l'étranger au Mali et au Maroc. Pour autant, Emmanuel Macron ne peut se désintéresser des affaires du Golfe, car les enjeux géopolitiques, militaires et économiques pèsent lourd dans une économie française qui a encore besoin des pétrodollars. Bref, il devra aussi ménager la susceptibilité de nos très chers émirs…

– INTRODUCTION –

La scène se passe en 2007 à l'hôtel Hilton de Djeddah, le grand port de l'Arabie Saoudite sur la mer Rouge. Un diplomate français a rendez-vous avec une fille du roi Abdallah, qui a réservé les deux derniers étages de l'établissement. Il doit récupérer cinq passeports de membres de la famille royale qui ont besoin d'un visa pour se rendre en France.

Stupeur de notre diplomate quand il revient à sa voiture garée dans le parking de l'hôtel : dans l'enveloppe contenant les passeports, il découvre que l'équivalent de 3 000 euros en monnaie locale est glissé dans chacun des documents de voyage, soit 15 000 euros au total. « J'étais emmerdé avec cet argent », nous-confie-t-il.

Sitôt rentré au consulat de France, le fonctionnaire avertit sa hiérarchie et prend en photo ces gratifications afin de se couvrir. « Il faut résister à la tentation, insiste-t-il. Si vous acceptez ce genre de cadeaux, vous devenez esclave. Or, j'ai vu beaucoup de personnes sombrer. »

Notre enquête l'a confirmé : outre les diplomates, de nombreux hommes politiques ont du mal à s'opposer aux petits cadeaux en tout genre qu'octroient nos très chers émirs. Nous l'avons découvert à l'ambassade du Qatar à Paris.

Une générosité mal récompensée. Après le « Qatar *bashing* », sévit désormais le « Saudi *bashing* »… Au cours de la campagne présidentielle, les prises de position des hommes politiques et des intellectuels se sont multipliées pour instruire le procès du royaume wahhabite. À tel point que l'écrivain Salman Rushdie n'hésite pas à déclarer : « La grande erreur historique dont nous payons le prix aujourd'hui reste le soutien occidental à l'Arabie Saoudite […]. Ces gens ne sont pas nos amis, ils sont la source du poison[1]. » Mais, pour peu qu'on s'y arrête, l'Arabie et les autres monarchies du Golfe apparaissent aussi comme des boucs émissaires commodes pour exorciser nos peurs et nos fantasmes.

Sans parti pris, nous avons arpenté les coulisses de la relation entre la France et ces pays, une relation ancienne et complexe mais polluée depuis des décennies par un argent qui coule à flots. Trop souvent, les responsables politiques et certains de nos entrepreneurs considèrent ces pays comme des vaches à lait dont il faut extraire le maximum de pétrodollars. De leur côté, les émirs, instruits par le comportement de certains de nos responsables politiques, ont fini par nous considérer comme faciles à acheter.

Au cours de notre enquête, nous avons aussi cherché à répondre aux questions que se pose l'opinion publique française. L'Arabie Saoudite et le Qatar financent-ils vraiment Daech et d'autres groupes terroristes ? Quel est leur rôle dans le développement des idées salafistes chez nous, et quels liens entretiennent-ils avec l'islam de France ? Faut-il, comme le demandent certains responsables, revoir nos alliances avec ces pays ?

---

1. *L'Express*, 22 juillet 2015.

Nous avons voulu étudier le comportement de chacun de ces pays, au cas par cas, en fonction des problématiques qui reviennent au cœur du débat.

Loin des amalgames et des clichés, notre enquête met en lumière des différences importantes entre ces monarchies. Sur certains dossiers, leur double jeu doit être dénoncé ; mais sur d'autres, où elles entretiennent notamment des liens étroits avec certains hommes politiques français, elles ne peuvent être les seules blâmées.

Notre enquête nous a conduits en Arabie Saoudite, au Qatar, aux Émirats arabes unis et au Koweït. À Paris, nous avons eu accès à des documents officiels, télégrammes diplomatiques, notes du Trésor notamment. Parmi la centaine de personnes interrogées, certaines ont accepté de parler ouvertement. Mais la majorité a préféré garder l'anonymat pour ne pas s'exposer à des représailles, dans des pays où la liberté d'expression est plus que limitée.

Nous avons aussi voulu mettre en lumière l'évolution des sociétés de ces États dirigés par des princes, dimension largement méconnue par l'opinion publique française. Dans l'univers opaque et parfois mystérieux des monarchies du Golfe, l'Arabie Saoudite, le pays dominant, est ainsi souvent perçu, à tort, comme figé.

Car depuis la mort du roi Abdallah en 2015, une nouvelle Arabie est née avec l'accession au trône de Salman qui a adopté une position diplomatique beaucoup plus agressive dans la région, rompant avec des années de profil bas.

Dans le Qatar voisin, c'est l'inverse qui s'est produit avec l'arrivée sur le trône du jeune émir Tamim en juin 2013. Fini la politique de coups médiatiques et diplomatiques de son père, cheikh Hamad. Le nouveau numéro un de l'émirat se montre relativement plus prudent dans sa politique tant extérieure qu'intérieure. Bref, une nouvelle donne est en cours tant à Riyad qu'à Doha, deux partenaires choyés par Paris.

Dans un contexte économique déprimé en France, ces richissimes monarchies sont plus que jamais des marchés porteurs pour nos exportations. Vendre à tout prix aux émirs, propulsés au rang de « partenaires stratégiques », semble être devenu l'alpha et l'oméga de notre diplomatie au Moyen-Orient.

Mais ne sommes-nous pas allés trop loin ? Si nous partageons des intérêts communs sur de nombreux dossier (Iran, Syrie, Yémen, etc.), les pays du Golfe affichent des agendas diplomatiques parfois bien éloignés du nôtre, en Afrique notamment. Les diplomates français se taisent souvent ou minimisent les divergences, mais les militaires et les agents de renseignement, eux, s'inquiètent de cet activisme débridé.

Les émirs du Golfe sont-ils vraiment nos amis ? C'est à cette question que s'efforce de répondre cet ouvrage.

Bienvenue à la cour des princes !

***

Après la crise du printemps 2017 entre le Qatar et ses voisins du Golfe, l'Arabie et les Émirats, nous avons décidé d'actualiser la première édition de notre livre notamment pour décrypter cette querelle entre émirs.

Une querelle qui concerne le nouveau président Emmanuel Macron, puisque le France est l'allié de Doha, Riyad et Abou Dhabi.

– 1 –

Dans l'antichambre de l'ambassade du Qatar à Paris

Ce 18 décembre 2015, les VIP ne se pressent guère pour célébrer la fête nationale du Qatar, près de l'Étoile à Paris. Seuls Jack Lang, président de l'Institut du monde arabe, Jean-Marie Le Guen, secrétaire d'État en charge des Relations avec le Parlement, quelques députés et hommes d'affaires ont répondu à l'invitation de Meshaal al-Thani, le jeune ambassadeur de l'émirat en France. On est loin des grandes soirées politico-mondaines de son prédécesseur, Mohammed al-Kuwari.

« Nous faisons volontairement profil bas, commente un proche de l'ambassade du Qatar. Meshaal en a assez des hommes politiques français qui le prennent pour une banque. » Le diplomate est excédé par les méthodes de certains.

Certes, le Qatar, comme d'autres monarchies du Golfe, pratique depuis longtemps la diplomatie du carnet de chèques. Mais depuis quelques années, ce sont plutôt les hommes politiques français qui seraient à l'offensive, prêts à se vendre sans scrupules au richissime émirat gazier, en échange de démentis sur les accusations de financement du terrorisme islamiste dont le Qatar est régulièrement la cible.

Les nombreuses confidences, qui nous ont été rapportées tout au long de l'enquête, sont édifiantes. Les accusations qui sont portées contre Jean-Marie Le Guen et Rachida Dati ont été confirmées par deux enquêtes publiées par la suite : celle de Marianne, le 3 février 2017, et celle de Bérangère Bonte, La République française du Qatar, un ouvrage paru également en février 2017.

À tout seigneur, tout honneur ! Commençons par les ministres de la République. Jean-Marie Le Guen d'abord, qui voulait imposer une agence de communication à l'ambassadeur afin de « gérer » les déclarations de certains hommes politiques – moyennant rétribution, bien sûr.

Comme l'explique ce proche de l'ambassadeur, Jean-Marie Le Guen annonçait clairement la couleur. « Il nous disait : “En tant que ministre en charge des Relations avec le Parlement, je tiens tous les députés et sénateurs de mon camp, via les questions au gouvernement. Je peux bloquer des questions hostiles au Qatar, ou au contraire les alimenter. Mais je n'ai pas à le faire gratuitement.” » Bref, « il nous faisait littéralement du chantage ».

Le forcing du secrétaire d'État a duré environ un an pour décrocher un déjeuner avec l'ambassadeur du Qatar, réticent. Nous allons comprendre pourquoi ! Un des proches de Jean-Marie Le Guen, le publicitaire franco-tunisien Karim Guellaty, P-DG d'Info-Link, va lui tendre un véritable traquenard lors d'un dîner organisé à Neuilly-sur-Seine, le 1er décembre 2015. Guellaty envoie un SMS à l'ambassadeur pour l'informer que Jean-Marie Le Guen souhaite l'inviter chez lui. Meshaal Al-Thani est méfiant, mais finit par accepter à contrecœur l'invitation du ministre. Guellaty lui fait même porter des fleurs à son domicile.

Mais quelques heures avant le dîner, l'ambassadeur du Qatar est informé que la soirée n'aura pas lieu comme convenu au domicile de Jean-Marie Le Guen, mais à Neuilly-sur-Seine, chez son communiquant Karim Guellaty. Le diplomate qatarien flaire le piège. Quand il arrive sur place, ses craintes se vérifient. Le plan de table lui paraît suspect. Son épouse est placée loin de lui en fond de table. Meshaal Al-Thani est encadré de Jean-Marie Le Guen, Karim Guellaty, Olivier Spithakis, ancien patron de la MNEF , et de l'ancien Premier ministre tunisien Mehdi Joumaa.

Comme le rapporte Marianne : « Cette drôle de brochette prend donc place à table face à l'ambassadeur du Qatar. Guellaty a mis le paquet : champagne, traiteur, décoration soignée, petites mains pour assurer le service, c'est un dîner de gala. Manière d'amadouer le chaland ? Durant tout le repas, Guellaty et Le Guen monopolisent la parole . »

Pendant toute la soirée, les convives se scandalisent du Qatar Bashing qui se déchaîne en France contre l'émirat.

Ils insistent lourdement sur le fait qu'il faudrait y mettre fin et qu'ils pourraient être utiles pour redorer l'image du Qatar dans l'Hexagone. Jean-Marie Le Guen ajoute même qu'il pourrait de son côté tempérer les questions gênantes de certains parlementaires. Le diplomate qatarien n'en croit pas ses oreilles. Il repart très énervé.

Dans les semaines qui suivent le dîner de Neuilly-sur-Seine, Karim Guellaty ne va pas cesser de harceler l'ambassadeur pour obtenir un nouveau rendez-vous avec Jean-Marie Le Guen et finaliser son offre de service.

« Assez vite, pourtant, l'activisme de Guellaty agace l'ambassadeur, explique Bérangère Bonte dans son livre. De quoi se mêle-t-il ! Par caractère autant que par respect pour sa hiérarchie, Meshaal al-Thani préfère la jouer profil bas. Il ne veut plus de ce Guellaty, il ne le sent pas. Désormais, les rencontres avec Jean-Marie Le Guen auront lieu en tête à tête.

[…] C'est là, dans le creux de l'hiver, que la proposition du secrétaire d'État prend forme . »

Selon nos informations, la proposition financière s'élevait à 45 000 euros – 25 000 pour Guellaty, 10 000 pour Le Guen, 5 000 pour Spithakis, et 5 000 pour une dernière personne dont on ignore le nom.

Après une longue série de SMS adressés à un proche du diplomate, un collaborateur de Jean-Marie Le Guen lui envoie un nouveau message le 17 mars 2016 à 23 h 38 : « Notre ami Meshaal devrait lire cet article pour saisir et comprendre le poids de Le Guen, et se dépêcher de nous caler un rendez-vous. » Il joint un lien Internet vers un article du Journal du Dimanche en date du 7 mars, qui montre tout le pouvoir de Jean-Marie Le Guen, proche de Manuel Valls, au sein du gouvernement[1].

Réponse du collaborateur de l'ambassadeur qatarien : « Le menacer n'est absolument pas la solution. Il faut être patient. »

Meshaal al-Thani est embarrassé. Il a quand même affaire à un ministre, ami du Premier ministre Manuel Valls, connu pour sa proximité avec le Qatar[2]. Finalement, en mars 2016, Meshaal al-Thani accepte une invitation à déjeuner avec Jean-Marie Le Guen qui lui a réitéré son offre de services, via la société Info-Link de Karim Guellaty. « Nous, on ne procède pas comme cela, répond le Qatarien. » « Mais avec cette agence de communication, je vous protégerai à l'Assemblée nationale et au Sénat », insiste Le Guen. Gêné, Meshaal esquive – « Je vais en parler à Doha » –, espérant ainsi éloigner le quémandeur.

Selon nos informations, le ministre socialiste proposait que l'ambassade du Qatar signe un contrat – non plus avec Info-Link, immédiatement rejetée par Meshaal al-Thani

1. « Valls aurait menacé de démissionner lors d'une rencontre secrète avec dix ministres », *Journal du Dimanche*, 7 mars 2016.

2. L'Alma Chamber Orchestra, orchestre de chambre dans lequel l'épouse de Manuel Valls, Anne Gravoin, est violoniste, s'est produit le 30 mars 2015 à Doha en présence du ministre de la Culture du Qatar.

qui n'a pas supporté le chantage à peine voilé du dîner de Neuilly – mais avec la société de communication d'un autre homme de confiance, Alexandre Medvedowsky.

Comme nous le verrons au chapitre suivant, Jean-Marie Le Guen est également soupçonné d'être allé tirer les sonnettes dans une autre pétromonarchie, probablement pas pour son compte personnel, cette fois.

Jean-Marie Le Guen est connu dans les milieux journalistiques parisiens pour ses rapports décomplexés avec l'argent[1]. En 2014, il a été lourdement rappelé à l'ordre par le fisc. En juin, l'hebdomadaire *Le Nouvel Observateur* rapportait que la Haute Autorité pour la transparence de la vie publique, qui publie les déclarations de patrimoine des ministres, avait adressé une « appréciation » à Jean-Marie Le Guen pour avoir sous-évalué « depuis des années » des biens immobiliers d'environ 700 000 euros. Le secrétaire d'État, assujetti à l'impôt de solidarité sur la fortune, se résolut ensuite à déclarer 2 689 000 euros de biens immobiliers – soit l'équivalent d'une bonne douzaine de studios parisiens. Rien que sur l'année 2013, Jean-Marie Le Guen aura subi un redressement fiscal de 50 000 euros.

Enfin, François Hollande, à qui Manuel Valls a imposé cet ancien médecin en qualité de secrétaire d'État aux relations avec le Parlement en avril 2014, a confié à nos confrères Gérard Davet et Fabrice Lhomme[2] que Jean-Marie Le Guen

1. En 1998, il fut mis en examen dans le cadre de l'affaire de la MNEF, mutuelle étudiante proche du PS, pour un présumé emploi fictif. Les juges lui reprochent d'avoir indûment perçu 1,5 million de francs, mais l'ensemble de la procédure a abouti à un non-lieu.

2. *Un président ne devrait pas dire ça*, Gérard Davet et Fabrice Lhomme, Stock, 2016.

faisait partie de « ces personnes dont on se dit qu'on ne prendrait pas le risque [de le nommer ministre], même si c'est un bon connaisseur de la santé[1]. »

S'il y a un député dont l'ambassadeur du Qatar se montre particulièrement lassé, c'est Nicolas Bays, élu socialiste du Nord – Pas-de-Calais. Membre du groupe d'amitié France-Qatar, il était proche de l'ancien ambassadeur Mohammed al-Kuwari. Avec son successeur, Bays ne fait pas dans la dentelle. Il a personnellement envoyé un SMS à Meshaal al-Thani, dont un témoin nous a rapporté le contenu : « J'ai des problèmes financiers actuellement. La mère de notre jeune enfant est fatiguée. Je voudrais l'emmener à l'étranger. Mais mon budget est un peu serré. Peux-tu me faire inviter dans un hôtel de Doha et nous payer un billet d'avion sur Qatar Airways ? Cela m'aiderait, s'il te plaît. »

« Bonjour Nicolas, lui a répondu en français l'ambassadeur du Qatar. J'espère que la mère de ton enfant va mieux. Je suis désolé, le Qatar ne paie pas de vacances aux gens, même à moi, l'ambassadeur… » Et il ajoute, sarcastique : « Je t'invite à regarder sur le site de Qatar Airways, la compagnie fait des promotions en ce moment ! »

Loin d'être découragé par ce refus, le député Bays a sollicité à deux reprises encore, par SMS, l'ambassadeur du Qatar. Une première fois, pour lui demander de l'argent afin de payer des travaux dans sa maison. Le diplomate n'a pas répondu. Enfin, il n'a pas hésité à lui réclamer des chaussures de marque. Le proche de l'ambassadeur du Qatar nous

1. Jean-Marie Le Guen a renoncé à se présenter aux élections législatives de juin 2017. Il s'est aujourd'hui reconverti dans les assurances.

a expliqué les raisons de cette étrange demande. « L'ancien ambassadeur lui avait fait cadeau de chaussures de marque, que Nicolas Bays aimait visiblement. Il pensait que Meshaal allait faire la même chose que son prédécesseur ! »

On comprend facilement pourquoi Meshaal al-Thani ne tient plus à croiser le député socialiste du Nord[1]. Cela ne l'a pas empêché d'essayer de se faire inviter à l'édition 2016 du Doha Forum, rendez-vous diplomatique où l'émirat convie politiques, diplomates et chefs d'État de la terre entière... Nicolas Bays a même demandé à être reçu par le ministre de la Défense du Qatar. Au courant des pratiques de son collègue, le président du groupe d'amitié France-Qatar, le député du Loir-et-Cher, Maurice Leroy, a rapporté ces dérives à Claude Bartolone, le président de l'Assemblée nationale. Finalement, Nicolas Bays est resté à quai !

Il faut dire que M. Bays avait l'habitude d'être copieusement « arrosé » par le précédent ambassadeur du Qatar en France. À Noël, Mohammed Kuwari offrait aux membres du groupe d'amitié France-Qatar à l'Assemblée nationale des montres Rolex ou des bons d'achats dans des grands magasins, pour s'acheter un costume par exemple. La valeur du cadeau pouvait aller jusqu'à 5 000 ou 6 000 euros. Certains des heureux bénéficiaires ne se cachaient même pas pour exhiber à leurs proches ces « chèques cadeaux Made in Qatar ».

Les épouses n'étaient pas oubliées. Elles pouvaient recevoir des sacs Louis Vuitton d'une valeur de 5 000 euros ou d'autres articles de grandes marques. « Cela ne les dérangeait visiblement pas, puisque aucun sac ne nous a

---

1. Après avoir été investi à l'unanimité par le PS, Nicolas Bays a retiré sa candidature pour les élections législatives de juin 2017.

été retourné », ironise-t-on aujourd'hui à l'ambassade du Qatar !

Mais là encore, les temps ont changé. À Noël, Meshaal al-Thani n'offre plus qu'un modeste paquet cadeau composé, le plus souvent, d'une bouteille de champagne et d'une petite boîte de caviar ou de foie gras. Et encore, pas à tous les membres du groupe d'amitié France-Qatar au Sénat. Sans vergogne, certains, on le verra, s'en sont même plaints ouvertement...

Un ambassadeur réduit à un distributeur de billets de 500 euros

Quand il prend son poste d'ambassadeur du Qatar à Paris en 2003, Mohammed al-Kuwari ne parle pas un mot de français. Onze ans plus tard, à sa fête de départ, le Tout-Paris se presse pour le congratuler dans son hôtel particulier sur les quais de Seine : Manuel Valls, Claude Guéant, Michèle Alliot-Marie, Jack Lang, Nadine Morano, Jean-David Levitte, Enrico Macias, les représentants de la communauté musulmane qu'il a tant choyés, mais aussi les responsables juifs du Conseil représentatif des institutions juives de France (CRIJF) qu'il s'enorgueillissait d'inviter.

Issu d'une importante tribu, ce petit homme au regard malicieux devenu parfaitement francophone, qui avait un faible pour les grands bordeaux, a été des années durant le plus actif des ambassadeurs arabes à Paris. Il faut dire qu'il bénéficiait d'un *open budget*, c'est-à-dire de ressources quasi illimitées pour financer l'activité de son ambassade. Doha validait sans sourciller les factures. Al-Kuwari en profita plus que de raison !

En pleine guerre en Libye 2011, où le Qatar était aux côtés de la France et des Occidentaux pour renverser Mouammar Kadhafi, un haut gradé à l'état-major se souvient encore d'un coup de téléphone qu'il reçut de l'attaché de défense de l'ambassade qatarienne. Il se disait prêt à venir en aide au ministère de la Défense, qui manquait alors de munitions. « Pas de problème, me rassura-t-il. Mon interlocuteur qatarien était prêt à débarquer avec une valise remplie de billets pour qu'on puisse acheter les bombes qu'il voulait nous voir utiliser. Il était prêt à venir payer en cash. Quel culot ! » C'est l'époque où le Qatar cherche à saisir toutes les opportunités qui se présentent, pour être bien vu des Occidentaux.

À partir de 2007, l'activisme de l'ambassadeur Mohammed Kuwari explose avec le rapprochement que Nicolas Sarkozy opère avec Doha. On a beaucoup écrit sur le rôle du Qatar dans la libération des infirmières bulgares, l'appui français pour décrocher la Coupe du monde 2022, ou l'exonération fiscale dont bénéficient les investisseurs privés qatariens en France, etc.[1]

À Paris, l'architecte du réchauffement, conduit en étroite concertation avec la cellule diplomatique de l'Élysée

1. *Qatar, les secrets du coffre-fort*, Christian Chesnot, Georges Malbrunot, Éditions Michel Lafon, 2013.

(Jean-David Levitte, Boris Boillon), c'est l'incontournable Mohammed Kuwari. Il se sent pousser des ailes… au point d'aller trop loin. L'ambassadeur sera en grande partie responsable du fiasco sur le fonds Banlieues[1], qui fera couler beaucoup d'encre en pleine campagne présidentielle en 2012, avant que la défaite de Nicolas Sarkozy ne sonne le chant du cygne de la lune de miel franco-qatarienne et que François Hollande, élu président de la République, ne troque le Qatar contre l'Arabie Saoudite comme « partenaire stratégique » dans le Golfe. En France, le *Qatar bashing* bat alors son plein dans l'édition et la presse. À Doha, la moutarde monte au nez du nouvel émir, Tamim qui succède à son père en juin 2013.

L'ambassadeur a franchi la ligne jaune !

Kuwari lui-même se plaignait pourtant de la sollicitude intéressée de certains de ses interlocuteurs politiques. Un de ses amis banquier d'affaires s'en souvient : « Il me disait : mais ces politiques français, ils prennent mon bureau pour un distributeur de billets de 500 euros ou quoi ! »

Une chose est sûre, ces méthodes ont fini par irriter les dirigeants au Qatar, à commencer par le nouvel émir, Tamim, qui donna à son cousin le nouvel ambassadeur Meshaal une consigne claire pour son arrivée à Paris : « Fais le ménage à l'ambassade. Le show, c'est fini. Le distributeur de billets de 500 euros est fermé. »

Après son long séjour en France, Mohammed al-Kuwari se retrouve nommé ambassadeur aux États-Unis. Une promotion ! Pourtant, ce francophile s'y ennuie[2]. D'autant

1. Doté par Doha de 50 millions d'euros, ce fonds était destiné à financer des projets de développement dans les banlieues françaises.

2. Il a été nommé à l'automne 2016 ambassadeur du Qatar en Espagne.

qu'il a perdu son mentor en la personne du Premier ministre Hamad Bin Jassem (HBJ), le cousin de l'émir-père qui a quitté le pouvoir avec le souverain. Hamad Bin Jassem était une sorte de Talleyrand moderne, sans le moindre scrupule vis-à-vis de l'argent, un leader pour qui « tout s'achète, y compris les hommes, ce n'est qu'une question de prix », nous disait, avant sa mort, son vieil ami Christophe de Margerie, le défunt patron de Total.

Sans Hamad Bin Jassem et loin de Paris, Mohammed al-Kuwari a perdu ses repères. Il se morfond à Washington, où le personnel politique est moins réceptif aux petits cadeaux. Heureusement, il a gardé son appartement dans un arrondissement chic de la capitale où il revient très souvent pour organiser, comme au bon vieux temps, des soirées mondaines.

Son successeur se plaint d'ailleurs qu'al-Kuwari lui savonne la planche. Entre les deux hommes, c'est la guerre. Les mauvaises langues jurent que, lors de ses fréquentes visites, l'ancien diplomate continue de « voir du monde ». Qu'il est resté une sorte d'ambassadeur de l'ombre, taclant sans vergogne son successeur auprès de ses anciens amis influents !

Quelle mue pour ce Bédouin devenu un épicurien, amoureux de la vie parisienne où il se sent comme un poisson dans l'eau. Entre pouvoir, influence, argent, plaisirs divers, al-Kuwari s'épanouit, vibrionne. Courant les *iftar*[1] de la communauté musulmane. Distribuant 10 000 euros à l'Association de la presse diplomatique. Assistant au Grand Prix de l'Arc de triomphe, parrainé par le Qatar, et entouré

1. Repas de rupture du jeûne de ramadan, généralement pris en famille ou entre amis.

lui-même d'une brochette de stars du petit écran, comme Daniela Lumbroso et son mari, Éric Ghebali, directeur du développement international de Suez Environnement.

« Il a surtout donné de très mauvaises habitudes aux hommes politiques en les arrosant », reconnaît-on à l'ambassade du Qatar. « Dans quelle m… il a mis le Qatar, peste un habitué des lieux. On subit toujours ses errements. »

Aujourd'hui encore, l'ambassade reçoit régulièrement des sollicitations de parlementaires, qui vont s'empiler dans les sous-sols de la représentation diplomatique. « Chaque semaine, des députés ou des sénateurs font parvenir des demandes pour financer des mosquées, des associations, parfois des écoles privées dans leur circonscription », révèle le proche de Meshaal al-Thani, qui sourit devant tant d'hypocrisie alors que l'émirat est copieusement accusé de financer le terrorisme.

Meshaal al-Thani a donc coupé les liens trop visibles avec la plupart des politiques, préférant se concentrer sur les patrons de presse, et des industriels qu'il a rassemblés dans un club d'affaires, Qadran. Signe de son désamour pour la classe politique française : pour la deuxième année consécutive, il n'a pas accompagné les députés et sénateurs au Doha Forum 2016.

Ces bisbilles intra-qatariennes soulignent en fait le profond malaise que ressent Doha vis-à-vis de l'allié français. Le virulent *Qatar bashing* de ces dernières années a suscité l'incompréhension des dirigeants du pays.

Même l'émir père n'a pas compris cette campagne. Il le confie volontiers à ses interlocuteurs français, comme Michèle Alliot-Marie, invitée du Doha Forum en mai 2015. « Hamad m'a clairement dit : on investit en France, on aide l'économie française, et après on se prend toutes ces campagnes sur le thème "le Qatar rachète la France", et maintenant "le Qatar finance les djihadistes". Les Qatariens sont un peu furieux, contre la presse notamment[1]. » D'ailleurs, tout en étant francophiles, et même francophone dans le cas de Tamim, les dirigeants qatariens n'ont jamais accordé la moindre interview à un média français, alors que l'ancien émir Hamad s'est longuement exprimé dans le *Financial Times* en 2010, que son fils est intervenu sur CNN, et que Hamad Bin Jassem a lui aussi accordé en 2016 une interview au *Financial Times*. Un signe.

Rachida Dati refait surface

Entre Rachida Dati et le Qatar, c'est comme dans les couples : il y a des hauts et des bas. Pendant le septennat de Nicolas Sarkozy, Rachida Dati était au mieux avec Doha. Mais ces dernières années, la relation s'est nettement détériorée.

Entre 2007 et 2012, l'ancienne ministre de la Justice se rendit très fréquemment à Doha dans le cadre d'un projet mort-né de centre régional de la justice – dont nous avons relaté l'extravagance dans notre précédent livre sur le Qatar[2].

---

1. Entretien avec l'un des auteurs. Doha, mai 2015.
2. Rachida Dati voulait établir à Doha une école de la magistrature pour les pays du Moyen-Orient.

Elle y emmena son père, sa sœur, s'y acoquina avec le procureur général Ali Bin Fetais al-Marri, au point que certains le présentèrent – à tort – comme le père de Zohra, l'unique fille de Rachida. Bref, les séjours de Mme Dati au Qatar ont beaucoup fait jaser.

Mais c'était l'époque des relations intenses entre Paris et Doha. Ni Sarkozy ni l'émir ne lui refusaient quoi que ce soit. Après la défaite de son ami à la présidentielle, elle a pris ses distances avec l'émirat… sans jamais s'en désintéresser complètement depuis son siège de député européen et de maire du 7ᵉ arrondissement de Paris. Ah, le luxueux 7ᵉ ! Là où résident tant d'ambassadeurs en poste à Paris. Comme l'émir père, Rachida a le sens de l'opportunité, ne craignant pas d'user et d'abuser de son carnet d'adresses. Elle a donc eu l'idée de lancer un Club des ambassadeurs, qui se réunirait périodiquement dans son arrondissement. Belle idée ! Mais il fallait un peu d'argent pour faire tourner la danseuse de Mme Dati. Qu'à cela ne tienne ! Rachida est allée frapper à la porte de… l'ambassadeur du Qatar. Et comme elle était bien placée pour savoir que les coffres-forts qatariens sont correctement garnis, elle a placé la barre très haut.

« Elle ne demandait pas moins de 400 000 euros pour son association », s'étonne encore un membre de l'ambassade. Une somme extravagante !

Rachida Dati présente sa requête lors d'un dîner avec Meshaal al-Thani, un dimanche soir, le 22 novembre 2015 exactement. Mais le diplomate lui fait comprendre qu'il sera difficile d'y répondre positivement. Elle semble choquée par ce refus, qui lui sera notifié par une lettre officielle signée du représentant du Qatar en France.

Le lendemain matin, Rachida Dati est l'invitée du *talk show* de Jean-Jacques Bourdin sur Radio Monte-Carlo. Nous sommes dix jours après les attentats du Bataclan et du Stade de France. L'ancienne ministre change de pied et charge le Qatar : « L'Arabie Saoudite ou même le Qatar ont une volonté de développer leur idéologie, notamment pour contrer l'islam chiite, affirme-t-elle. On a des pays du Golfe qui financent des mosquées, des associations, des imams [...], des structures qu'on ne contrôle pas », regrette-t-elle.

Quand il entend cela, l'ambassadeur n'en revient pas. « Elle dîne avec moi en me demandant de l'aider, et le lendemain elle nous traîne dans la boue. » « La suite se déroule au printemps, écrit Bérangère Bonte dans son livre *La République française du Qatar*. Le 5 avril 2016, l'eurodéputée finit par coucher sur le papier sa demande de fonds aux Qataries. [...] Elle propose officiellement au fonds souverain du Qatar, QIA, d'investir dans une mystérieuse société qui a pour nom AlphaOne Energy II (AEF II). »

Sur injonction de Meshaal al-Thani, Rachida Dati se retrouvera « blacklistée » au Qatar.

Mais Rachida Dati, c'est bien connu, n'a pas froid aux yeux. Au printemps 2016, elle se met en tête de se faire inviter au Doha Forum aux côtés de Dominique de Villepin et d'autres grands amis du Qatar.

Elle transmet sa demande au comité d'organisation, *via* l'ambassade à Paris qui suggère à Doha d'opposer un veto à sa venue. Mme Dati n'est plus *welcome* au Qatar, lui fait-on savoir ! Loin de se démonter, l'ancienne ministre de la Justice sollicite Nicolas Sarkozy, dont elle est redevenue proche. Son ancien patron décroche son téléphone et appelle son ami, l'émir père, cheikh Hamad. Résultat :

Rachida est invitée au Doha Forum ! « Elle a même eu le culot de venir avec trois assistants, tous frais payés », peste un diplomate qatarien à Paris. Et les aventures de Mme Dati au Qatar sont loin d'être terminées.

Avant son départ, elle annonça dans les dîners en ville qu'elle était invitée à intervenir aux côtés du secrétaire général de l'ONU, Ban Ki-moon, ou du négociateur palestinien Saeb Erekat, etc. Bref, à l'entendre, elle allait conférer avec tous les pontes de la diplomatie internationale ! Mais dès son arrivée, à la presse française croisée dans le hall de l'hôtel Sheraton, elle déclare qu'elle est au Qatar pour rappeler aux pays du Golfe qu'ils doivent faire attention et ne plus financer le terrorisme... Qu'on n'aille surtout pas croire qu'elle est là pour faire du tourisme ! Mme Dati est venue pour relayer les inquiétudes de nombreux Français sur cette question cruciale du financement du djihad qui frappe notre pays !

Le journaliste qui recueille son témoignage en tombe des nues et prévient immédiatement l'organisation du Doha Forum : « Je ne comprends pas, dit-il, Rachida Dati a été extrêmement virulente contre le Qatar[1] ! » Incompréhension dans la délégation française où l'on n'ose pas croire que Mme Dati puisse jouer pareil double jeu, au Qatar même.

À Paris, l'ambassadeur est averti, qui relaie les propos ingrats de Rachida Dati à son ministre des Affaires étrangères à Doha. Finalement, lorsque l'émir père la reçoit – faveur que lui a une fois encore arrachée Nicolas

1. « Tous les chemins mènent à Doha », *M Le magazine du Monde*, Benjamin Barthe, 4 juin 2016.

Sarkozy –, cheikh Hamad lui demande si elle a vraiment tenu de tels propos. « Moi ! s'exclame Mme Dati, dire du mal du Qatar, mais jamais ! »

Le bureau de l'émir père a bien sûr relayé ce démenti à l'ambassadeur du Qatar à Paris, qui une fois de plus n'en est pas revenu du culot de l'élue du 7e arrondissement. Commentaire d'un proche de l'ambassadeur : « On est dégoûtés. Ces gens-là viennent proposer leurs services. Vous leur dites non, et après, ils crachent sur le Qatar ! »

Réponse d'un homme politique ami de Mme Dati à la mairie du 7e arrondissement : « Elle est énervée, elle n'a pas eu son argent ! Elle s'est vengée des Qatariens[1]. »

Ultime précision : en apprenant que Rachida Dati était invitée au Doha Forum, Dominique de Villepin a annulé, la veille de son départ, sa venue au symposium, au motif qu'elle était conviée au même titre que lui ! Vieil ami de la famille régnante qui fait beaucoup d'affaires au Qatar, où il dispose d'un bureau à la Qatar Museum Authority dirigée par son ancienne étudiante Mayassa, la sœur de l'émir, l'ancien Premier ministre aurait argué aux organisateurs du Forum : « Je ne peux pas me rabaisser au même niveau que Rachida Dati » !

Les orphelins du Qatar

Grâce à Nicolas Sarkozy, Rachida Dati a survécu tant bien que mal à la diète que le nouvel ambassadeur du Qatar impose aux « amis » français de l'émirat. Ce n'est pas le cas

1. Entretien avec l'un des auteurs. Paris, 18 juin 2016.

de tous les politiques qui avaient pris l'habitude de flirter avec Doha. Certains sont aujourd'hui véritablement orphelins des mannes du Qatar.

Par exemple, l'ambassade se montre aujourd'hui beaucoup moins généreuse avec Ségolène Royal, la ministre socialiste de l'Environnement. La relation s'est nouée lorsqu'elle était candidate du parti socialiste à l'élection présidentielle, en 2007. L'année suivante, elle était invitée au Doha Forum. Dans son sillage, on remarquait la présence de son intermédiaire Éric Ghebali. Autre victime de la nouvelle donne, le ministre vert Jean-Vincent Placé, qui se plaint dans le carré VIP du PSG que l'ambassadeur actuel ne l'invite plus à des week-ends. « Placé ne recevait pas que des cadeaux de son prédécesseur », souligne un proche de l'ambassade qui refuse d'en dire plus.

« On vient avant tout faire connaissance », expliquait Jean-Vincent Placé, invité du Doha Forum en 2013[1], aux côtés de 79 autres membres de la délégation française, la plus importante du rendez-vous annuel, dont une vingtaine de politiques – parmi lesquels François Fillon, Michèle Alliot-Marie[2], mais aussi l'inévitable Enrico Macias ou le patron de la radio Skyrock, Pierre Bellanger.

Nul ne sait si Yves Jégo, le sénateur centriste, en « croquait » sous l'ancien ambassadeur ; mais une fois, il aurait demandé 50 000 euros à son successeur pour soutenir une association dans sa circonscription. L'ambassade aurait refusé de les lui accorder.

1. *Métro*, 27 mai 2013.

2. Michèle Alliot-Marie raconte avoir connu le prince Abdallah il y a plusieurs décennies lorsque, chef de la Garde nationale, il venait suivre des séances de thalassothérapie à Biarritz, son fief électoral.

La sénatrice de l'Orne, Nathalie Goulet, essuya elle aussi chaque fois un refus clair et net du représentant du Qatar à Paris. Elle a pourtant multiplié les demandes. Fin 2015, elle appela d'abord le bureau de l'ambassadeur pour se plaindre de n'avoir pas reçu son cadeau de Noël. « Comment se fait-il que je n'aie pas reçu mon cadeau de fin d'année, d'autres sénateurs en ont eu un et pas moi ? » protesta-t-elle. « Qu'elle aille au diable ! » maugréa Meshaal lorsque son collaborateur lui rendit compte de l'appel de Mme Goulet.

Quand le Qatar fut attaqué par des politiques ou dans la presse après les attentats, la sénatrice n'hésita pas à proposer à l'ambassade d'organiser un colloque, contre rétribution bien sûr. La représentation diplomatique dit *niet*. Depuis, Mme Goulet l'avoue sans ambages : « Je n'aime pas beaucoup le Qatar[1]. »

Dans les couloirs du Sénat, elle est connue pour son audace décomplexée. Nathalie Goulet a longtemps été proche de l'Iran, au point de publier un livre – très probablement une commande de Téhéran – dénonçant l'imposture que représentent les opposants iraniens, les Moudjahidine du peuple, abrités en France. Puis elle s'est brouillée avec les Iraniens, avant de se propulser aux avant-postes de la défense de leur ennemi juré, l'Arabie Saoudite. Curieux parcours ! Le 23 mai 2016, Mme Goulet organisa même un colloque dans le cadre du groupe interparlementaire d'amitié France – Pays du Golfe au Sénat sur le thème « Les nouveaux visages de l'Arabie ».

Son objectif ? Redorer le blason d'un royaume régulièrement accusé de financer le terrorisme, en montrant que

1. Entretien avec les auteurs. Paris, 13 juillet 2016.

le nouveau roi Salman et son fils Mohammed Bin Salman ont engagé le pays dans la bonne voie. Sous-entendu : les critiques de la presse ou des politiques ne sont qu'un ramassis de vieilles idées datant de l'époque où l'Arabie finançait le djihad en Afghanistan.

Lors de ce colloque, l'ancien consul de France à Djeddah, Louis Blin, va d'ailleurs commencer par s'attacher, de son côté, à démontrer que « l'Arabie Saoudite n'était pas un Daech qui avait réussi », selon le titre d'une tribune de l'écrivain algérien Kamel Daoud, publiée dans le *New York Times*.

À écouter l'ensemble des intervenants, l'Arabie Saoudite est un pays comme un autre, auquel est fait un mauvais procès. Le compte-rendu envoyé à la presse le lendemain par l'agence Publicis[1] enfonce le clou. Intitulé « Arabie Saoudite et France : briser les mythes pour renforcer les liens diplomatiques », il s'élève « contre certains stéréotypes », et souligne que « la réalité de l'Arabie Saoudite est peu connue, masquée par de nombreux "clichés" qu'il est utile aujourd'hui de remettre en question sans naïveté ». Le communiqué conclut : « Puisque l'Arabie Saoudite avance et se réforme, il est essentiel que tous les citoyens français comprennent la valeur et – plus important encore – l'avancée des relations franco-saoudiennes. »

Pour cette opération de relations publiques, « Mme Goulet a touché une grosse enveloppe de la part de l'ambassade à Paris », assure un lobbyiste – ce qu'elle a nié devant les auteurs.

Du 24 au 28 janvier 2016, la sénatrice centriste de l'Orne s'était rendue en Arabie à la tête d'une délégation du groupe interparlementaire d'amitié France-Pays du Golfe.

---

1. L'Arabie Saoudite a recruté plusieurs sociétés de communication à Paris pour améliorer son image.

Son activisme intéressé ne l'a pas empêchée d'être désignée rapporteur de la commission d'enquête sénatoriale sur l'islam de France et son financement, qu'on examinera au chapitre suivant. S'il n'y a pas comme un conflit d'intérêt !

Que dire d'Éric Besson, ancien ministre de l'Industrie et de l'Énergie de Nicolas Sarkozy. À l'époque, un homme d'affaires saoudien se plaignait auprès de ses contacts français qu'il monnayait son influence et ses interventions : « Avec lui, rien n'est gratuit », fulminait le Saoudien.

Au chapitre de ceux qui considèrent les ambassades des pays du Golfe comme des tiroirs-caisses, ajoutons le député socialiste des Hauts-de-Seine, Alexis Bachelay [1], qui a lui aussi cherché des financements pour sa campagne des législatives auprès de l'ambassade du Qatar. Mais en vain.

À la tête de l'Institut du monde arabe (IMA), Jack Lang est cité non seulement par l'ambassade du Qatar, mais aussi par celles d'Arabie et des Émirats arabes unis comme un quémandeur sans scrupules. « Il vient réclamer trois places en Business pour sa femme et son ami, lorsqu'on l'invite à Abou Dhabi, fulmine un membre de l'ambassade des Émirats. Et si jamais on refuse, il menace de critiquer publiquement les Émirats. »

Rachida Dati elle aussi a frappé il y a quelques années à la porte de l'ambassade des Émirats. « Elle voulait qu'on lui paie des billets d'avion pour elle et sa famille qui allait se réunir à Dubaï. »

1. Alexis Bachelay a été éliminé dès le premier tour des élections législatives du 11 juin 2017 dans les Hauts-de-Seine.

« Si ce n'est que de la classe Affaires, ça va. Villepin, lui, exige d'être en *First Class*, sinon il boude les invitations au Qatar, renchérit un autre diplomate de l'ambassade du Qatar. Une fois, Villepin a annulé sa participation à un colloque parce qu'il était en Business et pas en *First Class*. L'ambassadeur en est resté abasourdi. » Autre certitude : l'ancien Premier ministre, devenu avocat d'affaires, ne dit pas du bien du Qatar pour rien, comme tous ceux dont nous avons rapporté le comportement. « La France n'a aucune preuve de l'implication du Qatar dans le financement du terrorisme », affirmait-il le 4 novembre 2015 sur Europe 1. Quelques jours après les attentats du 13 novembre 2015 à Paris, Jack Lang contestait lui aussi sur France Info que le « Qatar puisse participer aujourd'hui à quelque financement que ce soit du terrorisme ». Nos hommes politiques ne font pas preuve d'une grande curiosité, alors même que plusieurs rapports américains publics dénoncent le rôle de Doha dans le financement du terrorisme, comme nous le verrons plus loin.

Parmi ceux qui ont été victimes de la nouvelle donne à l'ambassade du Qatar à Paris, signalons également le chercheur Nabil Ennasri, proche des Frères musulmans. Il n'est plus dans les petits papiers de l'ambassade. Il n'a pas été invité cette année au Doha Forum, et son Observatoire n'est plus financé par l'émirat. L'ambassade a voulu s'écarter de « tout ce qui est proche des Frères musulmans, car ce n'est pas bon pour l'image du pays », nous apprend-on à la représentation qatarienne.

L'ancien ambassadeur nourrissait pourtant le secret espoir de voir le Qatar prendre le contrôle de l'Union des organisations islamiques de France, comme nous le verrons.

« Comme la France a la plus importante communauté maghrébine d'Europe, la contrôler *via* l'une de ses plus puissantes fédérations, cela voulait dire contrôler les musulmans en Europe », analyse un homme d'affaires proche de Mohammed al-Kuwari.

Meshaal al-Thani, lui, a pris ses distances avec les associations musulmanes françaises. Il refuse même d'organiser des *iftar*, ces repas de rupture du jeûne de ramadan, comme le faisait son prédécesseur, y compris en province. « Je n'ai pas à me mêler de la communauté tunisienne, algérienne ou turque », répond-il à tous ceux qui le poussent à perpétuer ces traditions.

Trois ans après son arrivée à Paris, l'ambassadeur du Qatar semble las de toutes ces pratiques. Un de ses amis témoigne : « Meshaal, qui a été en poste en Belgique et aux États-Unis, me dit souvent : "Je n'ai jamais vu cela, auparavant ! J'ai fréquenté des politiques partout ; mais aucun ne s'est comporté comme certains Français, aucun ne m'a demandé de l'argent aussi abruptement, comme si c'était naturel, comme si on leur devait quelque chose ! On n'est pas une banque, me répète-t-il. On me demande à Doha de lutter contre la corruption, je ne suis pas là pour régaler les hommes politiques français." »

Ces derniers se montrent particulièrement maladroits. « Nous savons très bien qui aime le Qatar et qui aime l'argent du Qatar », nous avait confié Mohammed al-Kuwari en 2013. Entre eux, les ambassadeurs arabes se racontent toutes ces histoires d'impudence. « Quelle image les politiques français donnent-ils de leur pays ? » s'interroge l'un d'eux.

Quelques jours avant la parution en octobre 2016 de la première édition du présent ouvrage, un vent de panique s'empare des milieux politiques français, jusque dans les vestiaires du PSG. Des cadres du club de football parisien essaient de savoir si des informations embarrassantes pour eux sont contenues dans le livre. À l'Assemblée nationale, de nombreux députés cherchent à obtenir un exemplaire de notre livre avant la parution pour voir s'ils figurent parmi les personnalités épinglées.

Dès que le livre est en rayon dans les librairies, les réactions sont aussi vives qu'immédiates. L'ambassade du Qatar est sommée de toute part de publier un communiqué démentant nos informations. « On ne commente pas les affaires de presse », fait-on savoir à la représentation diplomatique. Mais la pression monte de plus en plus.

Le Premier ministre, Manuel Valls, transmet un message à Doha pour se plaindre[1]. Maurice Leroy, le président du groupe d'amitié France-Qatar à l'Assemblée nationale, menace de démissionner si l'ambassade ne fait pas une mise au point.

---

1. Le député-maire de Neuilly-sur-Seine Jean-Christophe Fromentin a posé le 15 novembre 2016 une question écrite au Premier ministre Valls pour lui demander « s'il est en mesure de démentir officiellement » ce qui est rapporté dans le livre car « les faits sont moralement très choquants mais également d'une extrême gravité ». Il attend toujours la réponse du Premier ministre…

Rachida Dati est folle de rage. Elle abreuve l'ambassadeur d'une rafale de SMS vengeurs mais le diplomate fait la sourde oreille. Mme Dati n'en reste pas là. Elle multiplie les coups de téléphone incendiaires à la secrétaire de l'ambassadeur : « Je ne raccrocherai pas tant que vous ne me l'aurez pas passé ! Je suis maire du 7e arrondissement ! Vous allez voir ce que vous allez voir ! » hurle-t-elle aux oreilles de la pauvre secrétaire qui finit par craquer et s'effondrer en larmes. À deux reprises, Rachida Dati dépêche ses deux avocats pour être reçus par l'ambassadeur Meshaal Al-Thani. En vain, ils sont orientés vers un chargé d'affaires.

La main sur le cœur, Jean-Marie Le Guen jure dans les médias que nos accusations sont infondées et farfelues… sans pour autant démentir le dîner de Neuilly-sur-Seine ou son déjeuner au printemps 2016 avec l'ambassadeur du Qatar. Face au député Georges Fenech qui lui demande de s'expliquer le 8 décembre 2016 à l'Assemblée nationale, Jean-Marie Le Guen se fait menaçant : « Votre statut m'interdit de porter plainte contre vous, je le regrette beaucoup. Mais si vous répétez vos déclarations dans un autre contexte, je le ferai. »

Le député Nicolas Bays, député PS du Nord – Pas-de-Calais, affirme tomber des nues : « Une fois j'ai demandé à être surclassé sur Qatar Airways, c'est tout. Mais je connais des collègues de l'Assemblée qui, eux, sont bien plus proches de ce pays[1]. » Pense-t-il à Malek Boutih, député PS de l'Essonne, un visiteur lui aussi assidu de l'ambassade du Qatar du temps de Mohamed Al-Kuwari ?

1. *Le Point*, 20 octobre 2016.

Nathalie Goulet, sénatrice de l'Orne, elle, ne prend aucune précaution oratoire en révélant le nom de son collègue, le sénateur Pierre Charon, proche de Nicolas Sarkozy : « Ce pays [*le Qatar, N.D.L.E.*] est jalousement "gardé" par le président délégué pour le Qatar du groupe France-Pays du Golfe, le sénateur Les Républicains Pierre Charon[1]. »

Après la sortie du livre, les langues se sont déliées. D'autres noms ont surgi. Il y en a sans doute beaucoup que nous n'avons pas pu documenter.

Notons qu'au moment de la crise diplomatique entre Doha et les pays du Golfe du printemps 2017, les « amis » français du Qatar étaient aux abonnés absents dans les médias pour défendre l'émirat. Plus personne ne semblait connaître l'adresse de l'ambassade de l'émirat place de l'Étoile.

Déjà pour la campagne présidentielle de 1974

Vieux routier du Moyen-Orient, Xavier Houzel, soixante-dix-sept ans, a été conseiller du prince héritier d'Arabie Saoudite, Abdallah, entre 1976 et 1990. Déjà à l'époque trader pétrolier, Xavier Houzel passait une semaine par trimestre dans le royaume à éduquer les princes à la géopolitique. Ce gentleman, toujours tiré à quatre épingles, a accepté de témoigner sur son long compagnonnage avec

1. *Ibid*

l'Arabie et sur les mœurs en cours depuis des décennies entre le royaume et les dirigeants politiques français.

« Je percevais 50 000 dollars à chaque voyage. Trois semaines avant d'arriver, je recevais une liste de questions qu'une trentaine de hauts fonctionnaires ou de jeunes princes devaient étudier. Une condition avait été imposée d'un commun accord : ne pas parler de la politique française. Je leur donnais des cours de relations internationales. Mes étudiants étaient sélectionnés par Abdulaziz al-Tuwaijri, l'éminence grise d'Abdallah. »

C'est en 1969 qu'un ami libanais le présenta au prince Abdallah, à l'époque patron de la Garde nationale, qui venait passer trois semaines chaque été à l'hôtel Claridge sur les Champs-Élysées. « Le soir, on se voyait dans une boîte de nuit, mais Abdallah ne buvait pas. Celui qui fournissait les calls girls aux autres princes, c'était Samir Trabulsi », – un courtier libanais dont on entendra parler quinze ans plus tard dans les affaires d'otages au Liban.

De fil en aiguille, Abdulaziz al-Tuwaijri invite Xavier Houzel en Arabie. « Abdallah me donnait des cadeaux, des montres notamment. Il me traitait en ami. » Le commerce avec la France commence. En 1966, la société Luchaire vend des munitions à Riyad, *via* son agent, le Syrien Akram Ojjeh, l'un des grands intermédiaires commerciaux entre la France et l'Arabie. Puis Panhard livre des blindés pour l'armée et la Garde nationale, blindés dont les Saoudiens apprécièrent les performances durant la guerre qu'ils menaient avec les Occidentaux entre 1962 et 1970 contre les rebelles du Yémen soutenus par l'ex-Union soviétique et le président égyptien Nasser. Enfin, en 1971, la France conclut un important contrat portant sur la livraison de 200 chars

AMX 30 à Riyad. Bref, la relation se construit commercialement. L'élection présidentielle de 1974 se profile.

Xavier Houzel est l'ami de Victor Chapot, chargé des affaires spéciales (caisse noire, relations avec les services de renseignements…) auprès de Valéry Giscard d'Estaing, le ministre des Finances de Georges Pompidou. « Un jour, raconte Houzel, Chapot m'appelle : nous sommes au courant que l'Arabie Saoudite, les Émirats arabes unis et la Jordanie prévoient de transférer entre les deux tours de l'élection présidentielle chacun 10 millions de dollars dans les caisses de l'Union pour la défense de la République (UDR) pour soutenir Jacques Chaban-Delmas. Il faut prévenir immédiatement les Saoudiens, afin qu'ils arrêtent tout de suite. Cet argent ne servira à rien. Giscard va gagner l'élection », lui assure Victor Chapot.

Le transfert d'argent devait être effectué par l'ambassadeur saoudien à Genève, et ceux de Jordanie et des Émirats arabes unis en France. Le trésorier de l'UDR, Albin Chalandon, était le destinataire de ces 30 millions de dollars, résultat de commissions sur plusieurs contrats.

Houzel s'envole pour Riyad, où il rencontre le prince Abdallah. « Je lui ai expliqué que l'Arabie prenait le risque que cela se sache, et que de toute façon c'était inutile : un transfuge, dénommé Jacques Chirac[1], allait soutenir Giscard. Abdallah m'a cru, il est allé voir le roi Fayçal, et peu après il est revenu me dire qu'ils avaient tout arrêté. »

Avant de repartir de Riyad, se souvient Xavier Houzel, « le roi Fayçal semblait ennuyé à l'idée que Chaban-Delmas – *the gaullist*, comme il le surnommait – perde

1. En récompense, Valéry Giscard d'Estaing nommera Jacques Chirac Premier ministre.

les élections. Je lui ai assuré que ce n'était pas grave, que Giscard serait très bien. »

Pragmatiques, les dirigeants saoudiens sauront s'habituer à la droite comme à la gauche en France, aux Républicains et aux Démocrates aux États-Unis.

À son retour à Paris, Victor Chapot félicite l'émissaire, qui aidera à organiser l'été suivant la visite de son ami Abdallah au nouveau président de la République, Valéry Giscard d'Estaing. « Abdallah était très content d'être reçu à l'Élysée, lui qu'on présentait volontiers comme un Bédouin bègue, plus ou moins inculte en politique étrangère. »

Pour remercier Houzel, le prince Abdallah l'invitera dans son nouveau palais, près de Casablanca. Et c'est là qu'il lui proposera de devenir un de ses conseillers, lui offrant par la même occasion 100 000 dollars – que le courtier refusera, nous a-t-il affirmé.

« Abdallah, se souvient Houzel, demande alors à son entourage : “Quel contrat Houzel veut-il pour quelle société française ?” C'est comme cela que j'ai fait récolter à la société SAE un contrat pour la construction de quatre tours à Djeddah. Abdallah a téléphoné à son fils le prince Mitaeb, à la suite de quoi on m'a demandé de faire venir le président de la SAE. En trois semaines, l'affaire avait été réglée. J'ai été idiot. Abdallah m'a donné une commission de 200 000 dollars, mais échelonnée sur plusieurs années, ce qui est loin de la norme habituelle. Quant aux Rolex, je les donnais à des amis. »

À la fin des années 1970, les Saoudiens s'interrogent. « Abdallah m'a demandé ce qui allait se passer pour l'élection présidentielle de 1981. Je lui ai dit que Chirac allait encore frapper, et ferait tout pour empêcher Giscard d'être réélu. »

« Qu'est-ce que je peux faire pour aider Giscard ? » me demande Abdallah.

« Pas grand-chose », lui ai-je rétorqué.

Pendant le mandat de Giscard, certaines options diplomatiques de la France avaient heurté l'Arabie. « Abdallah n'avait pas compris pourquoi nous avions accueilli l'ayatollah Khomeiny, analyse Xavier Houzel. De plus, notre rapprochement avec Saddam Hussein, même si Abdallah savait qu'il était surtout le fait de Jacques Chirac, ne l'enchantait guère. Bref, il avait l'impression qu'on pratiquait un peu le double jeu. »

Et l'élection du socialiste François Mitterrand, qui accepte des ministres communistes au gouvernement, n'est pas faite pour rassurer les dirigeants saoudiens[1]. « Vous devez travailler avec le président Mitterrand, dis-je à Abdallah qui me répond en bédouin : "Mais vous trahissez votre ami Giscard." » *Via* François de Grossouvre, qui succéda à Victor Chapot aux Affaires spéciales de l'Élysée, le prince Abdallah sera officiellement invité en 1984 au palais de l'Élysée. « Abdallah, même s'il n'aimait guère l'activisme politique de Mme Mitterrand, comprit alors que François Mitterrand était un président avec lequel il était intéressant de travailler. »

Si Xavier Houzel a été un fin courtier, il est en revanche un piètre gestionnaire de fortune. Au temps de sa splendeur, il acquit un château en Normandie où le prince héritier saoudien lui rendit visite. Mais il fit ensuite de mauvaises affaires et vit aujourd'hui dans un deux pièces à Ivry, en banlieue parisienne. Mais cela n'affecte guère cet

1. François Mitterrand effectuera sa première visite officielle à l'étranger en Arabie Saoudite en octobre 1981, pour rassurer les dirigeants du royaume.

infatigable globe-trotter qui distribue encore à ses amis ses fiches d'analyses sur le Moyen-Orient.

Jusqu'au début des années 2000, Xavier Houzel a maintenu des liens avec celui qui était devenu le véritable roi d'Arabie à partir de 1995, lorsque Fahd fut déclaré incapable de continuer de régner en raison de sa maladie.

« Abdallah était un vrai Bédouin, il avait le goût du désert, il aimait les chevaux et les fantasias, raconte Houzel. Son père, le roi Abdelaziz, l'avait choisi pour être patron de la Garde nationale qui rassemble les tribus du pays. Deux des épouses d'Abdallah étaient issues en effet des principales tribus du royaume, l'une était une Shammar, l'autre une Chaalan. » Mais, ajoute Houzel, « Abdallah n'a été roi que lorsqu'il est allé contresigner en 2005 le pacte du Quincy[1] à Houston, aux États-Unis, pour le prolonger de quarante ans. S'il avait refusé de prêter ainsi allégeance au protecteur américain, Abdallah n'aurait jamais accédé au trône. En rentrant des États-Unis, les Saoudiens ont pu débrancher Fahd. Et aujourd'hui encore, malgré les apparences d'une crise entre les deux pays, dans beaucoup de domaines, les Américains disent aux Saoudiens ce qu'il faut faire. »

Marine Le Pen courtisée par les Émirats

Tout commence par une visite sur les bords du Nil. En

1. Le pacte du Quincy a été scellé le 14 février 1945 sur le croiseur *USS Quincy* entre le roi Ibn Saoud, fondateur du royaume d'Arabie, et le président américain, Franklin Roosevelt. Les États-Unis s'engagèrent à protéger Riyad, en échange de quoi l'Arabie assura à son allié américain un approvisionnement en pétrole.

mai 2015, Marine Le Pen rencontre officiellement au Caire le Premier ministre égyptien, Ibrahim Mahlab, Mohammed al-Tayeb, le grand imam de la célèbre université al-Azhar, et le patriarche copte Théodore II.

La présidente du Front national partage sans la moindre hésitation l'agenda anti-islamiste des autorités égyptiennes, lancées dans une éradication des Frères musulmans, depuis le coup d'État de l'armée contre le président élu islamiste Mohamed Morsi, à l'été 2013.

Ses premiers entretiens se passent bien, comme le relatera *Valeurs actuelles*, dont un journaliste accompagne Marine. Mais le magazine omet d'indiquer que, dans le plus grand secret, Mme Le Pen a aussi rencontré le chef des services de renseignements, Khaled Fawzi, et surtout le Président en personne, le maréchal Abdel Fattah al-Sissi, fossoyeur des islamistes[1].

« C'était la surprise, confie un proche de Marine Le Pen. Ce n'était pas prévu, les Égyptiens ont regardé comment se sont passés les premiers entretiens, et à la fin Marine est allée au palais. » La rencontre avec le *raïs* égyptien, sans autre membre du Front national, a duré environ une heure et demie. Et Marine Le Pen n'a rien dit de sa teneur à ses collaborateurs qui l'accompagnaient.

À travers ce voyage dans le plus peuplé des pays arabes, « le Front national tenait à montrer que le monde arabe n'était pas monolithique et que certains pays comme l'Égypte ou les Émirats arabes unis étaient fréquentables, car de notre côté dans la lutte anti-islamiste », relève Aymeric Chauprade, qui y participait en tant que conseiller de Marine Le Pen.

---

1. La revue *Intelligence Online* avait fait état de la visite de Marine Le Pen au Caire, mais sans évoquer sa rencontre avec le maréchal al-Sissi.

En fait, ce sont les Émirats arabes unis – alliés et bailleurs de fonds du régime égyptien – qui ont financé le déplacement de Mme Le Pen au Caire. « Ni l'hôtel ni les billets d'avions n'ont été payés par le Front national ou l'Égypte », assure un proche.

Comme Le Caire, les Émirats arabes unis ferraillent contre la mouvance islamiste, en particulier les Frères musulmans, leur ennemi juré. Les Émirats arabes unis sont allés jusqu'à publier une « liste noire » des mouvements interdits chez eux, parmi lesquels figurent bien sûr les Frères musulmans. La liste détaille également leurs ramifications et leurs financements à travers le monde, dont l'Union des organisations islamiques de France (UOIF), proche de leur voisin et rival du Qatar. Or l'UOIF est aussi la bête noire du Front national et de sa présidente.

Tous les émirs du Golfe s'intéressent aux campagnes électorales françaises. À Paris, leurs ambassades ou leur cabinet de relations publiques suivent de près les sondages d'opinion. Soucieux de préparer l'avenir, ils cherchent à entrer en contact avec la plupart des prétendants à la magistrature suprême. Certains des candidats refusent, comme Alain Juppé qui a décliné toutes les demandes de rendez-vous de l'ambassadeur d'Arabie en France, Khalid al-Ankary. Mais le maire de Bordeaux a finalement rencontré le prince Mohammed bin Salman en marge de sa visite fin juin 2016 à Paris, tout comme Nicolas Sarkozy. Quelques semaines plus tard, ce dernier a sollicité son ami Mohammed VI le roi du Maroc pour qu'il lui organise un tête-à-tête avec le roi Salman, en vacances dans son palais de Tanger.

L'ancien président de la République est resté l'ami

de l'émir père du Qatar, cheikh Hamad. Ce dernier « ne jure que par Sarko, confie un de ses visiteurs français. Pour lui, Sarko est le seul homme d'État de son pays », dit ce vieil ami français d'Hamad. Le numéro un des Émirats arabes unis, cheikh Mohamed Bin Zayed[1] – surnommé MBZ – est aussi l'ami de Nicolas Sarkozy, qui est allé à plusieurs reprises donner des conférences à Abou Dhabi[2]. Les Émiriens ne l'ont jamais perdu de vue, même lorsque les sondages face à Alain Juppé lui étaient défavorables. *Is he over* ?, « Est-ce qu'il est fini ? » demandait à l'un des auteurs Anwar Gargash, le secrétaire d'État aux Affaires étrangères en avril 2016.

Force est de le constater, les émirs nous connaissent mieux que nous ne les connaissons. Ils sont pragmatiques. Pour eux, Marine Le Pen reste encore une inconnue. Si les Saoudiens et les Qatariens n'éprouvent – pour l'instant – aucune envie de la rencontrer, les Émiriens, eux, tiennent à connaître l'étoile montante de la politique française auprès de laquelle ils mènent un travail d'influence souterrain, dont le financement de son voyage en Égypte est une illustration.

Mais à l'automne 2015, un pas supplémentaire a été franchi. Un haut représentant des Émirats a rencontré secrètement Marine Le Pen dans son manoir de Montretout, propriété de la famille Le Pen sur les hauteurs de Saint-Cloud. L'Émirien voulait « ouvrir un canal » avec Marine Le Pen.

1. Fondateur des Émirats arabes unis, son père, cheikh Zayed, était ami avec Jacques Chirac, qui s'est rendu à ses obsèques en décembre 2004.

2. Pour ne pas attirer l'attention des médias, l'ancien président donne maintenant des conférences à des audiences triées sur le volet, nous a confié un parlementaire Les Républicains.

À l'instar de l'Égypte, la lutte anti-islamiste, ajoutée à des intérêts français à Abou Dhabi qui abrite une base militaire française, rapprochent le Front national des Émirats arabes unis. Marine Le Pen expliqua à son hôte que son parti cherchait à bâtir « une politique arabe » fondée sur des pays, comme l'Égypte, les Émirats arabes unis ou la Russie, dont la position anti-islamiste ne peut être mise en doute.

Accessoirement, le représentant émirien conseilla, de son côté, à Marine Le Pen de « taper sur le Qatar, mais pas trop sur l'Arabie Saoudite », le grand frère qu'Abou Dhabi se doit de ménager, publiquement du moins. « Pour Marine, attaquer le Qatar ne lui pose aucun problème, car c'est viser leur ami Sarkozy », confie un proche de la cheffe du Front national.

Quelques mois plus tard, le revers électoral du Front national aux élections régionales de décembre ouvre les yeux des pays du Golfe sur une réalité : sans alliance avec d'autres formations politiques de droite, Marine Le Pen aura bien du mal à conquérir le pouvoir. Du coup, ce discret travail d'influence des Émirats arabes unis est freiné. Dans l'immédiat, en tout cas, car la menace terroriste grandissante en France et les risques qu'elle fait peser sur le résultat de la présidentielle de 2017 reste une réalité que ses nouveaux partenaires ne pourront probablement longtemps ignorer.

« Le vrai isolement international du Front national a débuté avec les régionales, constate un proche de Marine Le Pen. Avant, certains pays avaient commencé de croire qu'elle avait ses chances. Si les élections régionales avaient eu un autre résultat, les Émirats arabes unis étaient prêts à investir sur Marine, y compris par du financement », assure ce proche de Mme Le Pen.

Nous sommes en mesure de révéler que lors de la rencontre de Montretout, le représentant émirien a proposé à Marine Le Pen un financement de 1 million de dollars, voire de 2 millions, pour sa campagne électorale. « Il m'a fait l'impression de quelqu'un qui avait l'habitude de parler argent avec les hommes politiques, relève le proche. D'ailleurs Marine a paru décontenancée, elle n'a pas su trop quoi répondre. On verra, a-t-elle dit, en évacuant la question. »

Pourfendeur des monarchies du Golfe – à l'exception des Émirats arabes unis pour leur action contre les islamistes –, Bruno Le Maire sourit quand on lui demande si les pétromonarchies financent les dirigeants politiques français. « Je vais vous raconter une anecdote, confie le candidat à la primaire à droite, depuis la terrasse de son QG de campagne dans le 6e arrondissement de Paris. En 2009, quand j'étais ministre de l'Agriculture, j'avais été chargé d'accompagner cheikh Hamad, l'émir du Qatar pendant quatre heures dans Paris. À la fin, il m'a fait cadeau d'une montre Patek Philip sertie de diamants, d'une valeur de 85 000 euros. Vous imaginez, cela représente une année de mon traitement de député ! Je l'ai mise dans le coffre du ministère. Je pense qu'elle doit y être encore[1] ! »

L'ancien diplomate et directeur de cabinet de Dominique de Villepin au ministère des Affaires étrangères connaît les arcanes de nos relations avec les monarchies du Golfe. « Leurs dirigeants fonctionnent avec de la flatterie. Ils sont

1. Entretien avec les auteurs à Paris, le 12 juillet 2016.

d'une grande amabilité. Ils vous proposent des cadeaux. Regardez les poignets de bon nombre de ministres ! » sourit Bruno Le Maire. Et pas que des ministres... Bruno Dalles, patron de Tracfin, l'organisme du ministère des Finances chargé de traquer l'argent qui sert à financer le terrorisme, s'est vu proposer une montre de valeur. Le haut fonctionnaire raconte la scène à Doha à laquelle assistait l'ambassadeur de France, Éric Chevallier : « En mars 2016, à la fin de mon entretien avec le procureur général du Qatar, ce dernier lance à son collaborateur : "Vous lui ferez livrer sa montre à l'hôtel." J'étais à la fois vexé et scotché par le procédé, alors que je venais de lui expliquer le but de mon job qui est de renforcer la transparence dans les mouvements de fonds. Lorsque je suis rentré à mon hôtel, il n'y avait pas de montre. Il est probable que l'ambassadeur avait fait passer le message aux Qatariens. Je l'aurais de toute façon refusée. »

Bruno Le Maire se targue de n'avoir jamais mis les pieds au Qatar[1]. Son constat est cinglant. « Sarkozy, alors qu'il est président d'un grand parti politique, donne des conférences de quarante-cinq minutes qu'il facture 145 000 euros ! Il ne voit pas le problème. Dans quel autre pays démocratique accepterait-on qu'un président de parti fasse une conférence dans un État étranger, payé par ce même État. Il y a une forme de démission liée au fait que la France est un pays qui s'est appauvri, dont la classe politique est mal rémunérée. Les pays du Golfe sont une poule aux œufs d'or », conclut Bruno Le Maire.

Ironie de l'histoire : son constat rejoint celui d'un

1. Bruno Le Maire dispose d'une diplomate dans le Golfe qui l'alimente en notes.

conseiller de l'ancien émir du Qatar que nous avions rencontré à Doha en 2012. « Il semblerait que les Français soient les plus faciles à acheter », s'était contenté de lâcher ce responsable de journal, qui semblait en savoir long sur les turpitudes de nos politiques.

Comment en serait-il autrement ? Les dirigeants du Qatar tiennent à jour leurs registres. Ils n'ignorent pas, on l'a vu, à qui ils offrent argent ou cadeaux. À la décharge de nos hommes politiques, il convient de préciser qu'ils ne sont pas les seuls à succomber aux charmes des Rolex et autres offrandes en espèces sonnantes et trébuchantes.

Via la fondation qui porte son nom, Hillary Clinton, la candidate démocrate à la présidence américaine, est financée par le Qatar, l'Arabie Saoudite, les Émirats arabes unis et le Koweït, pour ne citer que les monarchies du Golfe[1].

Selon les chiffres fournis par le site de la Clinton Foundation, Doha lui a ainsi versé entre 1 et 5 millions de dollars. La contribution saoudienne est évaluée à hauteur de 10 à 25 millions de dollars depuis la création de cette fondation en 1997. Pour l'élection de novembre 2016, Riyad a d'ailleurs mis le paquet, comme en témoigne la déclaration du prince Mohammed Bin Salman, le fils du roi Salman, juste avant de se rendre aux États-Unis en juin 2016. Dans des propos rapportés par l'agence de presse jordanienne Petra, Mohammed Bin Salman affirmait que l'Arabie Saoudite a financé 20 % de la campagne électorale de la candidate démocrate à la Maison Blanche.

1. Pour Robert Gibbs, ancien porte-parole de Barack Obama à la Maison Blanche, les liens de cette fondation avec le gouvernement qatarien et les autres régimes du Golfe sont « pour le moins gênants ».

Et le nouvel homme fort du royaume ajoutait : « Avec plein enthousiasme. » Une bourde réparée quelques instants plus tard, avec le retrait de cette information du site de l'agence Petra… mais trop tard ! Un *think tank* américain avait déjà repris en arabe les propos du prince saoudien. La maladresse coûta à Mohammed Bin Salman un accueil plutôt froid à Washington lors de sa tournée d'autopromotion de trois semaines, au cours de laquelle le ministre de la Défense et vice-prince héritier rencontra cependant tout ce que les États-Unis comptent comme centres de pouvoir.

On l'aura compris, les monarchies du Golfe ne sont pas en retard pour cornaquer les nouveaux leaders des grands pays – essentiellement les États-Unis, la Grande-Bretagne et la France, c'est-à-dire ceux qui peuvent leur fournir une sorte d'assurance vie contre les menaces multiples qui pèsent sur leurs fragiles équilibres nationaux.

Une personnalité qatarienne nous a confié que l'establishment politique britannique était lui aussi arrosé, à commencer par le couple Blair, et plus particulièrement Cherie, l'épouse de l'ancien Premier ministre, mais aussi des membres du parti conservateur. Pour les élections législatives de 2015, de l'argent qatarien a alimenté la campagne des Travaillistes et celle de leur leader Ed Milliband. Pourtant, les sondages donnaient son adversaire David Cameron vainqueur. À ceux qui demandaient pourquoi investir sur les perdants et pas sur les Conservateurs donnés favoris, « C'est déjà fait », répondait notre officiel qatarien avec ironie.

– 2 –

Le miroir aux alouettes des grands contrats

« France - Arabie Saoudite : 10 milliards d'euros de contrats ! Le gouvernement est mobilisé pour nos entreprises et l'emploi. » Sa visite à Riyad à peine terminée, Manuel Valls claironne déjà sur Twitter. Le Premier ministre prend soin d'insister sur les retombées commerciales de son voyage dans un pays qui pâtit d'une mauvaise image dans l'Hexagone.

Ces 12 et 13 octobre 2015, il est venu en Arabie pour consolider les résultats de la visite effectuée par François Hollande six mois plus tôt et au cours de laquelle, pour la première fois, un chef d'État français s'est trouvé invité à participer au sommet des six monarchies du Golfe ! Bref, tout se présente bien pour notre pays qui a fait de l'Arabie son « partenaire stratégique » au Moyen-Orient. D'autant que les télégrammes diplomatiques rédigés par l'ambassade de France avant l'arrivée du Premier ministre sont prometteurs !

Patatras ! Le déplacement de Manuel Valls sera un cuisant échec. Ni prince pour l'accueillir à l'aéroport, ni altesse royale au dîner officiel. Est-ce parce que, trois semaines auparavant, Jean-Marie Le Guen, le secrétaire d'État chargé des relations avec le Parlement, est venu en Arabie demander à « Riyad de financer l'effort de guerre français », c'est-à-dire la campagne électorale de François Hollande, ce qui aurait déplu aux Saoudiens, comme le suggère un industriel au cœur de la relation[1] ? Toujours est-il qu'au-delà de ces indélicatesses protocolaires, les signatures de contrats, une fois de plus, ne sont pas au rendez-vous.

Avant la cérémonie tant attendue dans les salons du Ritz Carlton, où Manuel Valls fera banquette pendant plus d'une heure, les services de Matignon distribuent à la dizaine de journalistes qui l'accompagnent – publicité que les Saoudiens détestent ! – un communiqué annonçant que Veolia a remporté un contrat de 3 milliards d'euros pour la gestion du réseau d'eau de Riyad. Mais dans le communiqué final, diffusé quelques heures plus tard, il n'est plus question de signature d'un contrat, mais de « négociations (qui) progressent avec Veolia ».

Quant à la fourniture espérée de 20 Airbus A-380 pour un montant de 6 milliards d'euros, elle est annulée, sans autre explication, par un simple coup de fil à quatre heures du matin au représentant de l'entreprise à Riyad. Là encore, plus question de contrat ferme : « Nous sommes convenus d'engager un partenariat commercial portant plus particulièrement sur les gros porteurs », peut-on lire dans le communiqué final. La pilule est dure à avaler.

---

1. Jean-Marie Le Guen fut à plusieurs reprises sollicité par l'ambassade de France à Riyad pour remplacer ses collègues de la Santé Marisol Touraine et l'ex-garde des Sceaux Christine Taubira qui refusaient « par idéologie » que leurs ministères coopèrent avec l'Arabie Saoudite.

Les membres du complexe militaro-industriel restent eux aussi sur leur faim. Deux accords seulement seront signés pour la livraison de 30 patrouilleurs rapides, tandis que des « négociations exclusives » doivent s'ouvrir dans le domaine des satellites de télécommunication et d'observation avec le groupe Thalès.

Bref, peu de contrats fermes – 3 milliards seulement, et non pas 10 ; en revanche, encore et toujours des lettres d'intention – c'est-à-dire des promesses. Or les industriels français sont bien placés pour le savoir : les promesses saoudiennes tardent toujours à se concrétiser.

« Nous ne doutons pas un seul instant que ces lettres d'intention seront confirmées », assure Manuel Valls aux journalistes sceptiques, dont l'un des auteurs qui l'accompagne en Arabie.

Comble de l'humiliation : quelques semaines plus tard, Riyad signera avec son allié américain, avec lequel les relations ne sont pas au beau fixe, l'acquisition de satellites d'observation et de frégates (montant total du contrat : 10 milliards de dollars). En mai 2017, Donald Trump renouera spectaculairement avec l'Arabie en signant pour 380 milliards de contrats ou de lettres d'intention. Une fois de plus, la France de François Hollande, comme, avant, celle de Nicolas Sarkozy et même de Jacques Chirac, qui fut le président français préféré des responsables saoudiens, est restée historiquement « l'allié par défaut », « le partenaire de compensation ».

La France, un « partenaire de compensation »

Le 2 juin 1967, pour la première fois, un roi d'Arabie Saoudite est en visite officielle en France. Fayçal, le réformateur, s'entretient au palais de l'Élysée avec Charles de Gaulle, président de la République. Réticent, le monarque au visage émacié avait au préalable exigé une lettre d'invitation écrite de la main du Général qui lui fut transmise par son conseiller francophone, le Syrien Maarouf al-Dawalibi.

Le roi Fayçal gardait en travers de la gorge l'aide militaire française apportée au jeune État israélien dans les années 1950. Mais entre les deux dirigeants, le courant finira par passer. Cette visite marquera le début des relations franco-saoudiennes que la position française favorable aux Palestiniens renforcera ensuite.

À la tête d'une France en plein essor industriel, le général de Gaulle cherche à sécuriser nos approvisionnements pétroliers. Mais « De Gaulle voulait un nouveau mode de coopération pétrolière qui soit différent de celui pratiqué par les Américains », souligne le diplomate saoudien Faisal Almejfel dans son livre sur les relations entre Paris et Riyad. « La coopération avec les États-Unis s'appuie essentiellement sur des sociétés privées en relation avec des États pour des objectifs économiques bien précis. Dit autrement, il s'agit d'une volonté économique dans le cas américain (mettant en relation politiciens et industriels) et d'une volonté politique dans le cas français (liant politiciens et politiciens), mais le but reste le même : le pétrole[1] », écrit-il.

1. *Les Relations entre la France et l'Arabie Saoudite de 1967 à 2012*, Faisal Almejfel, L'Harmattan, 2012.

Le statut de la France, « amie rivale » des États-Unis, plaît aux Saoudiens qui n'auront de cesse de l'exploiter dans leurs relations avec Paris[1]. Lorsque Riyad se brouillera avec Washington, par exemple après le 11-Septembre 2001, l'Arabie se tournera vers la France, trop contente de s'engouffrer dans la brèche. Avant que l'Arabie ne se réconcilie avec son allié stratégique. Et avant que, en récompense des efforts français accomplis pour combler le vide pendant la crise avec Washington, Riyad ne consente à signer un ou des contrats avec Paris. Mais des contrats bien moins importants en général que ceux conclus avec son seul et véritable « partenaire stratégique », les États-Unis[2]. Tel a été le fil d'Ariane de nos relations avec l'Arabie, ces trente dernières années. Vu de Riyad, chaque gros contrat signé avec la France fut le plus souvent « une compensation » pour remercier Paris.

La règle s'applique une première fois en 1981 avec la conclusion du contrat Sawary 1. Il prévoit la vente de 4 frégates Lafayette 2000s, 2 grands navires de ravitaillement, 50 hélicoptères Puma, la mise à disposition sur le territoire saoudien d'une équipe de techniciens et de conseillers français assurant l'entraînement et la supervision, ainsi que la formation de 200 officiers saoudiens à l'École navale de Brest. Montant de la transaction pour la modernisation de la marine de guerre saoudienne : environ 2 milliards de dollars. « Depuis lors, explique un militaire français, la marine saoudienne stationnée à Djeddah en

1. Dans les années 1970, les services de renseignements extérieurs français – le SDECE – ont aidé les Saoudiens à créer leur propre service, dont le prince Turki al-Faysal venait de prendre la direction.

2. Faisal Almejfel, *op. cit.*

mer Rouge est équipée de matériel français tandis que celle de l'Est dans le Golfe persique à Dammam et Jubail est une chasse gardée anglo-saxonne. »

La monarchie avait de quoi remercier Paris, comme le reconnaît le général Mohammed Amri, chef d'état-major de la marine saoudienne et négociateur sur Sawary 1. « La coopération franco-saoudienne pour la libération de la Ka'ba en 1979 a été la clé de la coopération militaire couronnée par Sawary 1[1] ».

Deux ans auparavant, le 20 novembre 1979, l'assaut contre les lieux saints de La Mecque par un commando de plus de 200 fondamentalistes avait ébranlé la monarchie. Les terroristes emmenés par Juhayman aben-Mohamed ben Saïf al-Oteibi, issu d'une grande tribu du Najd, occupèrent pendant deux longues semaines la Grande Mosquée de La Mecque, le plus haut lieu saint de l'islam. L'armée et la Garde nationale ne pouvant utiliser l'artillerie pour ne pas infliger de dégât à la Ka'ba, le roi Khaled dut se résigner à faire appel à un commando français du GIGN, dirigé par le capitaine Paul Barril. Après s'être convertis à l'islam pour pénétrer sur l'enceinte sacrée, les super gendarmes français libérèrent la Grande Mosquée au terme de quinze jours de combats acharnés qui firent officiellement 250 morts et 600 blessés. Dans la nuit du 4 au 5 décembre, les insurgés se rendirent. L'ordre allait de nouveau régner sur La Mecque, mais cet épisode hante encore les Al-Saoud.

En 1988, la France signe avec l'Arabie un nouveau contrat, Waha, d'un montant de 1 milliard de dollars pour moderniser, cette fois, la défense aérienne du royaume, qui inclut

1. *Idem..*

la livraison de missiles anti-missiles Crotale. À travers cette transaction, il s'agit de compenser la perte française sur Yamama, ce gigantesque contrat que les Britanniques venaient de rafler sous le nez de Paris au terme d'un très efficace lobbying. Avec 70 avions Tornado et 50 hélicoptères Hawks notamment, pour un montant de 85 milliards de dollars, Yamama est le plus gros contrat jamais signé par Riyad avec un de ses alliés. La transaction donna lieu au versement d'une méga-commission de 38 % à la Grande-Bretagne !

Deux ans plus tard, alors que les troupes irakiennes occupent le Koweït voisin, l'Arabie multiplie les contacts diplomatiques pour bâtir une coalition militaire dirigée par les États-Unis et bouter Saddam Hussein hors du minuscule émirat. Paris répond à l'appel et sera récompensé par la signature d'un troisième contrat important : Sawary 2, d'un montant de 2,5 milliards de dollars. La cérémonie a lieu pendant les préparatifs de l'opération Tempête du désert. Dans la corbeille, 4 frégates Lafayette 3000s, 10 hélicoptères de combat Super Puma, des bateaux de ravitaillement, un programme complet de formation et de qualification d'officiers saoudiens aux écoles navales de Brest et Cherbourg[1].

« User du principe de la compensation envers les Français relève de l'évidence chez les dirigeants saoudiens, souligne

1. Sawary 2 concerne non seulement la vente de frégates à l'Arabie Saoudite mais aussi de sous-marins au Pakistan. Ces contrats ont donné lieu à des rétro-commissions pour le financement de la campagne du Premier ministre Édouard Balladur à l'élection présidentielle de 1995. L'affaire connaîtra un développement tragique le 8 mai 2002 avec la mort de onze employés et sous-traitants français, avec leurs trois accompagnateurs pakistanais, tués dans un attentat à Karachi où étaient assemblés les sous-marins vendus par la France.

Faisal Almejfel, plus particulièrement vis-à-vis du président Mitterrand qui est le premier président français à recourir au principe de monnayage envers Riyad. » C'est-à-dire : nous participons à la coalition, en contrepartie nous espérons en retirer des contrats. Et tant pis si son ministre de la Défense, Jean-Pierre Chevènement, claque la porte du gouvernement, rejetant avec éclat la participation française à une coalition sous commandement américain. Les affaires sont les affaires !

Un autre principe guide les relations franco-saoudiennes : celui de non-concurrence avec les États-Unis[1] et la Grande-Bretagne. Ces deux pays ont en effet le monopole des transactions avec l'armée de l'air saoudienne, dont les équipements sont américains ou britanniques et les pilotes très souvent formés dans ces deux pays, tandis que Paris se voit réserver le secteur de la marine saoudienne. Cela n'empêchera pas nos dirigeants de se fourvoyer parfois. Charles-Henri d'Aragon, ambassadeur de France à Riyad, au moment de la visite de Jacques Chirac en 2005, raconte : « Je me rappelle encore Khaled bin Sultan, en charge de la Défense me dire dans l'avion qui nous emmenait à Paris préparer la visite de Chirac que l'aviation saoudienne était américaine. Pourtant, lors du tête-à-tête, Jacques Chirac a quand même tenté de pousser ses pions auprès du roi Abdallah qui lui a répondu du tac au tac : "Mais c'est un non-sujet[2]." »

---

1. Le lobby militaire américain est très puissant en Arabie, notamment dans l'armée de l'air (F-15, Awacs) avec la présence d'environ trois-cents conseillers.

2. Entretien avec l'un des auteurs. Paris, 9 juin 2015.

Bref, pressions politiques, principe de compensation et choix d'un secteur sans concurrence américaine et britannique sous-tendent généralement la conclusion des grands contrats entre l'Arabie Saoudite et la France. Équation à laquelle il convient d'ajouter une autre variable : les bisbilles franco-françaises…

Les bisbilles franco-françaises

Au palmarès des bourdes commises par les Français dans des négociations en vue de conclure des méga-contrats, le cas du TGV dit des « pèlerins » entre La Mecque et Médine occupe indéniablement le haut de la liste. L'affaire s'annonçait pourtant florissante. Il s'agissait de construire 600 kilomètres de lignes à grande vitesse pour relier les deux villes saintes d'Arabie. Montant de la transaction : 7 milliards de dollars. En fin de course, le tandem Alstom-SNCF affrontait l'Espagnol Talgo.

Après de longs mois de tractations, la France avait consenti à réduire son offre à 5,4 milliards, légèrement au-dessus de celle de sa rivale espagnole – à 4,9 milliards[1].

Lors d'une rencontre entre l'ambassadeur de France, Bertrand Besancenot, et le fils du roi Abdallah, le prince Mitaeb, ce dernier lâche : « Vous êtes un peu chers, mais si vous faites le même prix que les Espagnols, nous choisissons la France. »

L'ambassadeur relaie aussitôt le message aux sièges parisiens de la SNCF et d'Alstom. Peu de temps après, la

1. Les détails de ce fiasco nous ont été racontés par un témoin clé qui a tenu à garder l'anonymat.

réponse tombe : « C'est OK. » Les Français sont d'accord pour baisser le prix de leur offre. Le prince Mitaeb en avertit le roi, qui confirme son consentement à offrir le mégacontrat aux Français.

À l'ambassade de France à Riyad, c'est la joie : on sabre le champagne, tandis que Nicolas Sarkozy est averti par téléphone de la bonne nouvelle. Quelques jours après, l'offre définitive française revient à Riyad. Il s'agit d'un épais contrat de plusieurs milliers de pages que les services de l'ambassade s'empressent de remettre au prince Mitaeb, lequel transmettra le courrier au ministère des Finances, qui débourse généralement les budgets des contrats signés par son pays.

Quelques jours après, l'ambassadeur Besancenot reçoit un appel téléphonique du ministère des Finances. « Il y a un problème, lui dit-on, vous avez changé un truc ? Oubliez le contrat ! »

Furieux, l'ambassadeur appelle la SNCF pour avoir le fin mot de l'histoire. « C'est rien, nous avons juste changé un codicille dans l'annexe du contrat. » En fait, se rappelle notre témoin, « la SNCF avait modifié des clauses en annexe du contrat afin de se rattraper sur le "ticketing", c'est-à-dire sur le tarif des billets qu'elle majorait aux Saoudiens de 30 % environ pour se refaire une marge et combler ainsi les 500 millions de rabais par rapport à l'offre initiale. »

« C'est incroyable, et pourtant cela s'est passé comme ça, confie avec étonnement notre source, quatre ans plus tard. C'est nous qui avons perdu le contrat TGV en essayant de flouer le prince Mitaeb et les Saoudiens. »

En colère, Nicolas Sarkozy convoqua l'ambassadeur Besancenot à l'Élysée, qui avoua son incompréhension.

Pourtant, la colère saoudienne était loin d'être gratuite ! Certes, l'offre espagnole moins performante techniquement a connu de sérieux problèmes, mais, contrairement à ce qu'espéraient les Français, elle n'a jamais été remise en cause.

Cet échec cuisant met en relief un autre casse-tête auquel sont confrontées les entreprises françaises désireuses de faire du business en Arabie : celui du choix des réseaux d'influence et des intermédiaires, ces inévitables courtiers qui polluent souvent la relation Paris-Riyad. Pour le sprint final du contrat sur le TGV, la France eut recours aux services de Khaled Boughsan, l'un des chefs d'une famille commerçante d'origine yéménite qui fit fortune dans l'importation de parfums et de voitures japonaises. Pas le bon cheval, assurent les spécialistes[1]. En face, outre une efficace diplomatie royale entre deux monarchies, Madrid pouvait compter sur l'ambassadeur saoudien en Espagne, Saoud bin Nayef, le frère du tout-puissant ministre de l'Intérieur, Mohammed bin Nayef.

Mais le tableau des déconvenues françaises ne s'arrête pas là.

« Si nous dressons l'historique des relations franco-saoudiennes, que d'occasions gâchées[2] ! » déplore l'amiral Jean-Pierre Gergérès, ancien attaché de défense auprès de l'ambassade de France à Riyad.

L'affaire Miksa résonne encore aux oreilles des Saoudiens comme la plus épique des bagarres à laquelle se livrèrent de hauts dirigeants français pour décrocher un contrat. Elle concerne la protection des frontières du royaume au moyen

1. Mis en examen en 2015 dans l'affaire des tableaux de Claude Guéant, il est également accusé d'avoir perçu des commissions sur Sawary 2.

2. Entretien avec l'un des auteurs. Paris, 6 février 2013.

d'un système ultrasophistiqué de radars et de caméras. Une préoccupation très ancienne puisque le projet remonte aux années 1950. Il dépendait à l'origine du ministère de l'Intérieur, donc du prince Nayef, le titulaire du poste.

En 2003, ce dernier était prêt à l'octroyer à la France, qui avait réalisé de premières études dès 1953. Mais pour cela, Nayef réclamait que son homologue français vienne à Riyad conclure la transaction estimée à 3 milliards de dollars. « Il s'agissait d'un contrat de gré à gré réservé à la France », insiste l'industriel Jacques Bourgeois qui suivit l'affaire du début à la fin. Mais à Paris, Jacques Chirac, le président de la République, s'oppose à ce que son jeune et ambitieux ministre de l'Intérieur, Nicolas Sarkozy, rafle le pactole. Il ne veut pas que de vraisemblables commissions lui reviennent. Un premier veto élyséen est mis en 2003, puis un deuxième en 2005 ; mais cette fois, c'est Dominique de Villepin, désormais place Beauvau, qui essuie le refus. « Le voyage de Villepin fut annulé 24 heures seulement avant la date prévue, sur injonction de l'Élysée qui voulait se réserver le marché », se souvient l'amiral Gergérès. Résultat : « Quinze jours après, les Saoudiens en ont eu marre et ont ouvert Miksa à la concurrence. »

Lassé d'attendre, le prince Nayef décide de « saucissonner » le contrat en tranches, chacune d'elles devant revenir à une entreprise d'un pays ami. « Et quand Jacques Chirac est venu à Riyad en 2005, c'était trop tard, se rappelle l'amiral Gergérès. Devant Chirac, le roi lui a dit qu'il ne pouvait pas revenir en arrière. Il a été surpris de voir que Chirac n'avait pas été mis au courant. » Cacophonie dans la réalisation, une fois de plus…

En coulisses, plusieurs émissaires s'étaient pourtant activés durant toutes ces années d'attente. « Brice Hortefeux, conseiller de Nicolas Sarkozy au ministère de l'Intérieur, arrivait à Riyad et passait dans le dos de l'ambassadeur Besancenot au nom de la diplomatie parallèle, se souvient un industriel longtemps établi en Arabie. Des patrons de société venaient également voir le prince Nayef, ajoute-t-il. Ils s'installaient à l'hôtel Hayat. Mais deux jours après, ils n'avaient toujours pas quitté leur chambre d'hôtel. Ils ne voyaient pas Nayef, ce qui ne les empêchait pas d'affirmer le contraire lorsqu'ils rendaient compte à Claude Guéant ou à Brice Hortefeux à Paris. »

Il faudra attendre treize longues années et la visite en février 2008 de Michèle Alliot-Marie, ministre de l'Intérieur de Nicolas Sarkozy, pour que le projet de sécurisation électronique des frontières saoudiennes soit enfin signé ; mais au lieu de tout rafler, les Français n'obtiendront qu'une part réduite des 3 milliards d'euros de contrats.

À cette liste des erreurs franco-françaises, il convient d'ajouter la bagarre que se sont livrée les sociétés Thalès et le fabricant de missiles MBDA autour du contrat dit MK3 pour la modernisation de la défense anti-aérienne saoudienne, un véritable serpent de mer là encore[1]. Comment oublier également la querelle Areva-EDF à Abou Dhabi qui a largement contribué à l'échec du contrat sur le nucléaire civil dans les Émirats à la fin des années 2000.

1. « Guerre entre Thalès et MBDA en Arabie : bientôt le dénouement ? », Michel Cabirol, *La Tribune.fr*, 11-12-2013.

Il y a enfin ces comportements teintés d'arrogance, comme celui de « Mister No », dont on se souvient encore dans les couloirs du Moda, le ministère de la Défense à Riyad. Il s'agit de Luc Vigneron, patron à l'époque de Giatt industries, venu négocier le remplacement des chars AMX30 par des Leclerc.

« Les pourparlers ont été catastrophiques, se souvient un cadre aux premières loges des négociations. Vigneron traitait les Saoudiens presque comme des arriérés. Lors de la dernière session de discussions, le prince Sultan (ministre de la Défense) a relayé certaines réclamations émanant de ses conseillers. Elles ne portaient pas sur des points majeurs. Mais Vigneron, fier comme un coq, a répondu par un *non* sec. Sultan est sorti directement de la salle. C'est ainsi que l'on a perdu les contrats sur l'arme blindée saoudienne. »

« Quelle image donne-t-on à nos partenaires saoudiens ? Trop souvent nous jouons perso et pas en faveur de l'équipe France », regrette l'amiral Alain Oudot de Dainville, ancien patron d'Odas, la société en charge de l'exportation de l'armement vers l'Arabie qui a, lui aussi, un épisode à ajouter au feuilleton des bisbilles franco-françaises. « Quand j'ai signé le contrat Lex d'entretien des navires, une mission de la Direction générale de l'Armement a été envoyée à Riyad en 2012 pour dire aux Saoudiens de ne plus négocier avec Odas. Heureusement qu'ils nous ont fait confiance… »

Concurrence acharnée entre entreprises rivales, pressions politiques pour se garder les marchés, comportements inappropriés… Il faut dire que les circuits de décision saoudiens ne sont guère limpides !

Dans le labyrinthe des négociations

« L'Arabie s'apparente à une immense pompe à essence d'où partent de très nombreux tuyaux. Chacun de ces tuyaux représente un prince qu'il faut amadouer pour emporter au final la décision du roi[1]. »

Le premier de ces princes avec lequel la France a travaillé au début des années 1970 était Sultan, le ministre de la Défense. « En 1974, Sultan a voulu avoir en face de lui une seule entité pour négocier les contrats militaires, d'où la création de la Sofresa » – une société qui regroupe les industriels de la Défense et l'État français actionnaire à 34 %[2].

Pendant des années, la relation s'est bâtie autour des liens Sofresa-Sultan. Pour chaque changement à sa direction, Sultan aimait être au moins consulté. Ce qui ne fut pas le cas pour le remplacement de Michel Mazens en 1990. « Sous la pression de Jacques Chirac et de l'Élysée, nous leur avons imposé Bruno Cotté. Les Saoudiens n'ont pas apprécié », se rappelle l'amiral Gergérès.

À partir de 2005, avec l'accession au trône d'Abdallah, les Français vont devoir s'adapter à une nouvelle donne. Désormais, les dépenses d'armement doivent être approuvées par le ministre des Finances, Ibrahim Assaf, un proche du roi, donc, *in fine*, par Abdallah lui-même.

Jusque-là « sous le règne du roi Fahd qui était très malade, c'était le prince Sultan qui négociait et signait en tant que

1. Entretien avec un ancien membre des services de renseignements, expert de l'Arabie. Paris, le 15 mars 2016.

2. Entretien avec l'amiral Gergérès, qui dirigea le bureau de Riyad de la Sofresa entre 2007 et 2011. Paris, 15 mai 2012.

ministre de la Défense ; maintenant Sultan négocie encore, mais c'est le roi Abdallah qui signe. Il veut montrer que c'est lui le chef, il ne veut pas laisser les autres princes se sucrer[1] ».

En rognant les ailes de Sultan, le roi affaiblit du même coup la Sofresa, son partenaire français, qu'Abdallah n'aimait pas puisqu'il avait surtout profité à son demi-frère Sultan. Cela tombe bien ! Nicolas Sarkozy, le nouveau président de la République, a peu d'affinités avec la Sofresa. « Sarko a un vieux compte à régler avec la Sofresa. Elle était le biais par lequel Chirac l'avait marginalisé face à l'Arabie quand il était ministre de l'Intérieur[2]. »

En 2008, lors de sa première visite officielle dans le royaume, Nicolas Sarkozy interroge Abdallah : « Que pensez-vous de la Sofresa ? » Le roi lui répond par un énigmatique signe de la main : elle oscille, les doigts écartés. Qu'a voulu dire exactement le monarque ? Autour de Sarkozy, on s'interroge. « Je m'en souviens très bien, se rappelle un témoin de ce voyage. J'étais un étage au-dessous du lieu de la rencontre. Quand la délégation française est descendue de l'ascenseur, ils s'interrogeaient tous entre eux en disant : "Toi tu as compris quoi, du signe d'Abdallah ?" Et la réponse, je m'en souviens, était : "Bien, il faut peut-être… et toi qu'en dis-tu[3] ?" »

Bref, on ne sait plus trop quoi penser en haut lieu. Pourtant,

1. Entretien de l'un des auteurs à Riyad avec le colonel Hervé Dumousseau, attaché de défense, le 9 mars 2009.

2. Entretien de l'un des auteurs avec un militaire français, familier de l'Arabie. Paris, 17 mars 2015.

3. Entretien de l'un des auteurs avec un diplomate faisant partie du voyage de Nicolas Sarkozy à Riyad. Paris, 14 mai 2015.

le message était clair. « Un Saoudien ne dit jamais vraiment oui, ni non. Mais en faisant ce geste, cela voulait dire "*Khallas* Sofresa" c'est-à-dire "Terminé, la Sofresa". Or ce message on ne l'a pas compris », regrette Jacques Bourgeois, délégué d'Airbus qui travaille depuis quinze ans à Riyad.

Effectivement, les autorités françaises commettront l'erreur de remplacer Sofresa par Odas. Mais le changement de nom ne trompe pas les Saoudiens.

Autour d'Abdallah, « les Saoudiens attendaient une rupture totale avec l'équipe d'avant qui incarnait le lien avec le prince Sultan. Changer simplement le nom, c'était se moquer d'eux, et comme les Bédouins ont une mémoire sur cinq générations, nos bêtises sont longues à faire oublier, analyse Jacques Bourgeois. Notre erreur a été de continuer de jouer à fond la carte du fils du prince Sultan, Khaled bin Sultan (KBS), car le roi Abdallah et Khaled Tuwaijri, son chef du bureau royal, ont vu cela d'un très mauvais œil ».

En effet, même si à l'époque Khaled bin Sultan est toujours ministre de la Défense, c'est autour d'Abdallah que les décisions, désormais, se prennent. Très discrètement et depuis longtemps, une petite société française l'a compris. Elle s'appelle Cæsar International, et n'écoule ses équipements d'artillerie qu'à la Garde nationale, dirigée par le fils d'Abdallah, le prince Mitaeb. Ses patrons Georges Francioli, un Niçois, et un Belge, Patrick Bertrand, ont installé leur siège social à Bahreïn, le royaume voisin de l'Arabie[1].

1. Cæsar International, où travaille Emmanuel Bel, l'ancien numéro deux de l'ambassade de France à Riyad. Un mélange des genres malheureux, persiflent certains. « On n'ose pas parler de Cæsar, nous a confié un industriel. Cela implique des circuits complètements différents et occultes, en contournement des réseaux habituels. »

« Eux, ils sont disciplinés, ils n'ont que la Garde nationale comme client, c'est-à-dire le prince Mitaeb comme tuyau à graisser », ironise notre ancien agent du renseignement.

Une leçon s'impose quand on veut faire de grosses affaires avec l'Arabie : il faut spécialiser les « boutiques » avec lesquelles on souhaite négocier. Sous-entendu : on ne peut conclure des affaires avec le clan du roi si on est étiqueté en faveur d'un prince rival. Et vice versa.

Tout au long de notre enquête, nous avons pu observer combien accéder au bon réseau était complexe. « Il y a une génération qui connaît l'Arabie en France. Mais nos cabinets ministériels changeant tous les trois ans, il n'y a pas forcément de transmission du savoir », regrette Jacques Bourgeois.

Les dirigeants saoudiens ont la mémoire longue, on l'a vu : « Je me suis livré à un petit calcul, confie Jacques Bourgeois. Le prince Sultan est resté quarante-trois ans ministre de la Défense, alors qu'en France la longévité moyenne de l'un de ses homologues est de dix-huit mois. Face au ministre de l'Intérieur saoudien Nayef, en poste lui aussi pendant plus de quarante ans, c'était onze mois pour son homologue français. Qui a la bonne compréhension de la relation avec la France ? Les Saoudiens. »

Même si diplomatiquement les positions françaises convergent avec celles de Riyad, les Saoudiens donnent l'impression de ne plus faire confiance au dispositif français d'exportation vers le royaume. « Vous devez comprendre que nous avons changé, confia un jour Khaled bin Sultan à l'ambassadeur de France de l'époque, Bernard Poletti. Vous ne pouvez plus venir nous dire sur un ton condescendant : "On vous fait telle offre pour tel contrat, le président de la République va appeler le roi et on va s'accorder." Nous devons désormais obéir à un cahier des charges. » À bon entendeur, salut !

Sarkozy mouille sa chemise pour l'Arabie

Certes, les Français sont parfois maladroits quand ils abordent les marchés du Golfe. « Mais les Saoudiens, eux, ont été souvent ingrats, regrette un témoin aux premières loges de cette relation. Nous leur avons pourtant donné de nombreuses preuves d'amour », ajoute-t-il, notamment sous le quinquennat de Nicolas Sarkozy, entre 2007 et 2012, au cours duquel le chef de l'État a effectué pas moins de trois visites en Arabie Saoudite.

En 2009, les rebelles yéménites houthis défient l'Arabie en attaquant le royaume depuis leur bastion du Nord, voisin de la province saoudienne de l'Asir. Riyad, qui les accuse d'être soutenus en sous-main par son ennemi iranien, a besoin d'images satellitaires pour identifier les cibles à frapper. Naturellement, l'Arabie sollicite son allié et protecteur américain. Washington, dont les conseillers emplissent les bureaux de l'état-major de l'armée saoudienne, n'ignore rien des piètres qualités des pilotes saoudiens. Mais Le Pentagone, qui redoute les victimes civiles, dit *niet* à la demande saoudienne. Riyad se retourne alors vers Paris. Nicolas Sarkozy accepte et, depuis le centre de Creil, la direction des Renseignements militaires livre des images satellites aux Saoudiens. Mais ce n'est que la partie apparente de l'iceberg, révélée en 2010 par David Ignatius, l'éditorialiste du *Washington Post*.

Un militaire français témoin de notre aide à Riyad témoigne : « Des vols de reconnaissance des positions houthis ont été effectués hors des réglementations internationales par des avions de combat qui venaient des Émirats ou de France. Ils survolaient à basse altitude le Yémen pour faire des repérages photo de manière à donner des cibles qu'on a enregistrées sur un CD-Rom qui a été remis au chef d'état-major de la marine saoudienne sur le porte-avions français. Croyez-vous qu'on nous a remerciés pour cette aide précieuse ? Eh bien, non ! »

Mais ce n'est pas tout. L'appui français à la guerre saoudienne contre les Houthis est allé bien au-delà, révèle un industriel : « Les Saoudiens en 2009 avaient besoin de ce qu'on appelle des appâts, c'est-à-dire du matériel pour que leurs avions de chasse puissent diriger leurs frappes sur les cibles. Ce sont des émetteurs que des agents infiltrés positionnent au sol chez l'ennemi. En France, c'est le président de la République qui donne l'ordre de fournir ce matériel ultra sensible. Nicolas Sarkozy a immédiatement répondu favorablement à la demande saoudienne. En 2009, les Saoudiens ont payé des Yéménites pour aller placer ces émetteurs que nous leur avons livrés après le feu vert de Sarko. Et peu après notre livraison d'émetteurs, ils ont eu de bons résultats face aux rebelles yéménites. »

La France de François Hollande continue d'effectuer des vols de reconnaissance au-dessus des positions houthis depuis que l'Arabie les bombarde au Yémen à partir de mars 2015. « Nous leur fournissons également des *pods* de reconnaissance de cibles, c'est-à-dire des caméras ultra sophistiquées qu'ils fixent sous leurs avions de combats », affirme un expert militaire à Paris. Un général cinq étoiles va plus loin : « Au Yémen, nous soutenons une forme de massacre par l'Arabie Saoudite (plus de la moitié des 7 500 morts dans les bombardements sont des civils). On peut dire que la France est cobelligérante par destination en livrant des armes à l'Arabie, en faisant également des missions de reconnaissance pour leurs dossiers d'objectifs, et non seulement par satellite mais aussi avec des avions. » Cet appui aussi marqué que discret ne gêne nullement notre diplomatie. « Quand le ministre Laurent Fabius rencontrait son homologue saoudien Adel al-Jubeir, le Yémen était en général abordé en trois ou quatre minutes seulement à la fin de l'entretien », regrette un fonctionnaire qui se trouvait au cœur du dossier. Selon lui, « des mises en garde étaient pourtant adressées à Fabius, sur le fait que l'Arabie avait évité pendant près d'un an de bombarder les positions d'al-Qaida à Moukallah, dans le sud du Yémen. Mais le ministre ne répondait pas. Quand le responsable de nos collègues allemands venait à Riyad, il avait un entretien spécifique avec son homologue saoudien entièrement consacré à cette guerre du Yémen qui représente un fiasco pour l'Arabie ». Bref, encore et toujours ne pas déplaire à nos alliés.

En 2009, quand l'ambassade saoudienne à N'Djamena au Tchad fut prise d'assaut par des rebelles, la France se porta de nouveau au secours de son allié. Une opération de nuit fut montée par un commando des forces spéciales françaises pour libérer les otages saoudiens dans l'ambassade. « Nos forces spéciales ont libéré les diplomates saoudiens, elles ont risqué leur vie, mais on n'a jamais eu une lettre de remerciements, rien. »

Enfin quand le *Cyrus Star*, un pétrolier saoudien géant, a été piraté au large de la Somalie, la France a proposé encore une fois son aide à Riyad, sous la forme d'une opération militaire pour faire libérer leur pétrolier par un commando des forces spéciales. Mais au grand dam de nos soldats d'élite, les Saoudiens n'ont jamais répondu…

Au chapitre des coups de main français, il convient d'ajouter la pression exercée par Nicolas Sarkozy et Christine Lagarde, sa ministre de l'Économie, très appréciée à Riyad, pour que l'Arabie soit acceptée en 2008 dans le G20, ce cénacle des pays les plus puissants du monde.

Commentaire désabusé d'un diplomate : « Franchement avec l'équipe Sarko, on filait tout aux Saoudiens. On leur a proposé des choses qu'aucun autre pays n'était prêt à leur offrir. On leur a montré que nos hommes étaient réellement prêts à s'engager pour les défendre, alors que c'était risqué. Où sont les remerciements ? Les contrats ? En Arabie, tu n'arrêtes pas d'entendre parler de lune de miel avec la France… Mais il y a quand même de l'ingratitude. Après, on se dit, à quoi bon tout ça ? »

Parce que nos partenaires saoudiens savent que nous leur sommes acquis, répondent certains. « Parce que nous ne sommes pas une grande puissance. Dans des lettres envoyées par les Américains aux Saoudiens, que je n'aurais pas dû lire à propos des grands contrats en négociation, la première phrase que le secrétaire d'État américain écrit aux responsables saoudiens était *I urge you to buy*, soit “Je vous presse d'acheter ”. Nous autres Français, c'est “*Please*, Sire”… On est vraiment en asymétrie totale de puissance diplomatique[1]. »

Et que dire de l'attente que les dirigeants saoudiens

1. Entretien avec un industriel français à Riyad. 17 avril 2016.

infligent à leurs amis français avant de les recevoir dans leurs palais. Certes, en Orient, les Saoudiens ne sont pas les seuls. Saddam Hussein et Yasser Arafat avaient coutume de faire lanterner leurs hôtes. Nous avons dressé une liste, non exhaustive, bien sûr, des ministres et du président de la République qui ont dû faire le pied de grue à Riyad ou à Djeddah au palais des hôtes de sa majesté.

Dominique de Villepin, ministre des Affaires étrangères : sept heures avant de rencontrer le roi Abdallah.

Hervé Morin, ministre de la Défense : trois heures[1].

Philippe Marini, ancien président du groupe d'amitié France-Pays du Golfe au Sénat : quatre heures.

Jacques Chirac : plusieurs heures en 2006, quand il est venu voir Abdallah.

Nous avons gardé pour la fin la très brève visite en revanche que Michèle Alliot-Marie, ministre de la Défense, effectua et qui se passa très mal au début des années 2000. Et pour cause. Michèle Alliot-Marie commit la maladresse de faire la leçon aux dirigeants saoudiens. Un témoin raconte. « Michèle Alliot-Marie est arrivée pour sa première visite avec ses attachées féminines à sa suite, ce qui avait déjà légèrement énervé les Saoudiens La première parole qu'elle a prononcée devant le roi Abdallah portait sur la réforme de l'éducation. Abdallah lui a rétorqué : vous n'avez qu'à réformer la presse[2]. L'entretien a duré sept minutes !

1. Ses entretiens avec Khaled bin Sultan, en charge de la Défense, se passaient bien. Hervé Morin partageait avec les princes la passion du cheval. Le prince Mitaeb lui en a offert un qui est toujours aux haras nationaux.

2. Pendant longtemps, les dirigeants saoudiens comme ceux du Qatar ou des Émirats ont pensé que la presse des pays occidentaux devait être comme la leur, c'est-à-dire aux ordres.

Michèle Alliot-Marie est allée ensuite voir son homologue, le prince Sultan. Mais entre-temps, Abdallah l'avait appelé pour lui dire : tu fais le minimum syndical. Et avec Sultan, ça s'est encore une fois mal passé. Enfin, Michèle Alliot-Marie devait voir le prince Khaled à 15 heures, elle a dû attendre 17 heures. » Avec les émirs, « la patience est belle », comme dit le proverbe arabe…

Michèle Alliot-Marie comprit la leçon. Ses visites suivantes se passèrent plutôt bien et elle finit par être appréciée à Riyad. « Je connaissais le roi Abdallah depuis des dizaines d'années lorsque, commandant de la garde nationale, il venait en thalassothérapie à Biarritz », confia-t-elle à l'un des auteurs.

Le contrat Donas, un mic-mac franco-saoudien

Donas : don de l'Arabie Saoudite. La donation, d'un montant de 3 milliards de dollars est officialisée le 26 décembre 2013 lors d'une visite de François Hollande à Riyad. Cet argent saoudien doit permettre d'acheter du matériel militaire français au profit de l'armée libanaise. L'Arabie tient ainsi à récompenser la France de ses positions diplomatiques au Moyen-Orient, tout en renforçant une fragile armée, seule institution à l'abri des sempiternelles querelles entre communautés libanaises qui se partagent le pouvoir. Bref, tout le monde y trouve son compte. Voilà pour la théorie. Mais dans la réalité, ce Donas s'est transformé en un interminable feuilleton à rebondissements.

D'abord, sa naissance fut contrariée. Lorsque François Hollande se rend en Arabie le 26 décembre 2013, ce n'est pas pour signer le Donas, mais un autre contrat, le MK3, au profit de la société Thalès. Un contrat d'un montant total de 5 milliards d'euros, en négociation depuis quatre ans, prévoyant la livraison de radars nécessaires à la défense anti-aérienne du royaume saoudien. Les pourparlers sont bien avancés puisque le contrat est paraphé, il ne demande plus qu'à être signé par le roi Abdallah.

Pour préparer cette visite importante, le directeur du cabinet royal, le tout-puissant Khaled al-Tuwaijri, est venu voir François Hollande les 16 et 17 décembre.

« Le président lui a parlé du MK3, se souvient un cadre de Thalès, mais Tuwaijri lui a répondu qu'il n'était pas au courant, que ce contrat relevait du ministère saoudien de la Défense et que, de toute façon, ce n'était plus une priorité. » À l'issue de l'entretien, François Hollande remet néanmoins au chambellan une lettre destinée au roi Abdallah, fatigué et en fin de règne.

« Sire, je souhaite appeler votre attention sur un point qui revêt à mes yeux une importance toute particulière. Il s'agit du projet MK3 concernant la défense anti-aérienne. Celui-ci est maintenant prêt et peut être conclu, si Votre Majesté le veut bien. Compte tenu de notre engagement commun pour la paix et la sécurité au Moyen-Orient, la conclusion de cet accord serait un témoignage clair de l'importance qu'Elle, comme moi, accordons à notre coopération bilatérale. C'est pourquoi, je Lui serai très reconnaissant des décisions qu'Elle pourrait prendre à ce sujet. »

Quelques jours après, le cabinet royal répond à Bertrand Besancenot, l'ambassadeur de France à Riyad. « Le ministère de la Défense saoudien souhaite rayer de l'ordre du jour de la visite de François Hollande cette question du MK3 », lui fait-on savoir. La fin de non-recevoir suscite la stupeur chez Thalès.

« François Hollande va-t-il accepter ce refus net ? » s'interroge alors un cadre en charge du projet, d'autant plus amer que le même ministère de la Défense saoudien venait de débloquer une enveloppe pour l'achat d'un système concurrent américain, le Patriot. « Le roi est-il seulement au courant ? Le tout-puissant chambellan a peut-être court-circuité Abdallah ? » s'interroge-t-on chez Thalès, où l'on compte sur François Hollande pour bien mettre le MK3 au menu du tête-à-tête avec le souverain.

En vain. De Riyad, le président repartira avec un sabre offert par le roi, ce qui suscitera dans l'avion du retour l'amertume de Jean-Bernard Lévy, le patron de Thalès ; et trois ans après, son successeur, Patrice Caine, attend toujours la conclusion du fameux contrat. Mais pour apaiser son partenaire français, le roi sortit tout de même de son chapeau un lot de consolation, le Donas.

Immédiatement, une équipe de militaires français est dépêchée à Beyrouth pour définir avec ses partenaires locaux les besoins de l'armée libanaise. Mais les responsables saoudiens ne tardent pas à bloquer l'avancée de la transaction. Et début 2015, lorsque Abdallah meurt et que Salman lui succède, les différends se multiplient. Un militaire français au centre des discussions témoigne : « La nouvelle équipe au pouvoir autour de Mohammed bin Salman, le fils du roi, tient à s'approprier les contrats négociés par le clan Abdallah et Khaled Tuwaijri. Mais il y a surtout cette espèce d'obsession saoudienne vis-à-vis des chiites libanais que Riyad accuse de noyauter l'armée libanaise au profit du Hezbollah. Pour eux, on va renforcer ce dernier, si on donne des armes aux militaires libanais. »

Israël, dans le même temps, fait pression pour que certaines armes ne soient pas livrées à l'armée libanaise dans laquelle le Hezbollah exerce une influence significative par le biais du service des renseignements militaires. Bref, de tous les côtés, la *shopping list* pose problème. Prévoyant, Riyad avait tenu à inscrire une clause dans le contrat se réservant à tout moment d'arrêter *at will* (selon leur bon vouloir) la transaction.

Fin 2015, deux ans se sont écoulés depuis l'annonce d'Abdallah ; et sur les 3 milliards de dollars promis, les Saoudiens n'ont versé que 425 millions d'euros d'acompte. À Paris, les industriels de la défense s'impatientent. « On leur avait demandé d'accélérer la production de certains équipements, ils l'ont fait et puis plus rien », fulmine notre témoin. Mais le 31 décembre 2015, les Saoudiens effectuent un second versement. Ouf de soulagement ! Mais un soulagement de courte durée. La question du transfert d'armes au Hezbollah bloque toujours. Et puis Riyad est furieux contre la décision du Liban de ne pas voter avec les pays arabes la classification du Hezbollah comme mouvement terroriste. Cette décision, prise lors d'un sommet de la Ligue arabe, fait suite au saccage de l'ambassade saoudienne en Iran, après l'exécution par Riyad, le 2 janvier 2016, de 47 prisonniers, dont un influent leader chiite saoudien, proche de Téhéran, cheikh Nimr al-Nimr.

En mars, nouveau rebondissement. Le ministre de la Défense, le prince Mohammed bin Salman, annonce que les 3 milliards de dollars d'équipements militaires français n'iront pas à l'armée libanaise mais serviront à acquérir des matériels pour l'armée saoudienne. C'est l'effondrement chez les militaires, diplomates et industriels français qui œuvrent sur le Donas depuis plus de deux ans. « Surtout qu'on avait travaillé au cordeau avec les Libanais pour leur fournir du matériel bien précis, se rappelle notre témoin. On ne peut pas revendre aux Saoudiens les mêmes équipements. Il faut donc renégocier leurs besoins. » Les Français ont l'impression que les Saoudiens les font tourner en bourrique.

Entre-temps, un nouvel incident est venu envenimer la situation un peu plus encore. Mohammed bin Salman ne veut plus de la société Odas comme intermédiaire pour négocier les contrats d'armements entre la France et son pays. Il tient à des relations d'industrie à industrie. Odas pourra toujours opérer en Arabie, mais la société ne sera plus le représentant des industries de défense française. Sur place, son délégué est désormais *persona non grata* au ministère de la Défense. Le changement est important, dans la mesure où c'est toute l'architecture de la relation franco-saoudienne, vieille de quarante ans dans le domaine des contrats d'armements qui est ainsi remise en cause. Et une fois de plus, on retombe dans nos affaires de tuyaux. Odas = Sofresa = le clan du prince Sultan, concurrent de Mohammed bin Salman. Or ce dernier veut changer de « tuyaux » dans ses relations avec Paris, pour y placer les siens. Dans une lettre écrite à son homologue français Laurent Fabius, le chef de la diplomatie saoudienne, Saud al-Faysal, estime que l'alinéa 2 de l'accord franco-saoudien datant des années 1970 est caduc.

La missive fait l'effet d'une bombe au sein du « complexe » militaro-industriel. On s'interroge encore et encore.

Pourquoi un tel raidissement que rien ne laissait présager ? Certains évoquent même un coup bas de certains concurrents français liés à des princes saoudiens, mécontents de la volonté hégémonique de Mohammed bin Salman.

Aux dernières nouvelles, Odas a bel et bien été écarté. Les besoins de l'armée saoudienne sont toujours en phase d'examen. Quant au contrat Donas, il a changé de nom pour devenir Saudi – *french military contract.*

Mais ce fameux Donas cacherait aussi une sombre affaire de rétro-commissions. Des rétro-commissions partagées entre la gauche et la droite, avant l'élection présidentielle de 2017.

Un industriel, qui s'est retiré des négociations lorsque sa société a découvert le pot aux roses, nous a mis sur la voie.

Dans le Donas, selon lui, « les rétro-commissions se cachent dans un contrat de maintenance d'une valeur initiale d'environ 700 millions d'euros. Elles sont dissimulées dans ce qu'on appelle dans notre jargon un contrat de maintien en conditions opérationnelles (*mco*). C'est en général dans la partie Maintenance que les commissions sont dissimulées, car on peut toujours être flexible sur le nombre d'heures soi-disant nécessaire à la maintenance d'un équipement. Ce contrat *mco* est géré par une petite société du secteur militaro-industriel. Nous en sommes sûrs à 100 %. Pourquoi cette PME est-elle impliquée dans un contrat de ce montant-là ? Ça nous a paru immédiatement suspect. On a cherché un peu. On a trouvé. Mais à partir de là, nos dirigeants n'ont plus voulu être associés à la partie maintenance du Donas ».

Deux intermédiaires sont aux avant-postes : un dirigeant de cette PME du secteur militaro-industriel et un ancien cadre de Thalès qui dispose de sa propre société de conseils. L'un d'eux, lié au puissant lobby franc-maçon au ministère de la Défense, est proche de l'actuel directeur général de l'Armement, Laurent Collet-Billon.

Quant à l'autre, son nom a été cité par la presse libanaise dans les négociations sur le Donas pour sa proximité avec les milieux de la sécurité israélienne. La personne qui supervise le contrat est l'amiral Édouard Guillaud, ancien chef d'état-major sous Nicolas Sarkozy.

Un négociateur du Donas révèle : « Le général Kahwaji, commandant en chef de l'armée libanaise, m'a affirmé qu'il avait appelé l'amiral Guillaud pour lui dire qu'il avait appris par les services de renseignements saoudiens qu'un de ses intermédiaires faisait partie du contrat Donas et qu'il avait servi dans l'armée israélienne. "Ah bon ! a répondu Guillaud. Je vais enquêter", a-t-il ajouté. Une semaine plus tard, il a fait répondre à Kahwaji que ce n'était pas vrai. »

On soupçonne notre PME évoquée plus haut d'absorber la rétro-commission pour le compte d'un candidat socialiste à l'élection présidentielle et l'ancien cadre de Thalès pour celui d'un candidat de l'opposition. On ignore le montant des rétro-commissions, mais la norme sur ce type de contrat varie généralement de 5 à 10 %.

– 3 –

L'Arabie Saoudite,
premier exportateur mondial du salafisme

Le salafisme[1], voilà l'ennemi ! À l'instar de Léon Gambetta qui bataillait contre le cléricalisme sous la IIIe République, le Premier ministre Manuel Valls, qui jouait les VRP à Riyad quelques mois plus tôt, n'a pas de mots assez durs pour dénoncer cette version rigoriste de l'islam, dont l'Arabie Saoudite est le berceau. « Oui, le salafisme, qui a détruit et perverti une partie du monde musulman, est un danger pour les musulmans eux-mêmes, et donc un danger aussi pour la France [...]. Ce combat doit être mené partout dans les mosquées, dans les quartiers, dans les familles, sans aucune complaisance, de la manière la plus claire et la plus nette[2]. »

---

1. Le salafisme est un courant qui prétend revenir aux sources de l'islam originel en prenant pour référence suprême la manière dont les premiers musulmans – les « pieux ancêtres » (*salaf al-salih*) – ont compris et appliqué l'islam dans l'Arabie du VIIe siècle. On peut distinguer trois formes principales de salafisme : la quiétiste, la réformiste et la djihadiste. Cette dernière se distingue des deux premières par sa légitimation de la violence.

2. Déclaration de Manuel Valls à l'Assemblée nationale lors de la séance des questions au gouvernement, 20 juillet 2016.

Beaucoup dans la classe politique accusent le royaume wahhabite d'avoir fourni le kit idéologique responsable de tout ou partie de la radicalisation de certains jeunes musulmans français. Les autorités saoudiennes rétorquent que les candidats au djihad ou ceux qui sont passés à l'acte comme à Nice ou à Saint-Étienne-du-Rouvray sont les purs produits de la société française et de l'école laïque. « Nous ne comprenons pas pourquoi François Hollande et Manuel Valls accusent l'islam, le wahhabisme et l'Arabie d'être à l'origine de vos problèmes », confie un proche du vice-prince héritier Mohammed bin Salman[1]. Bref, chacun se renvoie la balle.

Mais dans ce contexte où l'Arabie Saoudite sert de bouc émissaire commode, il n'est guère étonnant que le président de la région PACA et ex-maire de Nice, Christian Estrosi, ait vu rouge quand il a appris que sa ville devait accueillir un projet de mosquée financé par de l'argent saoudien. C'était avant l'attentat du 14 juillet 2016 sur la Promenade des Anglais. Plus rédhibitoire encore, l'initiateur du projet de mosquée n'est autre que le ministre des Affaires religieuses du royaume, cheikh Salah al-Cheikh !

Au cours de notre enquête, nous avons eu la surprise de découvrir que la facture du futur lieu de culte avait été réglée avec son argent personnel. « Il l'a financé avec son argent de poche », nous a révélé l'ambassadeur d'Arabie

1. Entretien avec l'un des auteurs à Paris, le 13 septembre 2016.

à Paris, Khalid al-Ankary. Plusieurs diplomates du Quai d'Orsay ont paru tomber des nues quand nous le leur avons appris. En fait, le ministre saoudien a acquis le terrain en 2002 et il souhaite aujourd'hui le transformer en centre islamique. Un ministre étranger, qui plus est en charge des Affaires religieuses, construisant une mosquée avec son argent de poche sur la Côte d'Azur, ça fait désordre !

« Le gouvernement saoudien n'a rien à voir avec le projet de Nice, nous a certifié Khalid al-Ankari. Nous ne voulons pas interférer dans le dossier. J'ai rencontré personnellement Christian Estrosi qui a compris notre position, qui se veut légaliste[1]. » À demi-mot, l'ambassadeur nous a exprimé malgré tout un certain embarras, compte tenu de l'identité du promoteur de ce lieu de culte.

Comme à Nice, les financements saoudiens dans l'islam de France, mêmes s'ils sont minoritaires, ne sont pas forcément d'une grande transparence de prime abord. Nous allons tenter de remonter à leur source pour y voir plus clair, les responsables du royaume se montrant peu loquaces sur cette question sensible.

1 Entretiens avec les auteurs. Paris, 27 juillet 2016.

Cartographie du financement saoudien des mosquées en France

Officiellement, l'Arabie Saoudite a financé huit mosquées dans l'Hexagone[1]. Interrogé par les membres de la commission du Sénat sur le financement de l'islam en France, l'ambassadeur al-Ankari a précisé que les aides saoudiennes avaient « varié entre 200 000 et 900 000 euros par projet », soit un total d'environ 3,8 millions d'euros jusqu'en 2011[2].

Contrairement à une idée répandue, l'Arabie Saoudite ne dépêche jamais d'imam pour prêcher dans les mosquées qu'elle a financées en France, sauf à l'occasion du ramadan, période pendant laquelle des récitateurs du Coran sont officiellement invités. « Ça n'intéresse pas les autorités saoudiennes d'envoyer des prédicateurs, mais ça ne les exonère pas pour autant de l'exportation du wahhabisme dans le monde », analyse Bernard Godart, ancien fonctionnaire au ministère de l'Intérieur chargé du culte musulman[3].

En revanche, le royaume forme des prédicateurs français dans ses universités islamiques. Selon les chiffres officiels,

1. Le Maroc, de son côté, a versé 6 millions d'euros en 2016, et l'Algérie 2 millions d'euros.

2. Chiffre publié dans le rapport de la mission d'information sénatoriale sur l'organisation, la place et le financement de l'islam en France et de ses lieux de cultes. Les mosquées financées par l'Arabie sont situées à Asnières, Strasbourg, Mantes-la-Jolie, Cergy, Nanterre, Saint-Denis et Givors.

3. *La Question musulmane en France*, Bernard Godart, Fayard, 2016.

il y aurait 14 imams dans l'Hexagone, issus des facultés saoudiennes et dont le salaire est payé directement par l'Arabie ou *via* la Ligue islamique. « Ils ne sont pas tous prédicateurs, la plupart sont des professeurs ou des éducateurs dans le domaine social », précise Abdallah al-Faleh, le conseiller religieux à l'ambassade d'Arabie à Paris depuis 2001. Un mystérieux personnage issu du ministère des Affaires islamiques, qui connaît la cartographie des mosquées de l'Hexagone sur le bout des doigts... mais qui ne nous en dira pas plus. « Il fait un travail de renseignement religieux et d'influence en France, se souvient un diplomate français qui accompagnait en 2009 une délégation d'une quarantaine de Saoudiens dans l'Hexagone. Abdallah al-Faleh était à nos côtés. On a fait le tour d'un certain nombre de mosquées à Roanne, Chambéry, Lyon, Clermont-Ferrand, et dans la région parisienne. Al-Faleh avait tous les contacts et savait à qui s'adresser sur place. En face, la majorité de ses interlocuteurs montraient une grande servilité à son égard. » Et pourtant, il ne parle pas un mot de français après quinze ans passés dans l'Hexagone !

Historiquement, l'islam de France à toujours été fortement influencé par le Maroc et l'Algérie, mais l'argent saoudien a néanmoins participé à la construction de la plupart des grandes mosquées dans l'Hexagone, ainsi qu'à leur entretien et à la fourniture de livres pour leurs bibliothèques. Riyad accorde également une aide mensuelle à la Grande Mosquée de Paris pour son fonctionnement[1]. « Nous aidons les musulmans de France dans le seul but d'offrir des lieux de culte convenables. Cela se fait à travers une coordination claire avec la partie française et sous sa supervision, » affirme Mohammed Naji, autre responsable des Affaires islamiques à l'ambassade d'Arabie à Paris[2].

Il faut replacer cette aide aux musulmans français dans un cadre plus large.

Pour propager l'islam dans le monde, l'Arabie Saoudite a créé en 1962 à La Mecque la Ligue islamique mondiale (LIM). Bras religieux du royaume, l'organisation visait, à cette époque, à contrecarrer le panarabisme de Nasser. Croulant sous l'argent après les deux chocs pétroliers de 1973 et 1979, l'Arabie va financer la *da'wa* (la prédication musulmane) *via* la Ligue, en multipliant la construction de mosquées et de centres islamiques dans le monde entier, et notamment en Europe (Bruxelles, Vienne, Madrid, Londres, Genève, etc.).

En France, la Ligue islamique mondiale a installé son quartier général dans la Grande Mosquée de Mantes-la-Jolie.

Dans les années 1980, la politique d'aide aux constructions de mosquées passait par l'ambassade d'Arabie et le représentant de la Ligue à Paris. « C'est l'époque où Riyad arrose sans modération l'islam de France », assure Bernard Godart.

---

1. *Les Relations entre la France et l'Arabie Saoudite de 1967 à 2012*, Faisal Almejfel, éditions de l'Harmattan, 2014.
2. *Idem.*

L'argent coule à flots, et le contrôle des fonds est parfois aléatoire. À Évry, ville qui sera dirigée par Manuel Valls entre 2001 et 2012, les Saoudiens ont financé la Grande Mosquée, dont la construction s'est achevée en 1994, en coopération avec le Maroc.

Mais un événement va refroidir les Saoudiens dans leur ardeur à sortir leurs chéquiers. Au moment de la guerre du Golfe en 1991, ils découvrent que les pays arabes à qui ils donnent beaucoup d'argent en aides diverses, notamment ceux du Maghreb, soutiennent Saddam Hussein qui a envahi le Koweït et se veut le champion de la cause palestinienne ! Riyad prend cela comme un coup de poignard dans le dos et ne décolère pas devant l'ingratitude des pays frères arabes. Résultat : les Saoudiens n'ont plus l'intention de financer des mosquées les yeux fermés comme auparavant. La Ligue islamique mondiale exige désormais des factures en bonne et due forme pour payer, tandis que l'ambassade d'Arabie à Paris, plus précautionneuse, multiplie les contrôles.

Aujourd'hui, l'Arabie finance les mosquées selon trois grands plans de financement : un financement direct *via* le gouvernement saoudien – les huit mosquées mentionnées plus haut ; les fonds privés, réunis en coordination avec l'ambassade du royaume à Paris ; enfin, les fonds sans aucune relation avec les autorités saoudiennes, à Nice par exemple. Et c'est là ou le bât blesse.

Dans cette dernière catégorie, on trouve la mosquée Al-Medina Al-Mounawara de Cannes, financée à 100 % par Saleh Kamel, le P-DG de la chaîne de télévision coranique Iqraa, qui habite la ville. Il voulait créer un lieu de culte près de sa villa pour aller prier. L'homme d'affaires saoudien a joué la transparence en associant Bernard Brochand, le maire de la ville de 2001 à 2014, à son projet, sans que celui-ci ne s'y oppose le moins du monde. À tel point, raconte Bernard Godart, qu'à l'époque « le cabinet du maire m'a appelé au ministère de l'Intérieur pour me demander si je connaissais un imam susceptible d'officier dans la mosquée ! J'ai répondu que non, car évidemment ce n'était pas de mon ressort ».

Un magnat saoudien de la presse, Hicham Hafez, s'est lui aussi fait construire une petite mosquée près de la Croisette, à Cannes où il passe ses vacances. Là encore, avec l'aval de la municipalité ! Il l'a financée sur ses deniers personnels – 250 000 euros. La mairie de Cannes a donc accordé à deux riches Saoudiens le droit de bâtir chacun sa mosquée dans la ville, alors qu'aujourd'hui les autorités locales interdisent aux Françaises de porter le burkini à la plage. Certains ne manqueront pas de relever une certaine incohérence entre ces deux décisions…

Plusieurs mosquées en France ont été financées par des fonds privés saoudiens. Celle de Lyon a été bâtie grâce à la cassette personnelle du roi Fahd. Parfois il s'agit d'hommes d'affaires qui apportent l'argent, comme à Dijon. Et puis, il ne faut pas oublier le rôle de certains princes qui, eux aussi, financent sur leur propre fortune, espérant par là s'attirer les bonnes grâces d'Allah.

Ainsi, Abdel Aziz Ben Fahd, dixième fils du roi Fahd, qui vit en Suisse, a payé les mosquées d'Évian et de Thonon-les Bains. Richissime, ce prince est le protecteur du célèbre prédicateur saoudien Ayed bin Abdallah al-Qarni, pourfendeur de Daech et en même temps adepte d'un islam ultrarigoriste qui avait qualifié les juifs de « frères des singes et des porcs ». Le religieux avait été interdit de séjour en France en 2012, pendant le mandat de Nicolas Sarkozy.

Chez elles, les autorités saoudiennes ont considérablement renforcé leur contrôle sur les financements religieux. Dans l'islam, chaque musulman est tenu d'acquitter la *zakat* (l'aumône légale), le troisième des cinq piliers de l'islam, après l'attestation de la foi et la prière. Elle est calculée en fonction des revenus de chaque musulman. La somme collectée à travers l'Arabie, qui figure au budget de l'État saoudien, s'élève à environ 3,6 milliards d'euros chaque année (14,5 milliards de riyals en 2015, soit 1,5 % du budget saoudien). Et 10 % de cette aumône seraient distribués à l'extérieur du royaume pour des actions caritatives[1]. Mais « cet argent ne finance aucune mosquée à l'étranger », tient à préciser l'ambassadeur du royaume à Paris, Khalid al-Anqari.

1. *The Kingdom of Saudi Arabia and counterterrorism*, Nail al-Jubeir, *Politico*. 4 avril 2016.

« Aujourd'hui, les financements sont sous le contrôle de l'État saoudien, ce qui n'était pas le cas il y a une dizaine d'années. C'était l'anarchie, nous a affirmé Amar Lasfar, le patron de l'Union des organisations islamiques de France (UOIF), branche des Frères musulmans[1]. Les Saoudiens y ont enfin mis de l'ordre. Auparavant, quand une association musulmane française voulait être financée par l'Arabie Saoudite, elle déposait un dossier à l'ambassade du royaume à Paris auprès du conseiller religieux. Le dossier était ensuite transmis au ministère des Affaires religieuses, qui délivrait une sorte de recommandation ou d'approbation. Forts de ce document, les responsables associatifs français allaient faire la tournée des commerçants, des hommes d'affaires et des bienfaiteurs saoudiens. Ils étaient en contact direct et levaient ainsi des fonds pour leurs mosquées en France, dans le cadre de la *zakat*. Aujourd'hui, le système a changé. Désormais, le fruit de cette *zakat* est affecté à un fonds qui est ensuite géré par les autorités. »

Le système n'est cependant pas complètement étanche. Des grandes fortunes saoudiennes ou des princes salafistes peuvent librement financer des mosquées à leur gré à l'étranger. Qui viendra les en empêcher ? D'ailleurs, l'ambassadeur al-Ankari a reconnu devant les membres de la commission d'information sénatoriale qu'il n'avait pas d'informations à ce sujet et qu'il ne pouvait pas évaluer précisément leur importance dans l'Hexagone, même si ces financements restent assez limités selon lui.

1. Entretien avec l'un des auteurs au siège de l'UIOF. La Courneuve. 19 juillet 2016.

Ces dons privés qui ne peuvent faire l'objet d'une collecte statistique sont pourtant, sans nul doute, ceux qui suscitent dans l'opinion publique le plus de suspicion quant à l'orientation idéologique qui les anime[1]. Un sujet devenu tellement sensible que Manuel Valls s'est dit favorable à la suspension, pour une période à déterminer, des financements étrangers pour la construction de mosquées[2].

Mais est-ce vraiment la solution, compte tenu du caractère marginal des fonds saoudiens, pour combattre la « salafisation des esprits », selon l'expression du Premier ministre ? « Toute notre activité de financement de mosquées respecte la légalité française, qui l'autorise, tient à rappeler l'ambassadeur d'Arabie. Nous ne faisons qu'appliquer les lois en vigueur. Si un jour on nous dit que ce n'est plus autorisé, alors nous arrêterons. »

En tout cas, pour leurs projets de mosquées, les Saoudiens cherchent des responsables musulmans locaux ayant la confiance totale des autorités françaises. De l'avis de Bernard Godart, ce ne sont pas les mosquées financées avec de l'argent saoudien qui posent un problème, mais plutôt les « mosquées garages » qui ont une existence semi-officielle ainsi que les centaines de lieux de culte tenus par des salafistes sans lien avec l'islam des ambassades.

---

1. « De l'islam en France à un islam de France, établir la transparence et lever les ambiguïtés », rapport de la commission du Sénat sur le financement de l'islam en France et de ses lieux de culte. 2016.
2. Entretien de Manuel Valls, *Le Monde*, 30 juillet 2016.

Le point crucial se joue au niveau de la propagation d'un islam rétrograde et antimoderniste. Or, dans ce domaine, l'Arabie a une responsabilité directe.

Les Saoudiens ont longtemps inondé les communautés musulmanes des livres de leurs théologiens et prédicateurs. Ils ont financé des maisons d'édition, et dans toutes les librairies islamiques de France on retrouve les ouvrages des oulémas saoudiens comme Abdel Aziz Ibn Baz, Saleh al-Fawzan ou Rabi' al-Madkhali.

Il y a une quinzaine d'année, la mode était aux « livres sandwichs » que les fidèles pouvaient lire le temps de manger un sandwich. C'étaient de petits ouvrages de quelques pages qui traitaient d'un concept ou d'une idée religieuse. Le pèlerinage à La Mecque reste l'occasion pour les fidèles de rapporter dans leurs bagages des ouvrages salafistes et wahhabites. Mais aujourd'hui, l'enjeu s'est déplacé. La littérature wahhabite et salafiste est directement diffusée et accessible sur Internet.

« Le problème avec les héritiers de Mohamed Abdel Wahhab, analyse Amar Lasfar, de l'Union des organisations islamiques de France, c'est qu'ils ne veulent pas évoluer. Ils ont une pensée statique qui se pose en gardienne de l'orthodoxie, qu'ils veulent imposer en tout lieu sans tenir compte du contexte local. Ils nous reprochent d'avoir dévoyé les textes sacrés pour les adapter à un environnement français. » On touche là le cœur du problème : la version de l'islam propagée par l'Arabie Saoudite est peu compatible avec les valeurs de la République ; elle est jugée excessive, voire sectaire, par de nombreux musulmans. Les Saoudiens, eux, considèrent qu'ils incarnent l'islam authentique et vrai, celui des origines.

Le wahhabisme n'est pas soluble dans la République laïque

Pour comprendre l'ADN idéologique et religieux du royaume wahhabite, il faut remonter dans le temps. Le pouvoir des al-Saoud est né du pacte conclu en 1744 entre Mohamed al-Saoud, émir de Diriyah, localité située à la périphérie de Riyad, et Mohamed bin Abdel Wahhab, imam du Najd. Le premier est un chef de guerre ambitieux et rusé, le second, un religieux ultrarigoriste et charismatique. « Le guerrier cherchait une doctrine ; le prédicateur cherchait une épée. Ils convinrent de mettre leurs forces en commun pour accomplir la volonté divine et rendre au peuple arabe son unité perdue[1]. » Les deux hommes scellèrent leur alliance dans la plus pure tradition bédouine : Abdel Wahhab donna sa fille en mariage à Mohamed al-Saoud.

Ce dernier promit d'imposer la doctrine ultrarigoriste d'Abdul Wahhab dans toute la péninsule arabique. En contrepartie, le religieux garantit la fidélité des croyants à la famille al-Saoud. Abdul Wahhab « était convaincu de représenter l'islam intégral, c'est-à-dire purifié, régénéré et rendu à lui-même. Abolissant d'un geste mille ans

1. *Ibn Séoud ou la naissance d'un royaume*, Jacques Benoist-Méchin, Albin Michel, 1955.

d'histoire arabe, il revenait au point précis d'où était parti Mahomet[1]. »

Alliance de l'épée et du Coran, ce pacte demeure toujours, près de trois siècles plus tard, la clé de voûte idéologique du pouvoir saoudien. Aux al-Saoud – dont la plupart ne sont pas wahhabites –, les affaires régaliennes, et aux religieux (les oulémas) la justice et l'éducation. Gardiens du temple, ces derniers sont chargés de diffuser la doctrine wahhabite, dont les principes n'ont pas varié d'un iota depuis leur proclamation : monothéisme absolu *(tawhid)*, interdiction des innovations impies *(bid'a)*, excommunication des mécréants ou des musulmans déviants *(takfir)*, ou encore guerre sainte *(djihad*[2]*)*.

Ces religieux – environ 570 – sont regroupés au sein du Conseil des grands oulémas. Ils édictent des *fatwas* (« avis juridiques ») qui s'imposent à la communauté des croyants du royaume. Mais, payés par l'État, ils restent inféodés au pouvoir des al-Saoud, ce qui explique que d'autres Saoudiens suivent des religieux non officiels mais aux idées plus radicales.

Figés dans le dogme, certains oulémas se sont opposés à l'introduction de la télévision dans les années 1960. En 2016, l'un d'entre eux a édicté une *fatwa* interdisant les

1. *Ibid.*
2. Dans l'islam, le concept de djihad est d'abord un combat spirituel avec soi-même avant d'être un acte guerrier.

échecs, parce que c'était une invention de Satan ! D'autres ont aussi prohibé le jeu de Pokemon Go. En ce début de XXIe siècle, cela paraît incroyable, mais savoir si la musique et le chant sont *halal* (permis) ou *haram* (interdit) fait toujours débat chez les oulémas saoudiens…

Aujourd'hui, les responsables saoudiens sont dans le déni. Selon eux, le wahhabisme n'aurait aucun lien avec une forme d'extrémisme religieux. Il ne s'agirait que d'un cliché véhiculé par la presse occidentale pour ternir l'image du royaume. Écoutez ce qu'en dit Adel al-Jubeir, le ministre des Affaires étrangères, que nous avons rencontré à Paris : « Le wahhabisme, c'est comme un mantra que les gens répètent mais ne comprennent pas. Oui, il existe une école de pensée fondée par Mohamed Abdel Wahhab qui était un réformiste. S'il était vraiment un extrémiste comme on le dépeint, qu'il rejette les autres, qu'il soit intolérant avec les chiites et les autres minorités, alors pourquoi en Arabie Saoudite n'avons-nous connu aucune violence depuis deux cents ans ? Les gens se seraient révoltés[1] ! »

Par un tour de passe-passe dialectique, le wahhabisme serait presque devenu aux yeux du ministre l'incarnation de l'« islam des lumières ». La démonstration est peu convaincante. Elle mérite quelques précisions. Il faut savoir qu'en Arabie Saoudite, il est « naturel » de considérer les non-musulmans comme des *koufars* (des mécréants). L'élite

1. Entretien avec les auteurs. Paris, 10 mai 2016.

saoudienne occidentalisée ne le pense pas, mais la société est travaillée par de puissants courants extrémistes qui, eux, y adhèrent totalement. Et sont loin d'être minoritaires…

Ainsi, cet expatrié se souvient d'un incident révélateur survenu dans les années 2000. « Un jour, deux policiers saoudiens s'approchent de mon chauffeur philippin qui promenait mon chien autour de ma villa. Ils l'interpellent et lui demandent : "Tes patrons sont chrétiens ?" Mon chauffeur répond par l'affirmative. Les deux îlotiers ajoutent : "On va les tuer !" Informé, je contacte immédiatement le ministère de l'Intérieur. Deux jours plus tard, les deux policiers sont arrêtés et jetés en prison. Quelques mois après, un fonctionnaire me demande : "Vous voulez qu'ils restent en prison jusqu'à quand ? Sinon, *khalas*, on les liquide…" J'ai répondu : "Libérez-les, mais je ne veux plus les revoir dans mon quartier." »

Depuis des décennies, des générations de Saoudiens ont subi un lavage de cerveau idéologique sur les bancs de l'école ! C'est l'un des principaux problèmes auquel est confronté le royaume. Les autorités en sont conscientes, mais, tenues par les oulémas, elles sont réduites à une quasi-impuissance. Le constat est pourtant alarmant : jusqu'au bac, un tiers des cours est consacré à la religion – huit heures par semaine en primaire. « Et encore, relève l'avocat Abdelaziz al-Gassim, si l'enseignement était fondé sur l'islam, cela irait, mais il repose sur le seul wahhabisme », c'est-à-dire une version ultrarigoriste !

Pendant les trois premières années d'école, les enfants apprennent les principes de base édictés au XVIIIe siècle par

Mohamed Abdel Wahhab. Puis, au fil de leur scolarité, ils étudient son livre de référence intitulé *Kitab al-Tawhid* (« Le Livre de l'Unicité »), dont voici un florilège de citations :

– « La confiance en Allah est une obligation. Elle est une des conditions de la validité de la foi » (chapitre 32)

– « L'innovation est une cause menant à la mécréance » (chapitre 18)

– « La voie des gens du Livre (juifs et chrétiens) est blâmée comme la voie des polythéistes » (chapitre 8)

– « Quiconque tourne en dérision ces choses (Allah, le Coran ou le prophète) est un mécréant » (chapitre 47)

– « Combattez ceux qui ont mécru en Allah » (chapitre 62)

Et on pourrait allonger la liste… « J'ai examiné un livre d'enseignement religieux qui serait destiné en France à des étudiants de terminale, nous a confié un diplomate français à Riyad. Si vous aviez cet ouvrage entre les mains, vous penseriez qu'il est édité par Daech ! C'est du wahhabisme pur et dur, qui appelle à détruire les tombes et les monuments et à tuer les *koufars*, les mécréants ! »

Devant pareil bourrage de crâne, de nombreuses familles saoudiennes craquent. « J'ai sorti mon fils de neuf ans de l'école publique pour le mettre dans un établissement privé, car il faisait des cauchemars la nuit suite à ses cours de religion », nous a confié un banquier à Djeddah.

Avec dérision, une blague saoudienne résume à elle seule ce système scolaire d'un autre âge : « En Arabie Saoudite, deux lignes droites parallèles ne se rencontrent jamais. Sauf… si Dieu le veut ! »

Imagine-t-on une telle école wahhabite en plein cœur de Paris ? Nous l'avons débusquée avenue d'Iéna, dans le 16e arrondissement. L'établissement est réservé exclusivement aux ressortissants saoudiens et aux enfants de diplomates arabes. De la maternelle au bac, le programme saoudien est appliqué de A à Z. Ici comme à Riyad, les élèves apprennent la grammaire arabe dans les versets du Coran. On y respecte les heures de la prière, et le vendredi un imam vient prêcher à l'école.

À Paris comme à Djeddah, certains Saoudiens boudent cette école trop wahhabite à leurs yeux, comme nous l'a confié l'un d'entre eux : « J'ai retiré mes enfants de l'établissement pour les inscrire dans une école publique française. Certes, il y a beaucoup de *koufars*, mais c'est beaucoup mieux ! »

Mais, comme pour le financement des mosquées, l'Arabie n'a nullement enfreint la loi française. Cette école est le fruit d'un accord entre Paris et Riyad. Il existe d'ailleurs douze autres établissements de ce type dans des capitales à travers le monde. « Ah bon, une telle école existe vraiment à Paris ? », fait mine d'ignorer un diplomate français qui suit pourtant les affaires saoudiennes. Bref, là encore, on baisse la tête…

Consciente des lacunes de son système éducatif, la très pieuse Arabie a accepté l'offre de la France laïque pour faire évoluer les programmes et améliorer la formation de ses enseignants. « Ils veulent commencer par des secteurs peu sensibles comme les sciences et les mathématiques, tempère un diplomate français. Même si c'est un peu délicat, les responsables saoudiens sont aussi intéressés par le développement du sport scolaire, notamment pour les filles. »

Le dossier est sensible aussi bien en France qu'en Arabie. Il n'est pas question de supprimer les cours de religion – ce serait remettre en cause le contrat social –, mais il existe une réelle volonté de modifier les cursus, y compris au niveau des crèches qui emploient des nounous étrangères dont le pays voudrait se débarrasser pour les remplacer par des Saoudiennes. Afin d'encourager l'excellence dans l'enseignement, le ministère de l'Éducation a décidé de distribuer des enveloppes de 2 000 à 25 000 euros aux proviseurs et aux professeurs méritants. Les plus chanceux se verront offrir une BMW !

Sur la piste des Français « égarés » de Médine

L'Arabie Saoudite se considère comme le « Vatican » de l'islam sunnite. Le royaume wahhabite attire de nombreux jeunes Français venus étudier la théologie et l'arabe. Rien de répréhensible en soi, mais certains s'égarent parfois sur les chemins de l'extrémisme religieux, quand d'autres basculent carrément dans le terrorisme.

Le dossier est suivi de très près par les services de renseignements français qui infiltrent cette communauté estudiantine. L'une de leurs cibles est l'université Al-Imam Mohamed ben Saoud de Riyad où, au milieu des années 2000, plusieurs ressortissants français enseignaient, l'un la *charia*, un autre… le maniement des écoutes téléphoniques, une spécialité d'ordinaire réservée à la police ! Mais l'opération d'infiltration qui s'y est déroulée s'est très mal terminée. L'indic français a été retrouvé la gorge tranchée à l'intérieur de l'université… probablement démasqué par ses camarades. L'affaire n'a jamais été ébruitée par les autorités saoudiennes, encore moins par la France.

L'université al-Imam est une véritable citadelle islamique, où se sont formés des « soldats de Dieu » de toutes nationalités. Pendant longtemps, ni l'armée ni la police n'ont été autorisées à y pénétrer. Vaste complexe situé à la périphérie de la capitale, son accès est strictement contrôlé par des gardes privés fortement armés. Vu de l'extérieur, ses hauts grillages, sa salle de contrôle et de surveillance ultramoderne installée au sommet de son château d'eau, ses systèmes de sécurité impressionnants lui donnent davantage l'aspect d'une prison ou d'un camp militaire que d'une université.

Les étudiants étrangers savent que le ministère de l'Intérieur saoudien les surveille étroitement. Et de plus, « les étudiants disposent de leur propre système de renseignement et s'épient entre eux, nous a confié un agent français. Ils observent comment chacun est habillé et dénoncent la moindre déviance qui ne serait pas conforme au code islamique. Pas question, par exemple, d'aller manger en cachette un hamburger chez MacDonald's, symbole de l'Amérique ». Entre eux, les étudiants étrangers vivent dans une ambiance paranoïaque et de complot.

À la fin des années 2000, un agent des services français a échappé miraculeusement à un attentat à Riyad. Il avait l'habitude de garer sa voiture devant chez lui. Mais un jour, son voisin allemand utilisa sa place de parking et vit sa voiture soufflée par une explosion. L'espion français comprit vite que c'était lui qui était visé. Il mena l'enquête et découvrit que l'attentat avait été organisé par un Français converti. Arrêté, celui-ci croupit encore dans une prison du royaume.

Combien de Français se sont-ils « égarés » au pays d'Allah ? Après une longue attente, spontanément, au printemps 2015, le ministre saoudien de l'Éducation a informé l'ambassade de France à Riyad de la présence de 94 étudiants français, dont 70 inscrits dans des universités islamiques. Depuis, Paris a demandé avec insistance une liste nominative... En vain. Les autorités françaises l'attendent encore ! Dans ce domaine, la coopération franco-saoudienne montre ses limites même si, officiellement, elle est excellente. « Il existe des échanges d'informations entre les services de renseignement français et saoudiens, précise une source sécuritaire. Mais les Saoudiens peuvent dire ce qu'ils veulent. »

En théorie, les universités saoudiennes n'ont pas le droit d'accepter l'inscription d'un étudiant français sans une lettre de l'ambassade de France. La réalité est tout autre. « Les services de l'ambassade de France en voyaient passer certains, mais visiblement pas tous, rapporte un diplomate. Je comptabilisais seulement deux ou trois étudiants chaque année, cela me paraissait très léger... »

Les services français tentent de suivre aussi la trace de tous ceux passés par le Yémen qui ont migré en Arabie Saoudite à cause de la guerre civile. « On en a vu transiter certains au consulat à Djeddah, explique un diplomate. Ils venaient s'immatriculer parce qu'ils étaient coincés au Yémen et ne pouvaient plus rentrer en France. Il est compliqué juridiquement de bloquer un ressortissant français à l'étranger. » Mais quand ils le peuvent, ces Français radicalisés évitent de passer par le consulat de France. « Ce sont des gens difficiles à pister, reconnaît un espion français. Je me souviens de l'un d'entre eux qui circulait entre l'Arabie et le Yémen, soi-disant parce qu'il produisait du miel au Yémen ! »

Le cas de Thomas Barnouin, alias Abdel Hakim, est l'illustration d'une dérive radicale initiée en Arabie Saoudite. Le parcours vers le djihad de ce fils d'enseignants originaire d'Albi commence en 2003 quand il débarque, à vingt-six ans, à l'université islamique de Médine pour « interpréter le Coran ».

L'étudiant en théologie est finalement arrêté en décembre 2008 en Syrie par les services de Damas alors qu'il s'apprêtait à passer la frontière armes à la main pour mener le djihad contre les Américains en Irak. Rapatrié en France, Thomas-Abdel Hakim Barnouin est condamné à cinq ans de prison, dont un avec sursis. Il est libéré en 2011. Apparemment, Barnouin rêvait toujours de guerre sainte. Malgré la surveillance dont il faisait l'objet, l'ancien étudiant en théologie de Médine a rejoint la Syrie en février 2014, et on a perdu sa trace.

Bien sûr, tous les Français qui étudient la religion en Arabie Saoudite ne cherchent pas à commettre des attentats en

France ou ailleurs, ou à rejoindre les territoires contrôlés par Daech en Syrie et en Irak. L'écrasante majorité d'entre eux ne sont pas des enfants de Ben Laden. Mais en Arabie, ces Français découvrent et assimilent l'islam wahhabite. Même s'il est quiétiste et non violent, ce courant salafiste est antidémocratique, donc incompatible avec notre mode de vie, pour ceux qui un jour voudraient rentrer en France.

Et sur place, le premier pas vers le terrorisme tient parfois à peu de chose : une rencontre avec un étudiant, un professeur charismatique, ou le prêche enflammé d'un prédicateur. C'est pourquoi, explique un diplomate, « nous tenons à garder un œil sur eux. Nous n'avons pas envie d'assister à la création d'un vivier en Arabie Saoudite ».

Pourtant, les autorités françaises ont découvert par hasard dans la ville sainte de Médine, siège de deux universités islamiques, une petite communauté française qui s'est développée presque clandestinement depuis plusieurs années. Son extension est vertigineuse ! Aujourd'hui, 493 Français y vivent, dont 271 enfants âgés de moins de dix-huit ans, selon le consulat de Djeddah[1]. « Les naissances enregistrées au consulat proviennent essentiellement de ces Français égarés, nous a confié un diplomate à Djeddah. Ils ont parfois plusieurs femmes. Comme la polygamie est interdite en France, ils prétendent que c'est leur maîtresse qui vient d'accoucher et ils déclarent ainsi le nouveau-né. On s'est rendu compte que

1. Chiffres tirés du procès-verbal du Conseil consulaire en formation en enseignement du français à l'étranger, réuni le 7 décembre 2015 à Djeddah.

leurs enfants n'étaient français que par le passeport. Leurs parents ne parlent qu'en arabe, et les enfants sont pour la plupart scolarisés dans les écoles saoudiennes. »

Comment sont-ils arrivés à Médine ? « Les démarches de ces jeunes qui partent étudier la religion en Arabie Saoudite sont facilitées par des cheikhs installés en France », assure une autre source consulaire. Dans les universités islamiques, la formation théologique est prise en charge par les autorités saoudiennes, on leur octroie des bourses d'études d'environ 800 riyals par mois (environ 200 euros), et le logement étudiant est gratuit. À Médine, ces Français convertis vivent en vase clos.

« Souvent paumés en France, poursuit la source consulaire, ces jeunes Français trouvent dans la ville sainte une communauté qui les soutient. La solidarité est très grande entre eux. » Sur place, ils vivent d'expédients et de la charité. Le vendredi, jour de la grande prière, certains font l'antichambre du président de la Ligue islamique mondiale. Ils repartiront avec 500 ou 1 000 euros en poche.

Comment rester en contact avec des habitants d'une ville interdite aux non-musulmans ? Le consulat envoie des agents de confession musulmane pour maintenir le lien avec ces Français, dont certains nourrissent de la haine contre la mère patrie. Des rendez-vous sont organisés dans la partie internationale de Médine. Au-delà de contacts épisodiques, notre République laïque a le projet d'ouvrir une école française à Médine. En attendant, une école privée saoudienne, al-Fusha, met depuis la rentrée 2015 deux classes à disposition d'une trentaine d'enfants français et francophones pour qu'ils suivent des cours de soutien scolaire dans la langue de ce *koufar* de Molière.

Gérer les Français de Médine n'est pas une partie de plaisir. Les agents du consulat de Djeddah en savent quelque chose. Certains refusent carrément de parler notre langue. L'un des diplomates raconte. « Un Français refusait de montrer son passeport pour le faire renouveler. Le ton est monté avec l'employée à l'accueil. Je lui ai demandé : "C'est quoi, votre problème ?" Il m'a répondu : "C'est une femme et je ne veux pas de contact avec elle !" Le gendarme de service a dû le prier de sortir du consulat. Quelque temps après, le même individu est revenu pour son passeport. Sans m'énerver, je lui redemande : "C'est quoi votre problème ?" Et là, il me dit sur le ton de la confidence : "Comme c'est une femme qui va me recevoir pour traiter mon dossier, j'ai peur d'être tenté !" »

Dans leur vision religieuse, ils sont devenus des *mouhajirin*, des migrants qui ont rejoint *dar al-Islam*, le pays de l'islam. « Ils sont satisfaits de leur sort, car ils sont venus à Médine pour la religion, constate le diplomate précité. Nous avons proposé de rapatrier en France une famille en difficulté, mais elle a refusé. »

Sur les bancs de la fac islamique à Médine ou à Riyad,

ces Français côtoient des Pakistanais, des Égyptiens, des Palestiniens, des Syriens, des Philippins et des Malaisiens. Pour qu'ils soient stabilisés socialement, les célibataires sont mariés par les cheikhs locaux, généralement avec une femme d'une autre nationalité que la leur, car une Saoudienne n'a pas le droit d'épouser un étranger. À l'issue de leur formation théologique, leur objectif est de propager aux quatre coins de la planète cet islam rigoriste des « premiers ancêtres », car le wahhabisme est prosélyte. Les 14 imams français opérant dans l'Hexagone sont issus de ce système de formation.

Les plus zélés de ces imams missionnaires sont souvent les Français de souche convertis[1]. « J'en ai même connu un dont le père était vicomte ! » se souvient encore, tout surpris, un diplomate. Ces convertis se veulent plus musulmans que les musulmans d'origine. « J'ai traité le cas d'un jeune Breton converti à l'islam, qui avait commencé à fréquenter des salafistes en France, rapporte un officier de gendarmerie. Soudain, il a disparu discrètement pour aller se former comme imam wahhabite en Arabie Saoudite. Il est revenu en France, puis est reparti à l'étranger. En fonction des modes du moment, on retrouve ces individus dans les filières djihadistes en Bosnie, au Yémen, en Irak ou en Syrie. »

1. En 2013, le ministère français de l'Intérieur estimait entre 4 000 et 5 000 le nombre de conversions par an, sans qu'il soit possible d'infirmer ou de confirmer cette évaluation.

Une employée du consulat de Djeddah a posé la question à l'un d'eux : « Qu'est-ce que vous allez faire quand vous allez rentrer en France ? » Un jeune Français converti a répondu sans la regarder dans les yeux : « J'irai peut-être en vacances pour voir mes parents et mes amis, mais je ne me réinstallerai jamais là-bas parce que la France n'aime pas l'islam ! » Pour eux, vivre à Médine est une bénédiction d'Allah, et ce malgré les difficultés quotidiennes.

Certains d'entre eux poursuivront leurs études en Égypte ou au Maroc. « Ceux qui vont rentrer en France pour propager leur foi feront tout pour orienter l'islam vers l'isolement et le repli sur soi, c'est aussi un danger », assure l'avocat Abdallah al-Gassim.

L'islam de France, théâtre des rivalités entre le Qatar et les Émirats

Le Qatar est le nouvel acteur sur la scène de l'islam de France. Comme l'Arabie Saoudite après les deux chocs pétroliers de 1973 et 1979, Doha s'est retrouvé dans les années 2000 à la tête d'une immense fortune tirée de ses gigantesques réserves de gaz naturel off shore. Obsédé par l'idée que son pays puisse jouer un rôle dans les affaires du monde, l'ex-émir Cheikh Hamad, au pouvoir entre 1995 et 2013, « était prêt à tout pour réussir à se faire reconnaître, et parfois il a été un peu *border line* », reconnaît un diplomate français proche du *diwan* royal.

Proche des Frères musulmans et de ses leaders, cheikh Hamad a appuyé les islamistes partout où il le pouvait, moins pour des raisons idéologiques que par opportunisme politique. En France, et nous l'avions révélé dans un précédent ouvrage[1], Doha a même tenté une OPA sur la communauté musulmane en proposant au président Sarkozy la constitution d'un « CRIJF musulman » pour réunir toutes organisations et associations sous le même parapluie, mais où l'UIOF, la branche française des Frères musulmans, aurait eu la part du lion. L'idée était de calquer l'organisation de la représentation musulmane sur celle du judaïsme : à côté du Conseil français du culte musulman (CFCM), l'équivalent du consistoire, il manquait une structure semblable au CRIJF. Henri Guaino, à l'époque conseiller spécial de Nicolas Sarkozy, y était favorable. Mais quand ils ont eu vent du projet qatarien, les ambassadeurs d'Algérie et du Maroc sont allés officiellement protester à l'Élysée, forçant Doha à battre en retraite. L'affaire a fait long feu tant la communauté musulmane française est largement dominée par l'influence du Maroc et de l'Algérie.

Comme il le fait dans le business, le sport ou la culture, le Qatar a sorti son carnet de chèques pour acheter son ticket d'entrée sur « le marché de l'islam ».

Pour le programme de rénovation de la Grande Mosquée de Paris lancé en 2002-2003, Doha a payé 1 million d'euros. On a vu aussi des hommes d'affaires qatariens financer

1. *Qatar, les secrets du coffre-fort*, Christian Chesnot et Georges Malbrunot, Éd. Michel Lafon, 2013.

des mosquées, celle de Nantes par exemple. Mais le grand projet du Qatar en France, c'est la mosquée de Milos près de Mulhouse, qui sera le plus important complexe islamique d'Europe.

Le centre al-Nour doit desservir un bassin de 150 000 musulmans résidant entre la France, l'Allemagne et la Suisse. Réparti sur 10 000 mètres carrés, sur quatre étages, le bâtiment comprendra une mosquée, une école coranique, un laboratoire d'apprentissage de l'arabe et un espace bien-être (hammam, piscine, etc.). Il a été calqué sur celui inauguré en 2014 à Copenhague au Danemark (6 700 mètres carrés). Son coût de 27 millions d'euros est à la charge de Qatar Charity[1], le bras humanitaire de l'émirat à l'étranger. Une association locale de l'UIOF, la branche française des Frères musulmans, participe au projet, avec le feu vert des autorités françaises locales et nationales.

À l'instar des Saoudiens, les Qatariens surveillent de près l'utilisation de leurs fonds. « Leur contribution financière est sans contrepartie, assure Amar Lasfar président de l'UOIF, mais Qatar Charity exige dorénavant d'avoir un représentant au sein du conseil d'administration de la mosquée pour contrôler la gestion de l'établissement. Sur d'autres projets qu'ils ont financés, les Qatariens ont découvert des détournements de fonds et ils n'ont pas apprécié. Ils ont une mentalité de businessmen. »

1. www.qcharity.org

Arrêtons-nous un instant sur Qatar Charity (QC). L'organisation caritative est devenue au fil des ans l'un des relais du *soft power* de Doha dans le monde. L'ONG finance des aides d'urgence aux victimes de catastrophes naturelles et des programmes de lutte contre la pauvreté et de développement. Voilà pour le côté humanitaire. L'autre domaine d'activité de Qatar Charity, c'est le prosélytisme religieux, notamment en Afrique comme nous le verrons dans un autre chapitre. L'ONG soutient dans le monde entier des projets de mosquées, d'écoles coraniques et d'instituts de mémorisation du Coran.

Cet activisme carito-religieux donne de l'urticaire à leurs voisins des Émirats arabes unis, dont l'agenda, on l'a vu, est farouchement anti-islamiste. Il est à l'origine de la crise qui a éclaté fin mai 2017 entre le Quatar et les Émirats arabes unis, appuyés par l'Arabie et l'Égypte. « Abou Dhabi, c'est la Sparte du Golfe », résume Michel Miraillet, ambassadeur de France aux Émirats, qui trouve des similitudes avec l'antique cité grecque jadis défendue par des soldats disciplinés et efficaces d'une armée moderne. Son leader, Mohamed bin Zayed, dit MBZ, est un néoconservateur pour qui la religion doit rester cantonnée aux mosquées, ce qui en ferait presque « un laïc », vu de France !

Les islamistes de tous poils, quelle que soit la longueur de leur barbe, sont les bêtes noires du pouvoir émirien. En décembre 2015, cheikh Mohamed al-Maktoum, le souverain de Dubaï, n'a pas hésité à faire licencier le rédacteur en chef d'*Al-Bayane*, un journal local, et deux de ses adjoints, pour avoir reproduit dans un article un tweet de propagande de Daech affirmant qu'un jour le drapeau noir des djihadistes flotterait au sommet de la tour Khalifa à Dubaï !

Aux Émirats, pas question de lâcher la bride aux imams. Les prédicateurs sont formés dans le même institut théologique. Chaque vendredi, pour la grande prière, le ministère des Affaires religieuses distribue un prêche identique qui sera lu dans toutes les mosquées du pays. Et gare à l'imam qui s'écarterait de la ligne officielle, il serait vite remis dans les clous !

Au sein des monarchies du Golfe, les Émirats présentent une vraie singularité : ils pratiquent une tolérance zéro vis-à-vis des Frères musulmans, qu'ils considèrent comme un mouvement terroriste. Abou Dhabi a même été jusqu'à inscrire, en novembre 2014, l'UOIF, sa branche française, sur sa liste noire !

Nous avons interrogé Amar Lasfar, son président, à ce sujet : « C'est une chasse aux sorcières qui est liée à la situation en Égypte. Les Émirats ont ciblé 85 associations dans le monde, y compris la conférence mondiale des oulémas présidée par le cheikh Qaradawi. Pour eux, tous les mouvements qui bougent en Europe sont des terroristes ! Je suis allé voir un diplomate à l'ambassade des Émirats pour lui dire : “Vous savez, la mosquée de La Courneuve, c’est vous qui l’avez financée en 1994.” À l’époque, l’émirat de Charjah nous avait donné environ 6 à 7 millions de francs. Il n’était pas au courant. Le diplomate m’a proposé : “Écrivez-nous une lettre, je vous promets de la transmettre et vous assure que la liste noire n’est pas définitive.” L’affaire s’est arrêtée là. »

Au cours de notre enquête, nous avons découvert que les émissaires des Émirats arabes unis venaient jusqu’en France pour débusquer les islamistes. En mai 2016, le directeur des Affaires religieuses s’y est rendu discrètement. But de sa mission : inspecter plusieurs mosquées de la banlieue parisienne. Installé dans un palace sur les Champs-Élysées, il a envoyé plusieurs de ses collaborateurs faire une tournée de deux jours pendant laquelle ils ont visité, entre autres, les mosquées de Vigneux-sur-Seine, Savigny-le-Temple et Sainte-Geneviève-des-Bois.

L’un des accompagnateurs de la délégation nous a livré certains détails de ce périple en région parisienne : « Ce qui m’a le plus frappé, c’est que les Émiriens étaient complètement déconnectés de la réalité française. Ils n’avaient aucune compréhension du contexte local. Par exemple, ils s’étonnaient que certaines mosquées proposent un volet éducatif consacré à la citoyenneté. »

Quand la délégation émirienne est arrivée devant une mosquée où étaient installées des caméras de surveillance, l’un des membres s’est interrogé : « Elles servent dans doute à contrôler les islamistes radicaux ? » Surpris, le responsable de la mosquée lui a répondu : « Mais pas du tout !

Elles sont là pour repérer des militants d'extrême-droite qui viendraient nous provoquer ! »

Quand les Émiriens ont découvert dans les bibliothèques des mosquées des ouvrages en arabe de Cheikh Youssef al-Qaradawi, une icône des Frères musulmans aujourd'hui abrité par le Qatar, ils n'ont pas caché leur réprobation. « Ils nous ont fait comprendre que si l'islam était mal vu en France, c'était à cause des musulmans eux-mêmes, a poursuivi notre accompagnateur. Ils nous demandaient de faire profil bas, comme nos grands-parents. Leur vision de la religion est incompatible avec celle pratiquée par la majorité des fidèles français. Et ils ont une conception très policière de l'islam. »

Pour les Émirats, la France est devenue un pays à risque, avec un réservoir de jeunes djihadistes et une religion mal organisée. Ils nourrissent le projet de financer une sorte d'école normale de formation des imams et cherchent des interlocuteurs pour créer cet institut dont l'objectif pédagogique est de « franciser » la religion musulmane. Mais ce faisant, il s'agit une nouvelle fois d'une interférence étrangère, comme si l'islam de France était condamné à dépendre éternellement de l'extérieur, même si 80 % des mosquées dans l'Hexagone sont aujourd'hui financées par les fidèles eux-mêmes.

– 4 –

Les émirs financent-ils le terrorisme ?

La charge d'Hillary Clinton était cinglante : « Il est plus que temps que les Saoudiens, les Qatariens, les Koweïtiens et les autres empêchent leurs ressortissants de financer des organisations extrémistes », déclarait la candidate démocrate à la Maison Blanche, quelques heures après la tuerie d'Orlando qui fit 49 morts, le 12 juin 2016, lorsqu'un individu d'origine afghane ayant prêté allégeance à l'État islamique s'en prit à une boîte gay. « Il faut qu'ils cessent de soutenir les écoles et les mosquées radicales qui ont conduit trop de jeunes sur le chemin de l'extrémisme dans le monde », ajoutait l'ex-secrétaire d'État.

Hilary Clinton est bien placée pour le savoir puisqu'elle a elle-même dénoncé dans un télégramme diplomatique de 2009 la « très mauvaise coopération » du Qatar dans la lutte contre le financement du terrorisme.

En juin 2017, quelques jours après la crise entre Doha et ses voisins, Donald Trump a, quant à lui, ouvertement accusé le Qatar d'avoir « historiquement » financé l'extrémisme. Aux États-Unis, les rapports – officiels ou non – sont assez nombreux sur cette question. En France, en revanche, même si des hommes politiques comme Bruno Le Maire et Arnaud Montebourg pointent eux aussi un doigt accusateur sur les monarchies du Golfe, les langues ont beaucoup plus de mal à se délier. Entre accusations grossières et volonté de masquer la réalité pour ne pas déplaire à nos partenaires, la vérité est souvent complexe.

Nul n'ignore pourtant que l'Arabie Saoudite finança – très ouvertement et avec l'aval des États-Unis – des légions de djihadistes qui s'en allèrent mener la guerre sainte en Afghanistan à la fin de la décennie 1970 contre l'ennemi commun soviétique.

Qu'en est-il, aujourd'hui que Daech a métastasé, comme s'en inquiète Hillary Clinton ? Nous avions commencé l'enquête bien avant la critique de la candidate démocrate contre ces trois pays alliés des États-Unis. Laxisme dans le contrôle des réseaux de financement du terrorisme, double jeu parfois : le moins que l'on puisse dire, c'est que ces accusations sont souvent fondées.

Le Qatar, « le plus mauvais élève »

« Le Qatar ne tolérerait pas que l'on laisse en liberté des individus qui financent le terrorisme », affirmait en novembre 2015 au *Journal du Dimanche* l'ambassadeur du Qatar à Paris, Meshaal bin Hamad al-Thani. Nous l'avons pris au mot et sommes allés enquêter sur place à Doha…

Entre « 8 et 12 » Qatariens[1] financent en fait des organisations terroristes, en particulier la branche syrienne d'al-Qaïda – le Front al-Nosra[2] – et Daech.

Nous avons rencontré l'un d'eux à Doha, où il vit sans être inquiété par les autorités. Rien de plus facile que d'entrer en contact avec cheikh Abdulrahmane bin Omer al-Nouaimy, même s'il figure depuis 2014 sur une liste noire des États-Unis et de l'Union européenne. Il suffit de laisser un message sur son répondeur qui vous accueille avec des chants religieux, avant que son secrétaire ne vous rappelle pour un rendez-vous fixé au lendemain à son bureau du Centre arabe pour la recherche et les études. En bordure de la route de Salwan, à la périphérie de Doha, l'établissement, plutôt ancien, ne paie pas de mine.

Après nous avoir proposé de partager une tasse de thé dans une antichambre en compagnie de deux autres « barbus », cheikh Nouaimy nous invite dans son bureau pour discuter au calme. De petite taille, le visage mangé par une épaisse barbe grisonnante, c'est un homme jovial et cordial. Un grand-père tranquille mais prudent : il tient à enregistrer notre entretien : « Je ne veux pas que mes propos soient déformés ou mal interprétés. »

1. « Le Club Med pour terroristes », *Telegraph*, 27 septembre 2014.
2. Sur pression du Qatar, al-Nosra a été rebaptisé à l'été 2016 Front de la conquête du Levant et s'est officiellement désolidarisé d'al-Qaïda.

Avant d'entrer dans le vif du sujet, petit rappel. Qui est cheikh Nouaimy ? Un financier du djihad qui a transféré des millions de dollars au cours de ces dix dernières années aux filiales d'al-Qaïda en Irak, en Syrie, en Somalie et au Yémen, selon le Département américain du Trésor[1], qui le qualifie de « terroriste spécialement ciblé » pour avoir « assisté, sponsorisé ou apporté une aide financière, matérielle ou technologique » à des organisations terroristes.

Bref, Abdulrahmane al-Nouaimy est tout sauf un second couteau. Jugez plutôt ! Au milieu des années 2000, il versa chaque mois 2 millions de dollars à al-Qaïda en Irak – l'ancêtre de Daech – puis finança le groupe libanais Osbat al-Ansar du camp de réfugiés palestiniens d'Eïn Héloué, au sud de Beyrouth. En 2014, il transféra encore 600 000 dollars à Abou Khaled al-Souri, l'envoyé en Syrie du chef d'al-Qaïda, Ayman al-Zawahiri. Enfin, il fournit 250 000 dollars à la direction d'al-Shabaab, le groupe somalien lié à al-Qaïda.

Toutes ces accusations, le cheikh les balaie d'un revers de main. « Apportez les preuves que nous finançons les extrémistes ! nous rétorque-t-il. Les raisons des accusations des Américains contre moi, c'est la publication d'un rapport sur les drones que j'ai présenté à des experts des Nations unies le 8 décembre 2013 où j'expliquais que les États-

1. Département du Trésor américain, 18 décembre 2013 (http://www.treasury.gov/press-center/press-release/pages/jl2249.aspx).

Unis tuaient de façon illégale des innocents, notamment au Yémen où près de 950 personnes ont été éliminées par des tirs de drones. »

Depuis sa désignation comme « financier » du terrorisme par Washington, on ne peut vraiment pas dire que, contrairement à ce qu'affirme son ambassadeur en France, l'allié qatarien des États-Unis et de notre pays ait montré un grand empressement à agir contre lui. « Je n'ai aucun problème avec les autorités qatariennes, se réjouit-il. Mes ennuis se limitent aux Américains. Ils veulent me faire taire. Mais je ne suis interdit de voyager qu'en Europe, aux États-Unis et en Arabie Saoudite. »

Proche du *diwan al-emiri* – le bureau de l'émir –, son ONG est soupçonnée d'être financée par l'État qatarien. Il faut dire que ses liens avec l'élite dirigeante sont anciens. Certes, l'homme fut emprisonné en 1998 alors qu'il était fonctionnaire du ministère de l'Éducation. Al-Nouaimy avait lancé une pétition s'opposant à l'émancipation de la femme dans la société, y compris de cheikha Moza, la seconde épouse de Hamad, l'émir de l'époque qui le fit jeter en prison[1]. Mais à sa libération au printemps 2001, l'islamiste fut reçu par l'émir Hamad qui en fit ensuite son émissaire auprès de figures djihadistes comme le Yéménite

1. La pétition avait également été signée par trois membres de la famille royale. *Qatar and Terror Finance*, David Andrew Weinberg. Center on Sanctions and Illicit Finance. Foundation for Defense of Democracies. Décembre 2014.

Abdelmajid al-Zindani, un ancien proche de Ben Laden, également réclamé par les États-Unis.

Bref, cheikh al-Nouaimy ne souffrit d'aucune disgrâce. En 2004, il fonda l'ONG al-Karama (dignité, en arabe), dont le siège est situé à Genève. Il s'agit en fait d'une couverture. En 2009, al-Karama appela à soutenir « la résistance » irakienne contre les forces d'occupation étrangères, c'est-à-dire américaines. Les États-Unis, dont une base militaire au Qatar assure la sécurité du minuscule émirat. Voyez le double jeu…

Le pouvoir le laisse organiser des conférences aux accents violemment anti-Occidentaux. Et il n'a jamais plus été arrêté[1]. « J'ai de bons rapports avec le *diwan al-emiri*, c'est mon droit d'être en désaccord avec la politique suivie par les États-Unis. » Il assure que « ce sont les Américains qui ont demandé aux autorités qatariennes d'interrompre sa campagne de dons pour la révolte en Syrie, et non le Qatar qui l'a décidé de son propre chef ».

Quitte à mentir allègrement, le cheikh jure que le Qatar n'a pas plus financé les Frères musulmans que les autres révolutionnaires en Syrie, en Égypte et en Libye. « Nous

1. Voici ce que répondait précisément, au *Journal du Dimanche*, l'ambassadeur du Qatar en France à propos de cheikh al-Nouaymi : « Si jamais des documents officiels américains impliquent cette personne et que les États-Unis en font la demande, nous prendrons toutes les mesures concrètes pour enquêter et agir, car le Qatar ne tolérerait pas que l'on laisse en liberté des individus qui financent le terrorisme. »

avons toujours appuyé les choix des peuples. Si le peuple soutient les islamistes, nous le soutenons. Même s'il y a eu des protestations, le Front al-Nosra (la branche locale d'al-Qaïda) a été accepté par le peuple syrien. Si les gens veulent al-Nosra, c'est leur droit ! Pour moi, il y a d'ailleurs une différence entre al-Nosra et Daech. Daech est une force d'occupation avec des combattants de tous les pays, pas le Front al-Nosra, composé en majorité de Syriens. » Al-Nouaimy assume sans ambages ses sympathies pour un mouvement classé terroriste par la communauté internationale.

Fin 2011, l'argentier d'al-Qaïda est venu à Paris sans être inquiété par les autorités françaises, à l'époque très proches du Qatar. Opposant syrien vivant dans l'Hexagone, Haytham Manna se souvient encore de son dîner avec Al-Nouaymi. « Je lui ai dit que nous avions des difficultés pour venir en aide aux réfugiés. Il m'a répondu : "Mais toi tu es contre la militarisation de la révolte !" "Ce serait une catastrophe !" lui ai-je rétorqué. "Non, on ne peut y échapper", a-t-il tranché. De toute façon, si tu veux de l'aide militaire je suis prêt, mais de l'aide humanitaire, ce n'est pas mon truc[1]. » Au moins, les choses étaient claires…

Mais al-Nouaymi n'est pas un cas isolé. Une demi-douzaine d'autres financiers du terrorisme sont installés au Qatar, où ils bénéficient eux aussi de la mansuétude du pouvoir.

1. Entretien avec l'un des auteurs. Paris, 18 mai 2016.

Salem Hassan Kuwari et Abdullah Ghanim Khawar sont, par exemple, accusés par le Département américain du Trésor d'avoir « fourni plusieurs centaines de milliers de dollars à al-Qaïda pour ses opérations, ainsi que pour faire libérer des détenus al-Qaïda d'Iran et d'ailleurs ». Les deux hommes ont également « facilité le voyage d'extrémistes pour le djihad en Afghanistan ».

Les faits remontent à 2012, juste après leur emprisonnement à Doha pour « risque sécuritaire » entre juin 2009 et mars 2010. Mais au début 2011, le tandem est remis sous les verrous, avant qu'al-Karama, l'ONG d'al-Nouaimy, n'orchestre une campagne médiatique pour les libérer. Objectif atteint en octobre 2011, trois mois, pourtant, après que le duo eut été placé sur une liste noire par les États-Unis.

Employé de la Banque centrale du Qatar, Khalifa Mohammed Turki Subaiy a été, lui, condamné par contumace à Bahreïn en janvier 2008 pour « financement d'activités terroristes », « appartenance à une organisation terroriste » et « entraînement à des activités terroristes ». Deux mois plus tard, Doha le mit en prison. En juillet 2008, les États-Unis l'inscrivirent sur leur liste noire, mais en septembre l'émirat le relâcha, faute de charges. Une libération qui envenima pendant plus d'un an la relation entre Doha et Washington. Selon un télégramme diplomatique américain daté de mars 2009, le procureur-général du Qatar, Ali bin Fetais al-Marri[1], expliqua que « pour empêcher Subaiy de reprendre ses activités terroristes, il avait besoin d'être réintégré dans la société » et qu'« une des façons pour y parvenir était de l'autoriser à détenir un compte en banque pour s'occuper de sa famille[2] ». Le procureur général assura peu après aux États-Unis que Subaiy était « sous contrôle », soumis à une surveillance et tous ses comptes gelés, sauf un, surveillé directement par la Banque centrale, son ancien employeur.

Subaiy ne fut pas contrôlé très longtemps, puisqu'en septembre 2014 les États-Unis sanctionnèrent deux Jordaniens titulaires d'une carte d'identité qatarienne, qui avaient travaillé avec Subaiy en 2012 et transféré avec lui plusieurs centaines de milliers de dollars à al-Qaïda et à ses leaders au Pakistan. Le ministère qatarien de l'Intérieur lui-même le reconnaît : Subaiy détient toujours un passeport, une carte d'identité et un permis de conduire. De quoi mécontenter les États-Unis !

Autre exemple, le cas des frères al-Marri, qui illustre l'ancienneté des liens entre certains Qatariens et la mouvance al-Qaïda. Les deux hommes furent arrêtés juste après les attentats du 11-Septembre 2001 pour leurs « rôles opéra-

1. Longtemps proche de l'ancienne ministre de la Justice Rachida Dati, al-Marri a été nommé en 2012 par l'ONU avocat régional spécial pour la prévention de la corruption.

2. Wikileaks, 19 mars 2009. (https://cablegatesearch.wikileaks.org/cable.php?id=09DOHA198&q=subaiy).

tionnels » au sein de la mouvance terroriste. Jarallah fut appréhendé à la frontière pakistanaise, Ali Saleh, lui, aux États-Unis, où le cerveau des attaques du 11-Septembre, Khaled Sheikh Mohammed, l'avait envoyé implanter une cellule dormante. Mais en 2008, quand les États-Unis demandèrent au Qatar l'historique de certains comptes bancaires d'Ali pour le procès, Doha botta en touche. L'émirat avait été irrité par la décision américaine d'expulser vers le Soudan un autre Qatarien détenu à Guantanamo[1].

En juillet 2008, transféré depuis le Pakistan, Jarallah devint le seul prisonnier qatarien de Guantanamo avant d'être rapatrié dans l'émirat, sur la foi d'assurances écrites qu'il ne pourrait pas sortir du Qatar et que les États-Unis en seraient informés s'il en allait autrement. Mais début 2009, Jarallah al-Marri refit surface en Grande-Bretagne où il fut arrêté, puis relâché. Pour l'ambassadeur américain à Doha, un tel voyage n'a pu être effectué sans l'aval du procureur général al-Marri. De quoi irriter une fois de plus les Américains.

On comprend mieux pourquoi, dès 2009, la secrétaire d'État Hillary Clinton affirmait dans un télégramme diplomatique que la coopération antiterroriste avec le Qatar était « la pire de la région » du Moyen-Orient[2].

---

1. Wikileaks, 12 mars 2009. (https://www.wikileaks.org/plusd/cables/09DOHA180a.html).
2. Wikileaks, 30 décembre 2009. (http://wikileaks.org/plusd/cables/09STATE131801a.html).

Les connexions du Qatar avec la mouvance djihadiste remontent à la décennie 1990. L'idéologie religieuse dominante est le wahhabisme qui irrigue à cette époque certaines branches les plus radicales de l'islam. En 1996, l'avion d'Oussama Ben Laden qui l'emmena du Soudan au nouveau siège d'al-Qaïda à Jallalabad, en Afghanistan, fit escale à Doha. Le chef d'al-Qaïda avait alors coutume de dire à ses proches que « le Qatar est une terre de passage » vers le djihad qu'il convient d'épargner[1]. Et la seule fois, en 2005, où l'émirat fut visé par une action terroriste, c'était très vraisemblablement parce que le Qatar avait coupé les finances à al-Qaïda[2]. Enfin, plusieurs membres de la famille régnante n'ont jamais caché leur sympathie à l'égard des djihadistes. Fahd, le deuxième fils du premier mariage de l'ancien émir Hamad, mena même le djihad en 1993 au Pakistan. Et son oncle cheikh Abdallah était un ami du cerveau des attentats du 11-Septembre, qu'il abrita d'ailleurs au Qatar au début des années 1990.

Pourtant, sous la pression des États-Unis, bien plus que de son allié français, Doha a fait des efforts pour contrer le financement du terrorisme. En 2015, le Qatar a gelé les comptes et imposé une interdiction de sortie du territoire à Sa'd al-Ka'bi et à Abdelatif al-Kawari, deux « financiers du terrorisme », selon les Nations unies. En 2015 toujours,

1. Confidence rapportée par l'ancien garde du corps d'Oussama Ben Laden, Nasser al-Bahri. *Dans l'ombre de Ben Laden*, entretiens avec Georges Malbrunot, Michel Lafon, 2010.

2. Entretien de l'un des auteurs avec un diplomate français. Doha, 15 décembre 2006.

Doha a restructuré son comité antiterroriste, après avoir pris plusieurs décrets limitant les activités des ONG caritatives.

« Malgré ces efforts, souligne le dernier rapport américain du Département d'État, des entités et des individus continuent de servir de financiers à des groupes terroristes, particulièrement les branches régionales d'al-Qaïda comme le Front al-Nosra. »

« On reçoit régulièrement des SMS pour des campagnes humanitaires en faveur des Syriens, de la Somalie ou de Falloudjah, témoigne un journaliste d'Al-Jazeera. On peut donner de 5 à 500 riyals (1,25 à 100 euros). Les messages sont accompagnés de liens pour écouter des prêches de prédicateurs saoudiens en Arabie comme cheikh Aedh al-Qarni[1] ou Mohamed Arifi. La plupart des financiers du djihad appartiennent à des grandes familles ou à des tribus importantes. C'est difficile pour le pouvoir de faire le ménage… » Effectivement, c'est la raison souvent invoquée par les autorités pour justifier leur inertie. S'il s'en prend au membre d'une tribu puissante, le pouvoir se mettra à dos toute la tribu. Le Qatar étant un pays minuscule, cette lutte peut déstabiliser toute la société. Cet argument fait sourire Anwar Gargash, le secrétaire d'État émirien aux Affaires étrangères. « C'est n'importe

1. Cheikh Aedh al-Qarni est par ailleurs interdit d'entrée aux États-Unis.

quoi ! rétorque-t-il. On peut quand même agir, si on le veut[1]. »

Aujourd'hui, plutôt que de financer directement des organisations terroristes, le Qatar a trouvé un autre moyen de leur verser de l'argent : payer des rançons aux ravisseurs d'otages occidentaux, souvent liés à la branche syrienne d'al-Qaïda.

Depuis une dizaine d'années, dans une bonne dizaine de cas d'enlèvements, le Qatar a réglé la facture au profit des preneurs d'otages. La totalité de l'argent ainsi versé à al-Nosra avoisinerait les 150 millions de dollars[2]. Or depuis 2014, le paiement de rançons est prohibé à la fois par le G8, l'ONU et l'OSCE – ce qui n'empêche pas certains États, dont la France, de contourner cette règle.

Au Yémen, au nom de plusieurs pays européens, 20,4 millions de dollars furent déboursés par Doha et Oman au profit d'al-Qaïda dans la péninsule arabique (AQPA) pour libérer un couple de Finlandais et un Autrichien, enlevés en 2012 et 2013[3].

En février 2013, « des officiels yéménites ont affirmé avoir vu des Qatariens débarquer en jet privé avec des valises probablement pleines de billets puis repartir vers Doha avec une otage suisse[4] qui fut reçue ensuite par l'ambassadeur suisse dans l'émirat ». « Ces arrangements concoctés par le Qatar […] peuvent conduire à un désastre », avertissait

1. Entretien avec l'un des auteurs, Paris, 10 mai 2016.

2. « Les groupes liés à al-Qaïda de plus en plus financés par les rançons », *Wall Street Journal*, 29 juillet 2014. Ellen Knickmeyer.

3. « En payant des rançons, l'Europe renfloue al-Qaïda », *New York Times*, 29 juillet 2014.

4. Sylvia Eberhard était détenue depuis douze mois.

à l'époque le ministre des Affaires étrangères yéménite, furieux qu'al-Qaïda puisse aussi aisément financer ses conquêtes territoriales dans la péninsule arabique.

Mais c'est en Syrie et en Irak que l'argent du Qatar a surtout alimenté les caisses de la succursale d'al-Qaïda.

En octobre 2013, le ministre qatarien des affaires étrangères en personne, Khaled al-Atiyeh, négocia avec des rebelles syriens proches d'al-Nosra la libération de neuf pèlerins chiites libanais capturés près d'Alep. La rançon versée par le Qatar au groupe al-Nosra aurait oscillé entre 100 et 150 millions de dollars, selon plusieurs articles de presse au Liban et en Turquie[1].

Un million de dollars par religieuse libérée : c'est ce que le Qatar déboursa une nouvelle fois en mars 2014, pour conclure le retour à la liberté de 13 nonnes syriennes, détenues à Yabroud, près de Homs, par al-Nosra. Et si l'on y ajoute la présence de trois autres femmes également captives, on arrive à la coquette somme de 16 millions de dollars.

En août 2014, une nouvelle médiation qatarienne aida à la libération des mains d'al-Nosra de l'Américain Théo Padnos. Interrogés, des officiels américains démentirent le paiement d'une rançon qui aurait violé la politique des États-Unis en la matière. Mais selon l'enquête réalisée par des journalistes de *Daily Beast*, les ravisseurs auraient exigé jusqu'à 25 millions de dollars pour libérer leur captif[2].

1. En échange, deux pilotes turcs de Turkish Air Lines détenus au Liban furent libérés et, de son côté, le régime syrien relâcha une centaine de prisonniers. McClatchy, 19 octobre 2013.

2. « La libération d'un agent d'al-Qaïda fait partie d'un échange avec un Américain emprisonné », par Shane Harris et James Kirchick, *Daily Beast*, 25 janvier 2015.

Pendant de longs mois à partir de l'été 2014, des émissaires qatariens négocièrent directement avec al-Nosra et Daech, qui détenaient conjointement une trentaine de soldats libanais capturés près de la frontière syrienne. Contre leur libération, les terroristes obtinrent la remise en liberté de cinq détenues – dont une épouse irakienne du chef de Daech, Abou Baqr al-Bagdadi – en captivité dans une prison près de Beyrouth, le tout pour la coquette somme de 30 millions de dollars, un million par otage libéré. Al-Nosra avait même exigé la libération d'Omar al-Qatari, un djihadiste qatarien arrêté alors qu'il transportait des fonds à al-Nosra pour un cheikh du Qatar lié à la famille régnante.

Quand on interroge des responsables sur ces financements de groupes terroristes *via* le versement de rançons, ils bottent généralement en touche : « Ne nous blâmez pas, blâmez les pays européens qui nous sollicitent. » Doha se retranche également derrière des considérations « humanitaires ». Mais la proximité religieuse du Qatar avec les ravisseurs jette une ombre sur la « générosité » de Doha dans toutes ces affaires en eau trouble.

« N'imaginez pas que les Qatariens paient des rançons pour les beaux yeux des otages, ils le font pour se rendre indispensables », nous dit un agent du renseignement égyptien travaillant pour l'ONU. En Syrie, il a été témoin des négociations pour libérer 45 casques bleus détenus par al-Nosra en 2014. « Parfois, les Qatariens ruinaient mes négociations, alors que j'étais sur le point de conclure. Ils jouent un sale jeu dans ces affaires. J'ai découvert que les kidnappeurs attendaient le feu vert de Doha.

J'ai la conviction qu'al-Nosra est soutenu par le Qatar. Je l'ai vu de mes propres yeux[1]. »

Ce pactole amassé par la branche syrienne d'al-Qaïda lui a permis d'acheter des armes et de payer des combattants. Pour le Qatar, l'avantage est double. Il rend service à un État qui, tôt ou tard, devra s'en souvenir. Il finance, par ailleurs, des rebelles proches de l'idéologie wahhabite dominante dans l'émirat. Et qui pourrait trouver à redire à une telle assistance humanitaire ?

Dans certains cas, le Qatar ne prévient même pas le pays concerné par le kidnapping de ses ressortissants. Notre enquête nous permet d'affirmer que ce fut le cas une fois au moins, lors de la détention d'une Suissesse, Béatrice Stockly, enlevée en avril 2012 à Tombouctou. « Nous avons appris après sa libération que le Qatar avait payé la rançon au groupe Ansar Dine, nous avons été mis devant le fait accompli », confie une source sécuritaire helvétique[2].

Le Koweït, « épicentre » du financement du djihad

Et si l'on évoquait le Koweït, ce minuscule émirat coincé entre l'Arabie et l'Irak, qui ne fait aujourd'hui pratiquement jamais parler de lui ? Pourtant, le « Koweït est devenu l'épicentre des levées de fonds au profit des groupes terroristes en Syrie », avertissait, dès avril 2014, David Cohen, le sous-secrétaire d'État américain au Trésor.

---

1. Entretien avec l'un des auteurs. Damas, 3 novembre 2015.
2. Ansar Dine est un groupe salafiste djihadiste, l'une des principales factions à participer à la guerre au nord-Mali.

À Koweït-City, les financiers du djihad ont pignon sur rue : ils sont professeurs d'université, riches hommes d'affaires, parfois même ministres. Bref, ils figurent parmi l'élite économique et sociale de ce pays que les États-Unis, garants de la sécurité des monarchies du Golfe, libérèrent en 1991 des soldats irakiens de Saddam Hussein.

Trois d'entre eux sont professeurs au département de la *charia* à l'université de Koweït. Difficile, en revanche, de les rencontrer. Sur leurs portables, ils ne répondent en général qu'aux numéros connus. Pour faire connaissance, il faut aller sur les réseaux sociaux, où ils sont hyperactifs, allant jusqu'à donner des numéros de comptes bancaires pour verser de l'argent aux extrémistes islamistes[1].

Inscrit sur une liste noire américaine pour avoir « financé al-Qaïda », le professeur Hamed al-Ali a été arrêté pendant quelques heures, à l'été 2014, au retour d'un voyage à l'étranger[2]. Interrogé, il a été ensuite libéré, puis promu chef du magistère de la *charia* à l'université. Il fut longtemps l'éminence grise du groupe Jound al-Aqsa, lié en Syrie au Front al-Nosra. Qui finance, décide ! Quand il y avait des débats théologiques ou autres, c'était lui qui arbitrait au sein de la faction rebelle.

Le deuxième de ces financiers, Hajjaj al-Ajmi, est un jeune imam féru de nouvelles technologies qui utilise la fortune de sa famille en faveur des insurgés syriens en organisant des *diwanyas*, ces soirées où l'on discute de tout autour d'un

1. « Le Koweït aux prises avec l'hydre financière du djihad », *Le Figaro*, 20 avril 2015.

2. « Jouer avec le feu : pourquoi les financiers privés du Golfe risquent d'attiser le conflit en Syrie », Elizabeth Dickinson. Saban Center, décembre 2013.

thé brûlant. Le troisième, Shafi al-Ajmi, lui aussi professeur de *charia* à l'université, est le plus connu des quatre, celui dont les prêches le vendredi attirent des milliers de fidèles dans une mosquée de la banlieue de Koweït. Il animait également un show télévisé, avant sa fermeture en 2014. Shafi al-Ajmi et Hajjaj al-Ajmi sont accusés par les États-Unis d'avoir financé Daech et al-Nosra.

Enfin, il y a, Hakim al-Moutairi, un riche homme d'affaires. « Il a des investissements immobiliers en Turquie où il se rend régulièrement pour des conférences. Il emmène en général une vingtaine de personnes, mais l'un d'entre eux ne revient pas : le porteur de valises qui est chargé du transfert des fonds aux djihadistes[1] », se souvient un agent du renseignement. La Turquie de Tayep Recep Erdogan, dont la priorité a longtemps été la chute de Bachar el-Assad, laissait faire…

Outre cette poignée d'individus installés au cœur de l'appareil de l'État, la particularité du Koweït réside dans le fait que cet émirat a longtemps été le plus progressiste de la région. Juste après son indépendance en 1961, il fut le premier pays du Golfe à se doter d'un parlement élu démocratiquement et d'une constitution. De plus, de puissantes et anciennes associations caritatives profitent de la liberté dont elles jouissent pour acheminer de l'argent aux rebelles syriens, parfois les plus extrémistes.

L'une d'elles, la Société pour la renaissance de l'héritage islamique (SRHI), d'obédience salafiste, s'affiche même aux côtés des agences humanitaires de l'ONU lors de certaines conférences internationales. La SRHI est pourtant black-

1. Entretien avec l'un des auteurs. Koweït-City, 31 mars 2015.

listée depuis 2002 par les États-Unis pour avoir financé des activités terroristes en Afghanistan et au Pakistan. « J'ai mis en garde nos diplomates qui voulaient rencontrer cette ONG », se souvient l'agent du renseignement français. Apparemment, qu'elle soit sur une liste noire ne suffit pas à les en dissuader !

Au total, depuis 2011, plusieurs centaines de millions de dollars ont été transférés depuis le Koweït aux groupes rebelles syriens, parmi lesquels Daech, le Front al-Nosra, et Ahrar al-Sham. Cette dernière est une organisation salafiste financée en partie par le Qatar, qui s'associe parfois à al-Nosra contre les troupes de Bachar el-Assad mais ne figure pas sur la liste des organisations terroristes de l'ONU. Soutenus par la France, notamment, Doha et Riyad considèrent ces insurgés comme des combattants légitimes contre le régime syrien.

Dans ce pays conservateur où sont installés de longue date 100 000 expatriés syriens, la cause est populaire. « Les gens ont été très affectés par les atrocités du régime syrien. Ils voulaient manifester leur solidarité[1] », explique le ministre de l'Information, cheikh Salman al-Sabah.

Dès le début de la révolte syrienne, les appels aux dons humanitaires puis pour l'achat d'armes se multiplièrent. Sur les réseaux sociaux, des bailleurs de fonds n'hésitaient pas à affirmer qu'un versement de 800 dollars, par exemple, permettrait aux insurgés d'acheter une roquette RPG.

« J'ai vu une photo d'un conteneur d'un mètre cube rempli de billets de 20 dinars (60 euros). Faites le calcul, c'est conséquent », souligne un expert antiterroriste. Du

1. Entretien avec l'un des auteurs. Koweït-City, 30 mars 2015. Cité dans *Le Figaro* du 17 avril 2015.

cash envoyé par avion, puis acheminé dans des mallettes par la frontière terrestre turco-syrienne, le plus souvent.

De la main à la main, l'argent à Koweït était collecté lors des *diwanyas* ou directement transféré sur des comptes bancaires, *via* des numéros WhatsApp, cette messagerie sur Internet qui échappe au contrôle des services de renseignement.

Jusqu'au début de l'année 2013, les autorités n'exercèrent pratiquement aucun contrôle sur ces financiers du djihad. Sous pression américaine, elles ont dû réagir. Le numéro un koweïtien, cheikh Sabah, a fini par accepter en avril 2014 la démission du ministre de la Justice – qui est aussi celui des Affaires islamiques –, Nayef al-Ajmi. Un « promoteur du djihad », selon Washington, comme l'attestent ses portraits qui ornaient les posters de collectes de fonds pour le Front al-Nosra.

Dans les universités, où le bouche à oreille fonctionnait à merveille pour diffuser les numéros des comptes bancaires à créditer, les collectes de fonds sont désormais bannies. Tout comme à la sortie des mosquées, où les imams qui louent Daech dans leurs prêches sont maintenant arrêtés. Mais la réponse des djihadistes n'a pas tardé…

En juin 2015, pour la première fois, le tranquille émirat a été la cible d'un attentat, revendiqué par l'État islamique, qui visa un vendredi de ramadan l'une des plus importantes mosquées chiites du pays, celle de l'imam Sadeq. Le kamikaze, un Saoudien arrivé par l'aéroport, tua 27 fidèles et en blessa 227. Quinze suspects de différentes nationalités furent condamnés à mort ou à de sévères peines de prison.

« En réponse, se félicite le Département d'État américain, le gouvernement koweïtien prit plusieurs mesures pour superviser et réguler la collecte de fonds des organisations caritatives, y compris en surveillant le transfert à des bénéficiaires internationaux et en régulant les donations *online*[1]. »

En juin 2015, le Parlement vota enfin une loi criminalisant le financement *online* à des fins terroristes, une exigence longtemps exprimée par les États-Unis. Au cours de cette année 2015, le ministère du Travail et des Affaires sociales détecta 80 violations de financement illégal, conduisant à la dissolution de deux ONG dûment accréditées et de plusieurs clandestines.

« En dépit [de tous ces efforts], des entités et des individus à Koweït demeurent une source de financement pour les groupes terroristes et extrémistes », déplore le rapport américain. Bref, il reste beaucoup à faire. Le Koweït demeure ainsi le seul État membre du Conseil de coopération du Golfe à ne pas avoir ratifié le Pacte de sécurité du Golfe, qui renforce la coopération régionale pour les affaires terroristes.

Les autorités se sont longtemps contentées de demi-mesures. Certes, en mars 2015, elles imposèrent une interdiction de sortie du pays et un gel de leurs avoirs à deux ressortissants étrangers désignés par les États-Unis comme soutiens aux terroristes. Mais « elles n'ont pas pris de mesures contre un troisième individu – un Koweïtien, celui-là – qui figure sur une liste noire de l'ONU comme financier du Front al-Nosra », déplore le Département d'État.

Face aux demandes pressantes de Washington, la tentation de botter en touche existe. « En 2014, deux responsables américains sont venus nous voir pour se plaindre que 2 millions de dollars étaient allés à Daech, se rappelle

1. Rapport du Département d'État 2015 sur le terrorisme. (http://www.state.gov/j/ct/rls/crt/2015/257517.htm

un officiel koweïtien. On leur a répondu : mais qu'est-ce que c'est, 2 millions, par rapport à la contrebande de pétrole que les Turcs organisent avec Daech ou le gouvernement syrien achète à l'État islamique[1] ? »

D'aucuns les accusent de jouer double jeu. En 2014, un djihadiste koweïtien en Syrie – ils sont une centaine environ – a été tué dans les rangs de Daech. Le prince héritier Nawaf est allé ensuite présenter ses condoléances à sa famille. « Mauvais message », regrette un diplomate.

« Koweït obéit aux règles internationales, assure cheikh Salman al-Sabah. Mais parfois des individus persistent. Personne ne peut les en empêcher, s'ils remplissent leurs poches d'argent liquide. Mais nous avons agi contre plusieurs d'entre eux, et maintenant le problème est réglé. »

« C'est difficile d'agir davantage, reconnaît l'officiel koweïtien. Ces personnes sont enracinées au cœur de l'establishment. Les ministères de l'Éducation et du Pétrole sont aux mains des islamistes, et plusieurs de ces financiers sont aussi des opposants. Si on les combat, il y a un risque de contrecoup. »

Encore et toujours cet argument sur la nécessité de ménager certaines franges de la population, sous peine de déstabiliser le pays…

Comme le Qatar, qui abrite le correspondant de l'un des financiers koweitiens du djihad, le grand frère saoudien profite du libéralisme koweïtien pour faire transiter par l'émirat des fonds à destination de rebelles bien peu recommandables.

1. Entretien avec l'un des auteurs. Koweït-City, 29 mars 2015.

L'Arabie, « le moins mauvais élève »

Contrairement à une idée généralement répandue en France, l'Arabie Saoudite est aujourd'hui le moins mauvais élève du Golfe en matière de contrôle du financement des organisations terroristes. « C'est notre meilleur partenaire », affirme un diplomate américain à Riyad[1].

Trois remarques s'imposent avant d'entrer dans le vif du sujet. Depuis les attentats du 11-Septembre 2001, le royaume a effectué des efforts importants pour lutter contre le terrorisme. Mais la tâche est immense, compte tenu du laxisme des autorités pendant de longues années. Enfin, le pacte scellé par le pouvoir avec l'establishment religieux permet encore la pratique d'un double jeu.

« Des individus et des entités continuent de soutenir financièrement des groupes sunnites extrémistes en Syrie, particulièrement la branche locale d'al-Qaïda, le Front al-Nosra […], souligne le rapport du Département d'État américain consacré au terrorisme pour l'année 2015. Des fonds sont collectés secrètement et illégalement transférés en dehors du pays en cash, souvent à l'occasion de pèlerinages à La Mecque et à Médine », précise le rapport. En clair, des donateurs saoudiens profitent de ces temps de prière et des déplacements qu'ils suscitent pour convoyer dans des valises d'importantes sommes d'argent vers des groupes terroristes.

1. Entretien avec l'un des auteurs. Riyad, 18 avril 2016.

Qui sont ces invididus ? Des grandes familles saoudiennes : Faraoun, Rajhi dont le patriarche a légué une partie de sa fortune à des fondations islamistes, et la famille Abdoulatif Jamil, le représentant Toyota – la marque le plus souvent utilisée par les djihadistes. « J'ai voulu faire des affaires avec le clan Jamil, confie un homme d'affaires français, mais j'ai reçu un rapport très négatif d'une société d'intelligence économique : ils sont ciblés. »

Les progrès réalisés par l'Arabie Saoudite, en coordination avec les États-Unis, concernent l'identification en 2015 de 17 « éminents intermédiaires » financiers directement associés à Daech[1]. Ces sources de financement ont été fermées[2]. En mars 2016, toujours en coordination avec Washington, quatre autres individus, opérant au Pakistan, ont été qualifiés de terroristes par Riyad pour avoir financé des organisations terroristes.

Quelles sont ces entités qui alimentent les organisations terroristes ? La Fondation al-Furqan a été dissoute en 2015 pour avoir financé depuis novembre 2013 cheikh Aminullah, un « facilitateur » d'al-Qaïda, qui gère le centre d'entraînement Ganj Madrassa au profit d'insurgés afghans[3].

En mars 2016, deux autres associations caritatives qui finançaient des recrues et des opérations menées au nom d'al-Qaïda, des talibans et du groupe Lashkar-e-Taiba ont été désignées par Riyad comme organisations terroristes.

Plusieurs questions se posent : sans pression américaine, ces ONG auraient-elles été fermées ? Pas sûr. Et leurs

1. Rapport du Département d'État américain sur le terrorisme, 2015.
2. *The Kingdom of Saudi Arabia and counterterrorism*, Nail al-Jubeir, *Politico*, 4 avril 2016.
3. Rapport du Département d'État sur le terrorisme. 2015.

activités étaient-elles connues des autorités saoudiennes ? Probablement. « Nous savons quels individus ont financé à titre privé dans le passé des activités djihadistes, ils ne se comptent pas par milliers. Les Saoudiens ont quand même une idée de ceux qui financent les terroristes chez eux », décrypte le chercheur Thomas Weisser[1].

Aujourd'hui, pratiquement tous les experts s'accordent à dire que, contrairement à ce qui a pu se passer jusqu'au 11-Septembre 2001, ce ne sont plus les autorités saoudiennes qui financent les groupes terroristes en Syrie – en tout cas, Daech et le Front al-Nosra –, ou en Irak ou en Afghanistan. Mais, comme l'a déclaré au printemps 2016 Ben Rhodes, numéro 2 du Conseil national de sécurité américain, Riyad accorde « une attention insuffisante » aux flux financiers à destination des terroristes. Cette dérive « aurait-elle pu se produire à l'insu du gouvernement ? », se demandait là encore Ben Rhodes qui ne croit pas que Riyad ait « activement essayé d'empêcher » cet argent d'irriguer les organisations terroristes. Quelques semaines plus tôt, dans un entretien choc accordé au magazine américain *The Atlantic*, Barack Obama avait rendu furieux les dirigeants saoudiens, en les qualifiant de *free riders* (cavaliers hors piste), en expliquant comment leur pays finançait un islam radical en Indonésie.

« Le problème, explique l'universitaire Abdelrahmane Mekkaoui, c'est que de riches mécènes ne suivent pas les consignes officielles. Ils se sont retirés des organisations humanitaires caritatives pour en créer d'autres avec des circuits occultes de financement des islamistes radicaux,

1. Entretien avec l'un des auteurs. Paris, 23 février 2016.

qui passent notamment par des associations en Afrique du Sud à Durban[1]. »

Pendant longtemps, l'État saoudien a acheté la paix sociale en laissant les activités islamiques se financer. « Mais maintenant, ils ont du mal à y mettre un terme », estime Thomas Weisser. Peuvent-ils aller plus loin ? « Toute la question, ajoute le chercheur, réside dans l'évaluation du risque sécuritaire que les autorités saoudiennes prendraient si elles décidaient de tordre le cou à tous ces réseaux de financements djihadistes. C'est le nœud du problème. » « Il y aurait probablement des représailles contre des officiels », assure un expert du renseignement, familier du royaume, sceptique lui aussi sur la volonté des autorités de compromettre le pacte social avec l'establishment religieux.

En Arabie, « on ne traite pas la cause du terrorisme, on traite le symptôme », analyse l'agent du renseignement. « Quand un évènement se produit, les autorités le déplorent et le condamnent. Elles font disparaître les traces apparentes de cet évènement regrettable dans la société saoudienne. Mais elles ne traitent pas les racines du mal. Elles sont sous influence. De nombreux jeunes soutiennent Daech. Deux ou trois jours après le début de leur participation à la coalition occidentale anti-Daech en Irak et en Syrie, un pilote saoudien qui y a participé a reçu sur son adresse e-mail des menaces directes. Pour les Saoudiens, traiter les causes du terrorisme, c'est scier la branche sur laquelle ils sont assis. Pour eux, arrêter un terroriste ou supposé tel, c'est se mettre à dos toute

1. Entretien avec l'un des auteurs. Paris, le 10 février 2016.

la tribu[1]. » Un argument déjà évoqué dans le cas du Qatar…

Un ancien diplomate en poste en Arabie se souvient avoir assisté à des *diwans* caritatifs rassemblant des fidèles après la prière. « Après le renversement de Saddam Hussein en 2003, j'ai participé à des soirées où l'on regardait, sur d'immenses écrans de télévision, des scènes d'attaques contre les soldats américains. Des applaudissements saluaient chaque explosion. On récoltait de l'argent pour les moudjahidin de Falloujah. À la Grande Mosquée de Médine et de La Mecque, il y a des endroits où des prédicateurs charismatiques recrutent. De nombreux Africains sont ainsi endoctrinés avant de repartir vers le Sahel. Les autorités saoudiennes le savent et laissent faire. Il y a une forme de "protection[2]". »

Faire le tri entre une juste aumône et un versement douteux est une tâche également délicate. Pourtant, l'Arabie s'est attaquée à cette traque des fonds égarés auprès des organisations terroristes. Les statistiques du GAFI (Groupe d'action financière, créé par le G7 à Paris en 1989) l'attestent. En matière de gel de fonds, 2 187 personnes et entités ont été ciblées par Riyad depuis 2010[3]. Les mesures ordonnées par l'Arabie ont permis le recouvrement effectif de 31,32 millions d'euros depuis 2010, ce qui place Riyad en tête des sommes d'argent ainsi recouvrées auprès de bailleurs de fonds du terrorisme. Enfin, Riyad arrive au premier rang des pays ayant

1. Entretien avec l'un des auteurs. Paris, 5 avril 2016.
2. Entretien avec l'un des auteurs. Paris, 5 avril 2016.
3. Seule la Russie dépasse l'Arabie, avec 3 887 personnes et entités ciblées. *Terrorist financing*, rapport du FAFT au G20, novembre 2015.

prononcé des condamnations pour financement du terrorisme : 863 depuis 2010[1].

Depuis le choc du 11-Septembre, l'Arabie Saoudite s'est dotée d'un arsenal juridique et de nombreux outils pour lutter contre le financement du terrorisme. Mais en la matière, le nœud du problème réside dans l'autonomie financière dont disposent les ONG caritatives. Or sur ce point, « l'Arabie et certains pays souhaitent préserver l'autonomie financière des organisations caritatives non gouvernementales », peut-on lire dans le compte-rendu d'une réunion internationale contre le financement du terrorisme organisée au Bahreïn le 9 novembre 2014[2]. « Des différences d'appréciation encore importantes [existent] dans l'identification des objectifs », entre délégations. « Le contrôle physique des opérations de cash est apparu comme une priorité des délégations européennes (France, Allemagne, Royaume-Uni). » Mais pas des Saoudiens et d'autres délégués du Golfe.

Bref, encore une fois des pressions sont nécessaires pour que des mesures efficaces soient prises. Ces pressions viennent des États-Unis, mais pas de la France, trop docile vis-à-vis de son allié saoudien, on le verra au chapitre suivant. Écoutez pourtant ce que confiait à l'un des auteurs un agent de la DGSE en 2007 : « La lutte contre les transferts d'argent aux mouvements islamistes radicaux à travers le monde est

1. « Seuls 33 pays ont prononcé au moins une condamnation. La lutte contre le financement du terrorisme : axe majeur ou secondaire ? », Charlotte Saumagne. Groupe de recherche – Espace Liberté Sécurité Justice. 23 novembre 2015.

2. Compte-rendu de la réunion (auquel nous avons eu accès), établi dans une note rédigée par le service économique de l'ambassade de France à Bahreïn, 11 novembre 2014.

assez limitée. Seule l'ONG al-Haramain a été frappée, mais c'est pour faire un exemple plus que par réelle nécessité[1]. D'ailleurs, les autorités le reconnaissent. Les autres ONG continuent de financer des groupes à l'extérieur. Les officiels ont déclaré qu'il n'était pas interdit de financer à titre privé le Hamas, par exemple. Un quitus qui, tacitement, concerne d'autres groupes. Certes, les versements en numéraire ont été interdits. Mais si on ne verse plus dans des boîtes à la sortie des mosquées, cela se fait ailleurs. Les autorités, dans ce domaine comme dans d'autres, ne donnent pas toujours l'impression de faire le maximum. Exemple : Soliman Butti, un responsable d'une ONG islamiste qui vivait aux États-Unis. Soupçonné de financer les rebelles tchétchènes, il est inscrit sur une liste noire américaine. Il a été renvoyé par les États-Unis en Arabie, où il s'exprime librement dans les journaux. Bref, le pouvoir pratique un peu le double langage. Il ménage la chèvre et le chou. Les autorités sont conscientes de la menace que font peser les islamistes sur la stabilité du régime, mais elles ne s'engagent pas à fond dans la lutte. Certains imams radicaux ne critiquent pas le régime mais ont la liberté de s'en prendre à l'Occident[2]. »

Depuis, parce qu'elle reste une cible des terroristes, l'Arabie a consenti de nombreux efforts, reconnus d'ailleurs par son allié américain. « Pour la première fois en 2015, Riyad a produit des “relevés bancaires certifiés” en réponse

1. En septembre 2014, l'imam Shefqet Krasniqi fut arrêté par la police au Kosovo, après avoir reçu « plusieurs centaines de milliers d'euros » de la fondation al-Haramain.

2. Entretien avec l'un des auteurs. Paris, 6 novembre 2007.

à une requête d'assistance juridique[1] […] ». De son côté, la Banque centrale a édicté des règles très strictes de transfert de fonds.

En 2014, après avoir inscrit al-Qaïda, Daech, le Hezbollah et d'autres groupes sur une liste noire des organisations terroristes, l'Arabie a criminalisé un certain nombre d'actions : participer à des conflits ou les promouvoir dans d'autres pays, édicter une *fatwa* en ce sens, faire des donations financières à des organisations extrémistes, communiquer avec des individus ou des groupes qui abritent des ennemis du royaume, ou les contacter.

En 2013, plus de 1 000 imams ont été suspendus pour avoir prêché un islam intolérant ; en 2014, ils étaient 900. Dix ans plus tôt, en 2003, le ministère des Affaires islamiques avait déjà expulsé 353 imams et en avait suspendu 1 367 autres, pour avoir, déjà, incité à l'intolérance. Bref, une éradication aussi difficile que vider la mer avec une petite cuillère.

Pendant l'offensive de l'armée irakienne, à l'été 2016, contre la ville sunnite de Falloudja tenue par Daech, des privés saoudiens ont encore aidé la cité rebelle. « Nous ne pouvons pas empêcher les émotions des gens », tentait alors de se justifier le général Mansour al-Turki, porte-parole du ministère de l'Intérieur saoudien auprès de journalistes américains. Un argument identique à celui avancé par le ministre koweïtien de l'Information… Pourtant c'est notre même ennemi, Daech, qui est combattu. Mais pour ses bailleurs de fonds, c'est d'abord l'Irak chiite et son parrain iranien qui doivent être vaincus. Dans cette

1. Rapport du Département d'État 2015 sur le terrorisme. (http://www.state.gov/j/ct/rls/crt/2015/257517.htm)

hiérarchie des priorités réside notre divergence avec notre allié saoudien.

Pourtant, le 19 août 2014, le grand mufti d'Arabie, cheikh Abdelaziz bin Abdullah al-Sheikh, la plus haute autorité religieuse du royaume, monta au créneau pour publier un communiqué qualifiant Daech et al-Qaïda de *khawarij* (« ceux qui sortent de l'islam » ou « premiers ennemis de l'islam »). En 2008, il s'exprimait déjà en ce sens, pressant les jeunes de ne pas aller combattre à l'étranger – ce qui n'a pas empêché plus de 2 000 Saoudiens de rallier Daech en Irak et en Syrie à partir de 2011.

Si les Saoudiens ont fourni beaucoup d'efforts chez eux, en revanche à l'extérieur ils continuent de jouer avec le feu, par exemple en finançant toujours certains groupes armés dans des camps de réfugiés palestiniens au Liban. Il s'agit d'une carte que les services de renseignements pensent utiliser contre leurs ennemis iraniens ou chiites.

Le cas de Majed al-Majed en est une illustration claire. Ce Saoudien de quarante ans était l'un des « émirs » du groupe islamiste Abdallah Azzam, proche d'al-Qaïda, dans le camp d'Eïn Héloué, au sud de Beyrouth. À l'été 2012, l'islamiste est parti combattre le régime de Bachar el-Assad en Syrie voisine. Le 1er janvier 2013, les autorités libanaises annoncent son arrestation, quatre jours plus tôt, à Beyrouth, grâce à une alerte de l'Agence de renseignement de la défense américaine (DIA) ; celle-ci informe l'armée libanaise que Majed al-Majed vient d'être hospitalisé pour subir une dialyse. L'armée libanaise le localise dans un hôpital, avant de l'arrêter lors de sa fuite en ambulance le 26 décembre vers Ersal, une base arrière des rebelles syriens près de la frontière. Durant près d'une semaine, l'arrestation du leader d'al-Qaïda au Liban restera un secret d'État.

Le Saoudien était officiellement recherché pour terrorisme dans son pays. Mais, officieusement, il était en lien avec le service de renseignement du très audacieux prince Bandar bin Sultan, celui qui avait juré « de faire tomber Bachar par tous les moyens »... Durant son interrogatoire, al-Majed reconnut avoir organisé de nombreux attentats, dont celui contre l'ambassade d'Iran à Beyrouth, le 19 novembre 2013, qui avait fait 25 morts. Blessé, le Saoudien sera hospitalisé pendant quelques jours à Beyrouth avant de décéder. Mais il était auparavant passé aux aveux devant deux agents du service des Renseignements militaires libanais qui ont transmis son témoignage à l'antenne de la CIA à Beyrouth.

Un juge militaire libanais ayant eu accès à sa déposition décrypte les aveux de Majed al-Majed. « Les Saoudiens ont essayé de peser sur les réfugiés palestiniens par l'intermédiaire de mercenaires farouchement hostiles à la paix avec Israël, comme les membres du groupe Azzam. Ces derniers travaillaient au début sous le contrôle des services de renseignement syriens, jusqu'au retrait des troupes de Damas du Liban en 2005. Ensuite, le groupe s'est tourné vers les Saoudiens qui l'ont financé à partir des années 2006-2007. Il recevait de l'argent, plutôt des petites sommes, *via* des banques. Majed al-Majed l'a reconnu[1]. »

Pour les autorités libanaises, cette sombre affaire ne pouvait tomber à un plus mauvais moment. Lorsque Majed meurt le 4 janvier 2014, le commandant en chef de l'armée,

1. Entretien avec l'un des auteurs. Beyrouth, 12 janvier 2014.

le général Jean Kahwaji, est en Arabie où le roi a annoncé quelques jours plus tôt devant François Hollande que son pays allait financer l'achat d'armes françaises pour l'armée libanaise à hauteur de 3 milliards de dollars.

De Riyad, la pression alors redouble sur le Liban. « Les renseignements militaires libanais qui avaient interrogé Majed était confrontés à un dilemme, poursuit le juge. Ils avaient promis aux Saoudiens qu'ils n'allaient pas interroger Majed, mais en même temps ils avaient recueilli l'information sur l'argent saoudien qui servait à financer les islamistes du groupe Abdallah Azzam. Problème : ils ne pouvaient rien divulguer, ou les autorités saoudiennes allaient revenir sur leur promesse d'aider l'armée libanaise. C'est pour cette raison que Jean Kahwaji, le commandant en chef de l'armée libanaise, s'est vu contraint au silence. J'ai vu les notes d'un officier des Renseignements militaires. Ces transferts d'argent au groupe Azzam étaient effectués par des individus saoudiens mais qui agissaient pour le compte des autorités de Riyad : c'étaient des couvertures des services. »

– 5 –

Une diplomatie française sous influence

Les errements de nos alliés du Golfe sont connus des services de renseignement et des responsables de la diplomatie française au Moyen-Orient. Mais le sont-ils de nos dirigeants politiques ? « Les fiches jaunes que la DGSE leur envoie font-elles véritablement état de tout ce que les services connaissent de nos partenaires ? » s'interroge, dubitatif, un général cinq étoiles qui lit chaque jour de nombreuses notes émanant de la « Piscine », le surnom donné au service de renseignement extérieur. Probablement pas.

Avant chaque conseil restreint de Défense[1], ce haut gradé briefe le ministre de la Défense, Jean-Yves Le Drian. « Il m'est arrivé de lui parler de certains agissements du Qatar et de l'Arabie, de lui dire par exemple qu'au Mali le groupe rebelle Ansar al-Dine[2] reçoit des financements

1. Réunion autour du président de la République, du Premier ministre et de quelques ministres, consacrée à des questions de sécurité.

2. Il s'agit d'un groupe armé salafiste djihadiste, fondé et dirigé par Iyad Ag Ghali, un des principaux chefs de la rébellion touarègue.

de Doha et de Riyad. Le ministre me regarde, il ne me dit rien, et on passe à autre chose. »

Pour le ministre, « nous avons (avec le Qatar) une relation saine », comme il l'affirmait en mars 2016 à la presse, en marge d'un salon de l'industrie de défense navale à Doha.

La diplomatie économique a tendance à primer sur tout le reste, aussi bien sur les accointances douteuses de nos chers émirs avec certains groupes religieux radicaux[1] que sur les atteintes aux droits de l'homme dans leur pays. En janvier 2016, lorsque l'Arabie Saoudite exécuta le même jour 47 condamnés à mort, soulevant une vague de réprobation internationale, Paris se signala par l'extrême timidité de sa réaction – on se contenta de déplorer ces décapitations –, une protestation mesurée qui tomba au bout de vingt-quatre heures, alors que les autres capitales européennes ou américaine avaient déjà vivement exprimé leur réprobation.

Au ministère des Affaires étrangères entre 2012 et 2016, Laurent Fabius avait fait de la diplomatie économique sa priorité. « C'était son mantra », se rappelle un de ses collaborateurs. Une véritable obsession. Les seuls gisements de croissance au Moyen-Orient étant situés dans ces monarchies du Golfe qui surent se préserver de l'instabilité née des Printemps arabes, la France prit le parti de faire les yeux doux à ses alliés sunnites.

« On avait reçu consigne de ne pas communiquer sur les exactions en matière de droits de l'homme commises en

1. Poursuivi par la Cour pénale internationale pour crimes contre l'humanité, le président soudanais Omar el-Béchir a été reçu en juillet 2016 par le roi Salman dans son château de Tanger. Il est aussi régulièrement l'hôte de l'émir du Qatar.

Arabie Saoudite. Laurent Fabius n'en voulait pas », révèle son collaborateur.

Au nom de cette diplomatie économique, Laurent Fabius est allé très loin dans la défense des intérêts du Golfe, face à un Iran dont les ambitions nucléaires inquiétaient légitimement. Les fruits de cette allégeance sont pourtant loin d'avoir été à la hauteur des espérances. De nombreux industriels rencontrés tout au long de notre enquête se sont plaints d'une trop grande docilité de nos dirigeants à l'égard des responsables du Golfe. Que de promesses restées sans lendemain de la part de nos chers émirs !

Les ratés de la diplomatie économique

Le 21 avril 2015, deux semaines avant la visite de François Hollande à Riyad, l'ambassadeur de France, Bertrand Besancenot, rencontre Mohammed bin Salman, fils et directeur de cabinet du roi, ministre de la Défense et président du Conseil de développement économique.

Dans le télégramme qu'il rédige à l'issue de son entretien avec le nouvel homme fort du royaume, l'ambassadeur écrit que le roi Salman « aurait pris la décision d'investir 50 milliards de dollars à la fois sur le marché financier français et dans quelques projets de coopération bilatérale qui seraient jugés prioritaires pour redresser l'économie. Par ailleurs, il se ferait fort d'obtenir 50 milliards de dollars de plus, de la part des autres États du Conseil de coopération du Golfe », c'est-à-dire le Qatar, Koweït, les Émirats arabes unis et Bahreïn.

Cent milliards injectés par l'Arabie et nos chers émirs au bénéfice de l'économie française ! Cela vaut bien de passer sous silence quelques dossiers dérangeants. Autour de Laurent Fabius, la nouvelle est accueillie avec enthousiasme. On y voit la volonté de l'Arabie de « renforcer un de ses principaux alliés stratégiques, notamment sur les dossiers yéménite et iranien », où la France appuie sans réserve les options saoudiennes.

Certains, au Quai d'Orsay mais aussi parmi les industriels familiers de l'Arabie, ont relevé un intérêt tout particulier de Laurent Fabius pour ces juteux marchés.

« Il y avait de l'affairisme chez Laurent Fabius, accuse son ancien collaborateur. Le ministre était littéralement obsédé par ces 50 milliards promis par l'Arabie. Il avait imposé une réunion chaque semaine sur ce dossier ; celui-ci était géré par son directeur de cabinet, Alexandre Ziegler, alors qu'habituellement ce type de question est du domaine du secrétaire général du ministère des Affaires étrangères. Alexandre Ziegler se rendait discrètement en Arabie Saoudite, comme Claude Guéant du temps de Nicolas Sarkozy. Pour traiter ce plan d'action de 50 milliards, ajoute le diplomate, Laurent Fabius avait fait revenir des proches qui travaillaient avec lui dans les années 1980 lorsqu'il était Premier ministre : Louis Schweitzer, Serge Weinberg, Jean de Kervasdoué pour la coopération médicale, et surtout Lionel Zinsou qu'il protégeait tout particulièrement[1]. »

---

1. Louis Schweitzer fut directeur de cabinet de Laurent Fabius en 1981, avant de le suivre à Matignon en 1984. Serge Weinberg est lui aussi un ancien du cabinet de Fabius. Le Franco-Béninois Lionel Zinsou a été la plume de l'ancien Premier ministre.

Maître du dossier, après en avoir écarté le ministère de l'Économie, le chef de la diplomatie était persuadé que nos alliés du Golfe allaient renvoyer l'ascenseur en espèces sonnantes et trébuchantes. Et, comme à l'Élysée la cellule diplomatique avait elle aussi été éclipsée par Laurent Fabius, personne n'osait vraiment mettre en doute les certitudes de l'ancien Premier ministre. D'ailleurs, deux semaines plus tard, en mai 2015, le Qatar ne va-t-il pas annoncer devant François Hollande, Jean-Yves Le Drian et Laurent Fabius l'achat de 24 avions de combat Rafale à la France pour un montant de 6,3 milliards d'euros ?

Dans son télégramme, Bertrand Besancenot propose aussi que la France définisse rapidement les « projets prioritaires qui pourraient faire l'objet de ce soutien ». Il est entendu. Le 29 avril, une note de la Direction générale du Trésor au ministère de l'Économie énumère les projets que l'Arabie pourrait financer.

DG Trésor – BILAT2 **Avril 2015**

INJECTION DE FONDS SAOUDIENS AU BENEFICE DE L'ECONOMIE FRANÇAISE

Lors d'un entretien récent entre Mohamed Bin Salman et l'Ambassadeur de France en Arabie Saoudite, un message du Roi a été transmis indiquant la disposition de la partie saoudienne à aider les autorités françaises à redresser l'économie nationale, en y injectant des fonds (50Md$). Ce soutien prendrait la forme d'investissements en France, mais pourrait également concerner des contrats en Arabie Saoudite ou des projets communs en pays tiers. Cette note fait une première analyse des projets qui pourraient être présentés à la partie saoudienne pour concrétiser cette proposition.

[...]

Dans le domaine civil, peuvent être identifiés, par ordre décroissant de priorité :

- Le projet **de construction de réacteurs nucléaires EPR** en Arabie Saoudite par AREVA et EDF. Un non-papier proposant une étude de faisabilité sur un site avec 2 EPR a été remis par le Ministre des Affaires Etrangères et du Développement International lors de sa visite dans le Royaume le 12 avril. Cette proposition a été favorablement accueillie par les autorités saoudiennes et pourrait maintenant donner lieu à la signature d'une LoI entre EDF, AREVA, la SEC et éventuellement la KACARE (cf. fiche nucléaire).
- Le **renouvellement de la flotte de Saudia Airlines** (achat de 100 avions au cours des 10 prochaines années). S'il est acquis qu'Airbus obtiendra une part substantielle de ce marché, il n'est pour le moment présent que sur le segment des moyen-courriers (A319, A320) et long-courriers de moyenne capacité (A330). L'enjeu principal est donc de promouvoir la vente d'A350 (concurrent direct du Dreamliner de Boeing) voire de l'A380.
- Les projets de **stades de football de 45 000 places** conçu par le groupe Vinci avec l'architecte français Wilmotte, et qui associerait également les sociétés Freyssinet et Terre Armée. Ce type de stade à usages multiples serait également exemplaire sur le plan énergétique, en étant entièrement réfrigéré avec de l'énergie renouvelable (solaire, géothermique). Il pourrait répondre aux besoins de Dammam et surtout de Riyad qui n'ont pas de stade moderne, alors que Djeddah dispose d'un stade neuf. A noter que la part française de ces projets serait assez limitée (<10%).
- Les **projets d'hôpitaux ou de centres médicaux**, en particulier le projet porté par l'Institut Gustave Roussy d'hôpital franco-saoudien spécialisé dans l'oncologie. Peuvent également être cités le projet de centre de référence génétique proposé par l'Institut Imagine et l'Institut Curie ou encore le projet de centre de chirurgie non invasive porté par l'IRCAD. Ces projets, d'un montant cumulé de 660M€ ne sont toutefois pas du même ordre de grandeur que les précédents.
- Les projets de **construction de villes nouvelles**, pour lesquels Vinci avait candidaté lors d'un précédent appel d'offre. Des grés à gré concernant une ou deux villes de 10 000 habitants pourraient être envisagés pour tester le concept de Vinci. Le problème du logement est en effet crucial pour l'Arabie Saoudite dont le besoin est évalué à 500 000 logements. Là encore, la part française de tels projets serait assez limitée, le génie civil étant localisé.

Dans le domaine militaire, peuvent être identifiés, par ordre décroissant de priorité :

- La mise en œuvre du **projet Mk3**, qui concerne la modernisation des systèmes de défense anti-aérienne courte portée du Ministère de la Défense saoudien (Thales, 2,7 Mds€ pour la phase 1). Ce projet, en concurrence budgétaire avec le Patriot américain, est actuellement en suspens sans pour autant avoir été annulé : le contrat pour la phase 1 a été paraphé mais non signé.
- L'acquisition de **satellites d'observation et de communication** (Thales et Airbus DS).
- L'acquisition de 30 **navires patrouilleurs** de 30m auprès des chantiers français, déjà positionnés (500 M€)
- Le projet de **missiles anti-aériens à moyenne portée** SAMP-T porté par Eurosam (MBDA/Thales), articulé autour de missiles Aster 30 et de radars Arabel.
- La **modernisation des trois frégates Sawari 2** (classe Lafayette), dans le prolongement du contrat Lex, qui vise avant tout à un maintien et un rétablissement de la disponibilité des bâtiments. DCNS serait chargé de la réalisation opérationnelle de ces programmes, passant contractuellement par ODAS.
- Sur les indications du poste, le **projet Sawari 3** qui recouvrirait une large part des besoins opérationnels saoudiens dans le secteur naval (FREMM, corvettes, voire sous-marins, etc. pour un montant de l'ordre de 10 milliards d'euros) est perçu comme insuffisamment mûri à ce stade.

[...]

Dans cette note, Bercy met toutefois en garde : « Il convient de rester prudent sur cette proposition, ainsi que sur les montants évoqués (100 milliards), fort de l'expérience de la précédente tentative de coopération financière, basée sur une volonté initiale des Saoudiens d'investir jusqu'à 15 milliards de dollars dans l'économie française, qui a mis en lumière la difficulté à trouver des projets concrets qui répondent aux exigences des financiers saoudiens en termes de risques et de rémunération. »

En effet, avant les 50 milliards de dollars, voire les 100 milliards promis, l'Arabie s'était déjà dite prête à injecter 15 milliards dans une économie française atone qui en a bien besoin. Cela resta sans lendemain. La Caisse des dépôts et consignation (CDC) et la Banque publique d'investissement (BPI) avaient été choisies pour être les maîtres d'œuvre de projets d'investissements saoudiens en France. Mais les offres faites par la BPI et la CDC ont été jugées peu compétitives par la Banque centrale saoudienne. « Ce qui intéresse les investisseurs saoudiens, ce sont les projets rapidement rémunérateurs », explique un expert de Bercy.

En raison d'un rendement jugé trop faible, les Saoudiens ont préféré continuer d'investir dans des fonds de capital-investissement (Private Equity) français, comme Ardian et PAI. Des fonds strictement financiers qui réalisent leurs opérations industrielles en Europe plus qu'en France, ne créant que très peu d'emplois dans l'Hexagone.

Il faut dire qu'avec la Caisse des dépôts et consignations, Paris n'avait pas fait le meilleur choix. « C'est elle qui gère l'ancien fonds "Banlieue Qatar[1]", qui est devenu un fonds

1. Il a été pompeusement rebaptisé : *Future french champions*.

pour les entreprises innovantes, rappelle Corinne Fabre, consultante en relations gouvernementales. Savez-vous combien de projets ont été financés ? Un ou deux seulement. Parce que la feuille de route des Qatariens se concentre sur le financement de start-up, des sociétés en croissance qui ont une rentabilité évidente. Or ce sont d'autres sociétés, elles dans le besoin, qui réclament l'aide des Qatariens. Mais le cahier des charges a été mal établi. Avec les Émirats, ce même type de fonds est aussi un fiasco. »

L'échec sera là encore au rendez-vous pour les 50 milliards de dollars du roi Salman. Plus d'un an et demi après, la plupart des promesses de partenariat sont restées lettre morte.

Quant aux 50 milliards que le roi s'était engagé à faire débourser par ses amis les émirs du Golfe, nul ne sait vraiment ce qu'il en est. Bref, c'est encore la déception. D'autant qu'avec la chute des cours du pétrole et la diminution des recettes budgétaires qui en découlent, le roi Salman et son fils réclament désormais aux sociétés qui investissent chez eux un retour en termes de formation des salariés. « Il faut des retombées pour la jeunesse au chômage », insistent les dirigeants saoudiens auprès de leurs interlocuteurs étrangers.

Bref, Laurent Fabius a quitté le Quai d'Orsay sur un relatif échec de sa « diplomatie sunnite ». Une formule qu'il exécrait ! Pas question qu'il reconnaisse que sa position très ferme sur le nucléaire iranien ait été motivée par cette « tyrannie des contrats » qui caractérise notre diplomatie dans cette région du monde depuis une bonne quinzaine d'années.

Fin 2016, l'élection de Donald Trump à la Maison Blanche a rebattu les cartes… pas forcément au bénéfice de la France ! La visite du président américain à Riyad, les 20 et 21 mai 2017, a symbolisé le retour d'une Amérique plus proche que jamais de l'Arabie Saoudite, rompant ainsi avec l'ère Obama. En VRP agressif des États-Unis, Trump est reparti avec 380 milliards de dollars de contrats et de lettres d'intentions, notamment dans le domaine militaire (navires de combat, drones, hélicoptères, centres de commandement, des systèmes de défense anti-missiles THAAD, satellites, etc.).

Après cette razzia américaine, les industriels français font grise mine. Mais ils sont aussi bien placés pour savoir qu'en Arabie Saoudite, les contrats les plus mirifiques s'enlisent souvent dans les sables du royaume. Quoi qu'il en soit, après cette visite, le Quai d'Orsay s'interroge sur le bien-fondé d'un partenariat stratégique avec l'Arabie qui nous a si peu acheté ces dernières années. Pour Emmanuel Macron, tout l'enjeu sera de montrer aux dirigeants saoudiens que la France est un partenaire fiable à côté d'une Amérique puissante mais imprévisible…

Dans les allées du pouvoir à Paris, certains pointent une autre menace qui plane sur notre coopération avec l'Arabie. Une menace peu connue : elle porte sur le nucléaire. Depuis plusieurs années, en effet, le royaume envisage le lancement d'un programme atomique de grande ampleur. La France a proposé des études de faisabilité pour la construction de deux réacteurs EPR, et les sociétés Areva et EDF ambitionnaient de leur fournir la technologie adéquate[1].

Mais une note de la Direction générale de l'énergie et du climat (DGEC/SD4B/HH), dont nous avons eu connaissance, adressée à Laurent Fabius la veille de son déplacement en Arabie le 12 avril 2015, mettait clairement en garde le ministre des Affaires étrangères. Elle est intitulée : « Non-prolifération : la coopération devra être étroitement surveillée. »

La note rappelle tout d'abord que si Riyad est « partie au Traité de non-prolifération, l'Arabie Saoudite [...] n'est pas signataire du protocole additionnel. Après de longs mois de négociations avec la France, le Royaume a accepté de mentionner *a minima* dans l'accord bilatéral qui le lie à la France qu'il s'engageait à en "envisager" la signature. La non-signature du protocole additionnel interdit toute coopération en matière d'enrichissement et de retraitement, mais pas la vente de réacteurs. Si les intérêts commerciaux d'une participation française au programme électronucléaire civil saoudien sont évidents, ceux-ci doivent cependant être mis en regard : a) des risques de prolifération qu'un tel programme créerait ; et b) de la cohérence du discours français dans la région, notamment vis-à-vis de l'Iran ». Difficile en effet d'accorder à l'un ce que l'on refuse à l'autre.

La note ajoutait qu'« un comité de suivi ministériel conduit par le Secrétariat général de la Défense et Sécurité nationale (SGDSN) réfléchit à la stratégie qui doit être adoptée pour aborder ce sujet avec les Saoudiens sans

1. Du temps de son amitié avec le leader libyen, Nicolas Sarkozy avait déjà proposé une coopération en matière de nucléaire civil au colonel Mouammar Kadhafi, laquelle ne verra jamais le jour, elle non plus.

mettre en danger les intérêts des industriels ». Aux dernières nouvelles, aucune consigne n'a été émise par le SGDSN.

Au-delà de toutes les promesses non tenues, à combien se montent finalement les contrats signés avec l'Arabie, ces dernières années ? La réponse nous a été donnée par l'ambassadeur Bertrand Besancenot, souvent accusé d'avoir vendu un peu trop tôt auprès de Paris la conclusion desdits contrats.

2012 : 1,226 milliard de dollars.

2013 : 2,83 milliards de dollars.

2014 : 3,4 milliards de dollars.

2015 : 13,339 milliards de dollars – dont une grande partie signés par Airbus, mais correspondant à d'anciennes annonces.

Bref, en quatre ans, les entreprises françaises ont vendu pour une vingtaine de milliards de dollars à l'Arabie. Un assez bon résultat en soi, mais bien loin des espoirs soulevés par notre rapprochement avec Riyad sous l'impulsion de François Hollande, depuis 2012.

Lors de la dernière visite à Paris de Mohammed bin Salman, en juin 2016, qui n'a, une fois encore, généré aucune annonce, le chef de l'État s'en serait montré agacé. « Devant Mohammed bin Salman, François Hollande a fait un long monologue sur nos attentes en termes de contrats, rapporte un diplomate qui suit le dossier. Après, Mohammed bin Salman a répondu en se contentant d'exposer sa nouvelle "Vision de l'Arabie pour 2030". » Bref, un bien décevant dialogue de sourds. « On n'a même pas eu ce à quoi les plus pessimistes s'attendaient, c'est-à-dire la vente de canons de 105 millimètres et de bateaux patrouilleurs », regrette un militaire impliqué dans les tractations. Après une tournée de plus de quinze jours aux États-Unis, où il avait rencontré tout ce que l'Amérique compte de pouvoirs économiques, politiques, militaires et sécuritaires, Mohammed bin Salman n'est resté à Paris que deux petites journées, annulant le conseil franco-saoudien des affaires, boudant un *iftar* auquel Jean-Yves Le Drian l'avait convié, avant de partir pour les Maldives terminer le ramadan…

Mais nos chers émis du Golfe, souvent si délicats en affaires, qu'achètent-ils en France ?

Ils sont loin de racheter la France

Commençons par celui qui fait le plus parler de lui. « Le Qatar rachète la France », se plaignent souvent certains hommes politiques et journalistes, désireux de surfer sur un *Qatar bashing* toujours populaire auprès des Français.

Qu'en est-il exactement ? Nous avons eu accès aux montants des investissements du Qatar, de l'Arabie Saoudite et des Émirats arabes unis en France.

Première surprise : ce n'est pas le Qatar qui « rachèterait » la France, mais les Émirats arabes unis (EAU). En effet, les Émirats arabes unis sont les premiers investisseurs des pays du Golfe en France, avec un stock d'investissements directs de 3,7 milliards d'euros en 2014, selon une note de la Direction générale du Trésor à laquelle nous avons eu accès. Les achats émiriens en France ont plus que doublé en deux ans. Pourtant, personne n'en parle. Les Émiriens, contrairement à leurs voisins qatariens, ne médiatisent pas leurs acquisitions dans l'Hexagone.

Environ 50 entreprises sont détenues partiellement ou majoritairement par des capitaux émiriens en France, selon une autre note de la Direction générale du Trésor que nous avons consultée. Leurs investissements restent très orientés vers les valeurs mobilières et l'immobilier, relativement peu vers l'industrie.

Le Qatar arrive en deuxième position avec 1,752 milliard d'euros d'investissements en 2014, soit moitié moins que son voisin. Certains de ses investissements sont réalisés par le Fonds souverain, le Qatar Investment Authority (QIA). Depuis l'accession de cheikh Tamim au trône, à la place de son père Hamad en 2013, les investissements du Qatar Investment Authority à l'étranger sont réalisés de manière plus discrète. Ce qui n'a pas changé en revanche, c'est l'opacité qui entoure ces investissements. Une chose est sûre : par pays, c'est bien plus en Grande-Bretagne qu'en France que le Qatar investit, puisque les investissements britanniques du Qatar Investment Authority représentent 29 % de l'ensemble, contre seulement 11 % pour la France et 7 % pour l'Allemagne.

À côté de ces investissements publics qatariens à l'étranger, on trouve aussi les investissements privés sur lesquels il n'existe aucune donnée : ni sur leur nature ni sur leur montant. Toujours l'opacité ! On sait pourtant qu'ils se concentrent dans l'immobilier et l'hôtellerie, et qu'ils sont majoritairement réalisés au Royaume-Uni, en France et aux États-Unis, les trois pays qui assurent la sécurité de Doha. Ils se situeraient autour de 30 milliards de dollars, l'ancien Premier ministre, Hamad bin Jassem (HBJ), représentant à lui seul plus de la moitié de ces 30 milliards.

Parmi les investissements de ce dernier, on peut citer des participations importantes dans Deutsche Bank, Barclays, Dexia Bank, et la propriété de plusieurs hôtels en France. En revanche, c'est l'ancien émir Cheikh Hamad qui a acquis les magasins Le Printemps et le Café de la Paix, près de l'Opéra, à Paris. Bref, contrairement à l'idée reçue, le Qatar ne rachète pas la France.

Enfin, qu'en est-il de notre allié saoudien ? Premier constat : les investissements directs saoudiens en France sont très modestes, totalisant 829 millions d'euros – soit 3 % seulement de ceux qu'ils réalisent à travers le monde. Bien peu, si l'on songe à la montagne d'efforts accomplis par les responsables français pour les attirer sur notre marché. Certes, ce montant enregistré par la Banque de France ne tient pas compte des investissements immobiliers (en résidences secondaires), estimés à plusieurs centaines de millions d'euros. Mais même en comptant ceux-ci, la contribution saoudienne à l'économie française est bien mince.

Selon une note de l'ambassade de France à Riyad en date de janvier 2016, 24 sociétés saoudiennes sont implantées en France, le plus souvent après avoir racheté des entités existantes. Elles emploient en direct 3 200 personnes et réalisent un chiffre d'affaires cumulé d'environ 350 millions d'euros

Le Kingdom Holding (KHC) du prince al-Walid bin Talal est d'assez loin le principal investisseur saoudien en France, avec ses participations dans l'hôtel George V (valorisation : 345 millions d'euros) et dans Euro Disney (10 %, valorisation : 124,1 millions d'euros). Viennent ensuite le prince Mitaeb, le fils de l'ancien roi Abdallah, qui a racheté l'hôtel de Crillon (250 millions d'euros), le groupe Rolaco (d'Abdulaziz Suleiman) qui détient 4,99 % du Club Med (valorisation : 49 millions d'euros) et Saudi Oger dans Oger International (20 millions d'euros).

Les trois investissements les plus récents et les plus médiatisés, car permettant de préserver des emplois au sein de sociétés françaises en difficulté, sont ceux de al-Munajem dans le volailler Doux (25 millions d'euros), du groupe al-Babtain dans Petitjean (7,5 millions d'euros) et de al-Ayouni dans Siraga (2,5 millions d'euros).

Le jeu trouble du Qatar dans notre pré carré africain

Loin de l'Hexagone, nos alliés du Qatar et de l'Arabie Saoudite mènent des actions qui contrarient parfois nos intérêts à moyen terme. C'est notamment le cas dans le pré carré français en Afrique sahélienne.

Si Jean-Yves Le Drian, le ministre de la Défense, se tait devant ses collaborateurs, certains militaires, eux, se plaignent ouvertement, car les exemples d'obstruction ou de double jeu se sont multipliés ces dernières années.

« Le Sahel, où les musulmans pratiquaient jadis un islam de confrérie tolérant teinté d'animisme, est une terre favorable à l'influence des pays du Golfe dans la mesure où les gens sont pauvres », analyse le journaliste David Baché, longtemps correspondant à Bamako au Mali.

Juste avant l'intervention militaire française de janvier 2013 au nord du Mali pour empêcher que les djihadistes ne fondent sur la capitale Bamako, trois avions C-130 qataries ont retiré des hommes que Doha avait dépêchés sur place.

Un ex-membre des forces spéciales témoigne : « Des équipes mixtes de la DGSE et du Commandement des opérations spéciales (COS) qui avaient été déployées au nord-Mali en prévision de l'intervention française ont reçu consigne de ralentir leur arrivée le temps que les Qatariens rembarquent leurs gars. Cela aurait fait tache qu'on se retrouve face à face avec des alliés. La présence de Qatariens a beaucoup irrité les militaires français et les agents de la DGSE, qui se sont demandé pourquoi on allait s'acoquiner avec des types aussi peu fiables ? »

Qui étaient-ils ? Des djihadistes, et non des locaux, qui opéraient sous couverture d'ONG (Croissant rouge qatarien ou Qatar Charity) comme *Le Canard enchaîné* l'avait évoqué six mois plus tôt[1]. Interrogé à l'époque par l'un des auteurs, Denis Piéton, directeur de cabinet du ministre des Affaires étrangères, Laurent Fabius, répondit : « J'ai sollicité Bernard Bajolet, le directeur de la DGSE, qui m'a affirmé que son service n'avait aucune preuve d'un tel engagement du Qatar au nord-Mali. » Contrairement aux militaires sur place, ni le Quai d'Orsay ni la DGSE ne veulent se mouiller pour ne pas embarrasser notre allié qatarien.

Que faisaient des djihadistes pro-qatariens au nord-Mali ?

1. « Le Qatar aide les rebelles islamistes au nord-Mali », *Le Canard enchaîné*, 6 juin 2012.

Très vraisemblablement de l'encadrement ou de la formation auprès d'un groupe engagé dans la guerre contre le pouvoir malien, que l'opération française venait justement protéger.

Il convient de rappeler que le Qatar, par la voix du Premier ministre Hamad bin Jassem et de l'influent cheikh Youssef Qaradawi, avait fortement critiqué l'opération française au Mali. Pour Hamad bin Jassem, « elle ne réglera pas le problème ». Qaradawi, de son côté, dénonça une « intervention précipitée » aux « conséquences dangereuses », synonymes de davantage de « morts » et de « destructions ».

Au Mali, encore, une autre intervention du Qatar, plus récente celle-là et peu connue, suscite nombre d'interrogations à l'état-major des armées à Paris. Un haut gradé témoigne à son tour : « Au nord-Mali, nous avons installé un radar sur une piste de Tombouctou, qui permet de faire ce qu'on appelle dans notre jargon de la "déconfliction aérienne" : c'est-à-dire qu'avec cet équipement, nous savons maintenant qui vole dans cette région. Eh bien, depuis qu'on l'a installé au printemps 2016, dans le cadre du renforcement de nos efforts contre les djihadistes, on a découvert que des avions immatriculés au Qatar circulaient dans le ciel du nord-Mali. »

Que font, là encore, ces appareils qatariens que personne ne s'attend à trouver là ? « De plus, les Qatariens ne savent pas voler si loin de chez eux. Ils doivent se ravitailler, car le C-130 n'est pas suffisamment autonome, il doit faire le plein quelque part. Qui les approvisionne donc ? s'interroge l'ancien des Forces spéciales. Ce n'est pas leur ennemi égyptien. La Libye, peut-être. Ou alors la Turquie, qui va construire une base militaire au Qatar. » Bref, loin de la relation « saine » louée par Jean-Yves Le Drian, une certaine confusion s'est glissée dans l'action du Qatar en Afrique.

Au Mali, nos alliés loyalistes ne sont pas forcément ceux de Doha, qui ont comme relais une partie des Touaregs autonomistes mais pas seulement. Souvenons-nous de la remarque de ce général cinq étoiles : « Au Mali, Ansar al-Dine reçoit des financements du Qatar et de l'Arabie. » Et puis, nous l'avons vu au chapitre précédent, Doha a versé une rançon à Ansar al-Dine contre la libération d'une otage suisse !

Mais il n'y a pas qu'au Mali. En Libye aussi, le jeu du Qatar a fini par agacer Nicolas Sarkozy, lorsqu'il poussa à une opération militaire contre le colonel Kadhafi qui réprimait sa population, notamment à Benghazi. Pour soutenir les révolutionnaires libyens, son allié du Qatar favorisa des relais islamistes, auxquels l'essentiel des armes livrées par les Occidentaux est allé. Des alliés qui n'étaient pas forcément les nôtres…

« À cette époque, se souvient un militaire, le Centre de planification et de conduite des opérations (CPCO) avait reçu instruction d'acheminer un certain nombre de matériels militaires, d'abord à Istres puis à Toulon. Des C17 Qatariens sont arrivés et ont chargé le matériel. Puis un remorqueur sans pavillon est arrivé à Toulon, sur lequel on a chargé le matériel militaire. Tout cela, c'était au profit du Qatar, qui a tout livré à ses miliciens de Misrata et de Benghazi. »

Sur le terrain aussi, des frictions ont été évitées de justesse entre alliés, comme se souvient un militaire français de l'état-major : « Nos commandos ont été à deux doigts d'affronter les forces spéciales qatariennes en Libye. J'ai lu le compte rendu du détachement du Commandement des opérations spéciales (COS) : les Qatariens n'étaient pas dans le même camp que nous quand ils livraient des armes aux islamistes. »

Mais c'était l'époque où le Qatar était indispensable, et son soutien diplomatique fut d'ailleurs apprécié. « En Libye, pendant les premiers jours des frappes, nous nous sommes retrouvés bien seuls, remarque l'amiral Marin Gillier[1]. Or, ce sont les Qatariens puis les Émiriens qui nous ont rejoints les premiers. Grâce à eux, nous avons pu mettre en place une coalition qui n'était pas qu'occidentale : ils apportaient la caution arabe. Rien que pour cela, nous pouvons les remercier. »

Pas question de remettre en cause la justesse de cette guerre. Nos dirigeants ne voulaient pas entendre de propos dissonants. « Quand on a fait l'opération en Libye, se souvient un cadre du ministère de la Défense, j'avais quelques sources de sociétés militaires privées sur place. J'avais dit au conseiller Affaires stratégiques à l'Élysée : "Tu sais que Benghazi, c'est bourré d'islamistes !" Il m'avait répondu : "C'est faux, c'est un mensonge ! On ne peut pas dire ça !" Je lui ai dit aussi : "Votre homme, Abdel Hakim Belhajd[2], s'est battu en Afghanistan." Il me disait : "Ce n'est pas vrai !" »

1. Entretien avec l'un des auteurs. Paris, 2 décembre 2015.

2. Belhadj a combattu les troupes soviétiques en Afghanistan dans les années 1980. Émir du Groupe islamique combattant en Libye (GICL), il a mené le djihad en Irak dans les années 2000, au côté du sanguinaire Abou Moussab al-Zarqawi, chef d'al-Qaïda en Irak.

En fait, le Libyen Abdel Hakim Belhadj figure sur la liste des « 59 terroristes » soutenus par le Qatar publiée par l'Arabie, les Émirats, Bahreïn et l'Égypte en juin 2017. Tout comme les frères Sallabi, qui ont fait parler d'eux en 2016 au cours d'un incident tragique venant rappeler à la France que le Qatar a financé et armé des groupes qui étaient révolutionnaires contre Kadhafi, mais qui ont aujourd'hui déclaré le djihad contre la France !

Le 17 juillet 2016, dans la région de Benghazi, trois sous-officiers de la DGSE en mission meurent dans l'explosion de leur hélicoptère abattu par un missile sol-air de type SA-7. De manière sibylline, François Hollande évoque « un accident d'hélicoptère ». L'attaque est revendiquée par les Brigades de défense de Benghazi, un groupe proche d'al-Qaïda, qui publie sur Internet des photos des corps des agents français. Son leader s'appelle Ismail Sallabi. C'est un ancien moudjahidin de la guerre contre l'occupation soviétique en Afghanistan. Son frère, Ali, membre des Frères musulmans, réside, lui, à Doha. Plus politique, ce dernier est engagé dans le processus de réconciliation inter-libyen depuis la capitale qatarienne.

Pendant la révolution de 2011, les deux frères ont joué le rôle d'intermédiaires entre le Qatar et les rebelles anti-Kadhafi pour la livraison d'armes et d'argent. Ismail Sallabi est à l'époque l'un des chefs de guerre de la Brigade des Martyrs du 17-Février, une milice islamiste.

Pour venger la mort des trois sous-officiers de la DGSE, François Hollande décide de procéder à des représailles le 20 juillet 2016 : l'armée française bombarde des cibles et des positions des Brigades de défense de Benghazi, tuant seize djihadistes et forçant les survivants à se replier vers la ville d'Ajdabiya. Le groupe publie alors sur Internet un message de menace à l'égard de la France : « La Libye deviendra votre cimetière comme elle l'a été pour vos trois soldats et l'Italie auparavant (...) Venez donc dans votre enfer ! »

Aujourd'hui, la Libye a plongé dans le chaos. La confusion est totale dans un pays sans État, où les milices sont omniprésentes. Et entre nos différents alliés du Golfe, Paris se retrouve dans l'embarras.

« Les Émiriens soutiennent le général Haftar[1] et, de l'autre côté, le Qatar continue de financer les milices de Misrata, analyse un proche de Jean-Yves Le Drian. La DGSE affirme que les Émirats ont livré au général Haftar 500 véhicules, dont 300 blindés. Il y a des ponts aériens fréquents de C17 émiriens sur l'aéroport de Benghazi. En face, le Qatar soutient les milices de Misrata, c'est-à-dire les gens qu'ils ont financés au moment de la chute de Khadafi. C'est à cette époque qu'ils nous avaient présenté Abdel Hakim Belhadj. Lors d'une réunion à Londres, on

1. Le 2 mars 2015, le général Khalifa Haftar, un nationaliste anti-islamiste, est nommé commandant en chef de l'Armée nationale libyenne – non reconnue par la communauté internationale. La Libye est alors divisée en deux, entre l'Ouest, aux mains des islamistes proches du Qatar, et l'Est dirigé par le général Haftar.

était avec les Américains et les Britanniques, plus le Qatar et les Émirats. Le Qatar nous a dit : “Nous avons un très bon relais sur place, c’est l’homme de la situation.” Nous avions fait quelques remarques sur son passé en Afghanistan. Mais ils avaient minimisé son passé de djihadiste. Les Qatariens le financent toujours. »

« Sur la Libye, entre le Qatar et les Émirats, ajoute ce haut gradé, nous Français n’arbitrons plus rien. Notre ligne politique a été un peu vacillante. À un moment donné, la DGSE a dû soutenir le général Haftar, car notre priorité est d’épauler ceux qui luttent contre Daech. Ensuite, on a vu émerger à Tripoli Ibrahim Saraj et son gouvernement d’union nationale. Maintenant, notre discours consiste à dire qu’il faut soutenir le gouvernement, mais il faut aussi trouver une place à Haftar. Bref, on doit unifier tout cela. » Illustration de cette ambiguïté : des forces spéciales françaises ont été déployées des deux côtés des belligérants, aussi bien auprès du général Haftar qu’auprès du Premier ministre rival, Sarraj.

Si le Qatar perturbe notre action au Mali, et accessoirement en Libye, les Émirats arabes unis ont poussé la France à changer de politique vis-à-vis de l’Égypte à l’été 2013.

Le 3 juillet, l’armée renversait le président islamiste, élu un an plus tôt, Mohammed Morsi. Après ce coup de force, Paris affirmait soutenir un processus politique « inclusif », qui intégrerait la principale force politique d’Égypte, les Frères musulmans. En coulisses, les diplomates français ne ménageaient pas leurs critiques contre l’armée putschiste. Mais le 21 août, lors d’une réunion des ministres des Affaires étrangères des 28 pays membres de l’Union européenne (UE), Laurent Fabius appela à sanctionner *a minima* le nouveau leader égyptien, le maréchal Abdel Fattah Sissi. Soucieuse de « garder la porte ouverte », l'Union européenne se contenta d'« envoyer un avertissement » au nouveau pouvoir égyptien dominé par l'armée.

Pourquoi cet infléchissement de la position française, alors qu'en Égypte la situation s'était au contraire détériorée avec l'arrestation de milliers d'islamistes ? Un militaire français, alors en poste à l'état-major, nous a mis sur la piste : « Des responsables des Émirats arabes unis ont fait passer le message suivant au ministre de la Défense Jean-Yves Le Drian : vous avez eu besoin de nous pour votre guerre au Mali, il y a quelques mois. Nous, le Mali ce n'est pas fondamentalement notre guerre. Mais on vous a aidés, financièrement et matériellement. Maintenant, notre guerre à nous, c'est en Libye et en Égypte. On a besoin de vous. Vous êtes de quel côté ? » La France renonça ensuite à l'embargo sur les armes vendues à l'Égypte et moins de deux ans après, Paris livra 24 avions de combat Rafale au Caire. La facture fut réglée par les Émirats arabes unis et l'Arabie Saoudite.

Le Tchad est un autre pays d'Afrique où l'action de nos alliés saoudiens et qatariens est regardée avec suspicion par les militaires et les agents français du renseignement.

Doha et Riyad soutiennent plusieurs opposants au président Idriss Déby, l'allié de Paris : les frères Erdimi – l'un d'eux, Timan, réside au Qatar –, Mohammed Nouri, l'ancien ambassadeur du Tchad en Arabie, ainsi qu'Abdel Wahit Nouri Makaï. Mais au-delà, « nous soupçonnons le Qatar d'avoir commencé à financer l'action militaire de groupes opposés au président Déby, qui n'est pas assez musulman selon Doha », confie-t-on au ministère de la Défense à Paris. Ces formations se dérouleraient à l'étranger, selon le député d'opposition Ngarlejy Yorongar[1].

L'armée française soupçonne Doha de financer des madrasas et un certain nombre de prédicateurs, notamment à Abéché, dans le Nord, ce qui est relativement nouveau. « Maintenant, cette influence se développe vers le sud dans les régions chrétiennes », selon le journaliste Makalila Nguebla[2].

Favorisant islamisation et arabisation, le Qatar et l'Arabie financent des mosquées que les Tchadiens appellent « mosquées vertes », la couleur de l'islam. À travers le pays, le voile intégral pour les femmes se répand depuis une dizaine d'années, une pratique qui n'était pas dans les coutumes locales.

« Pendant le ramadan, les centres culturels qatariens et saoudiens distribuent des vivres, explique Makalila Nguebla. Ils glissent des billets de 10 000 francs CFA (environ 15 euros) dans des corans qu'ils distribuent ensuite dans leurs mosquées, comme si c'était Dieu qui donnait de l'argent aux fidèles. À N'Djamena, on ne peut plus ouvrir de bars près des mosquées dans les quartiers musulmans. En revanche, de nouvelles mosquées apparaissent dans les quartiers chrétiens, comme Moursal ou Dembé. »

Au Tchad, le prosélytisme du Qatar et de l'Arabie s'exerce *via* le Conseil supérieur des Affaires islamiques, dirigé par le Dr Hassan Hissene, disciple de l'ancien leader soudanais Hassan Tourabi.

« Le président Idriss Deby laisse faire parce qu'il ne veut pas se mettre à dos les pays du Golfe, qui pourraient

---

1. Entretien avec l'un des auteurs. Paris, 8 juin 2016.
2. Entretien avec l'un des auteurs. Paris, 10 juillet 2016.

financer et armer des rebelles tchadiens pour déstabiliser son pouvoir », analyse un ancien espion, qui a mis en garde la DGSE depuis des années, sans avoir été vraiment entendu. Faut-il rappeler que le Tchad a envoyé des troupes au Yémen dans le cadre de la guerre menée par l'Arabie contre les rebelles houthis proches de son ennemi iranien.

Bref, conclut le député Yorongar, « l'argent du Golfe est une bombe à retardement au Sahel qui saccage l'islam au profit du wahhabisme ».

Ces avertissements restent lettre morte que ce soit au Quai d'Orsay, à l'Élysée ou à Bercy, où l'on mise au contraire sur les investissements du Qatar en Afrique, comme le révèle une note adressée par la Direction générale du Trésor à Laurent Fabius, le 30 avril 2015, quelques jours avant le déplacement de François Hollande et de son ministre des Affaires étrangères à Doha pour signer l'achat des 24 Rafale[1]. « L'entretien (entre François Hollande et l'émir) sera l'occasion de promouvoir les co-investissements franco-qatariens. Le Qatar a émis le souhait de co-financer des projets en Afrique, en partenariat avec des entreprises françaises. Il convient d'orienter cette demande en priorité vers des projets de développement aux conditions financières certes moins avantageuses, mais avec un effet de levier potentiellement plus important pour les intérêts français ». Bref, encore et toujours les affaires…

1. Note pour le ministre, Direction générale du Trésor, service des affaires bilatérales et de l'internationalisation des entreprises (FCP/2015/25930/C).

En Syrie, la voie pavée vers le djihad

C'est en Syrie, à partir de 2011, que l'influence de nos alliés qatariens et saoudiens s'est fait le plus lourdement ressentir. Paris, Riyad et Doha ont partagé, peu après le début de la révolution, le même objectif : renverser Bachar el-Assad qui réprimait dans le sang des manifestations pacifiques. La militarisation de la révolte qui allait succéder à cette période de contestation a été soutenue par les États du Golfe qui comptaient chez eux de nombreux opposants syriens, souvent islamistes. Peu à peu, ceux-ci ont pris le dessus au sein de l'insurrection anti-Assad.

Cette dérive s'est faite au vu et au su des responsables français. Mais ces derniers, arc-boutés sur l'objectif de renverser Bachar el-Assad et soucieux de ne pas contrarier la diplomatie économique prônée par Laurent Fabius, ne se sont pas opposés aux desseins du Qatar et de l'Arabie.

Quelques années après, les langues se délient. Des diplomates avaient mis en garde le ministre Laurent Fabius. Des télégrammes ont été publiés dans la presse à ce sujet[1]. Pour notre enquête, un haut gradé, un cadre du Quai d'Orsay et un ex-agent de la DGSE ont accepté de parler sur ce sujet encore tabou.

Dès l'automne 2012, la Direction de la prospective du ministère des Affaires étrangères avait alerté les pouvoirs publics du péril islamiste. Elle comptait dans ses rangs un militaire, ancien de la DGSE, qui avait gardé l'oreille de son ancien employeur. Or, le service avait déployé des

---

1. « Comment la France se vend à l'Arabie Saoudite », *Marianne* 11-17 mars 2016.

agents dans le sud de la Turquie, qui servait de base arrière aux groupes rebelles qui venaient de se former en Syrie.

« Bien informés, les agents de la DGSE sur place étaient extrêmement inquiets, révèle le diplomate. Ils pensaient que nous allions nous faire avoir et que tout cela allait se retourner contre nous. Certes, les émissaires du Quai d'Orsay portaient quelques valises d'argent aux rebelles. Mais lorsqu'ils donnaient 100, les financiers du Golfe, eux, payaient 1 000, raconte ce cadre du Quai d'Orsay de l'époque. Les financiers du Golfe disaient aux rebelles modérés que nous démarchions : "Venez avec nous, on vous donnera des armes, à condition que vous appeliez votre groupe d'un nom à consonance islamique et que vous vous laissiez pousser la barbe." Les rebelles, qui ne sont pas spécialement portés sur la religion, s'en fichaient ; ce qu'ils voulaient, c'était l'argent pour acheter des armes. Certains agents de la DGSE en avaient ras-le-bol de ce jeu. Ils le disaient à notre colonel. »

Par l'entremise de ce vétéran de la DGSE, ces précieuses informations remontaient à la Direction de la prospective du Quai d'Orsay. Elles ne semblaient pas, en revanche, parvenir à l'état-major du ministère de la Défense. « Je me souviens avoir demandé deux informations à la DGSE, dont l'une concernant les réseaux de contrebande qui aidaient Daech en Turquie à écouler son pétrole, mais les fiches jaunes que la DGSE m'a renvoyées restaient plutôt vagues », se souvient un général cinq étoiles. La « Piscine » n'a pas voulu livrer toutes ses cartes au service concurrent, une vieille habitude…

C'est à partir de ce moment-là, à l'automne 2012, que la Direction de la prospective a publié ces premières alertes, comme celle parue dans l'hebdomadaire *Marianne* en mars 2016. Elle est intitulée « Opposition syrienne de l'intérieur : le piège islamiste vient du Golfe, et nous risquons d'y tomber ». Un titre sans équivoque. Pourtant, au même moment, les quelques journalistes réfractaires à la version officielle française se faisaient rappeler à l'ordre par l'ambassadeur Éric Chevallier en charge de l'opposition syrienne, parce qu'ils insistaient eux aussi sur la dérive islamiste des révolutionnaires.

Les documents publiés dans *Marianne* pointent des groupes rebelles devenus « des vecteurs d'influence des services de renseignements des États d'origine (Arabie, Qatar) ».

Le cadre de la Direction de la prospective que nous avons interrogé va plus loin que ce qui est écrit dans l'alerte en question. « Parmi ces financiers privés, le Qatar et l'Arabie y infiltraient des agents stipendiés, des encadreurs professionnels que nos agents de la DGSE connaissaient. Laurent Fabius savait tout cela. Mais il restait droit dans ses bottes. Jamais il n'a douté. Alain Juppé, avant lui, s'était interrogé. Il exprimait quelques doutes. En petit comité, il faisait état de questionnements. Fabius, jamais. Il ne cessait de dire : on ne tape pas assez dur, on ne tape pas assez fort (sur Assad). Et personne, je peux vous le garantir, n'osait rien dire autour de lui. Personne ne voulait compromettre sa carrière. Un jour, ajoute ce diplomate, on pourra écrire des choses » sur cet épisode de l'engagement français dans le conflit syrien.

Pour contrer cette dynamique « d'islamisation par le financement et par les services du Golfe », la Direction de la prospective recommanda de « traiter de front ce sujet dans notre dialogue politique » avec l'Arabie et le Qatar. Est-ce que cela a été le cas ? Probablement, mais sans résultat.

À deux reprises en l'espace d'un mois, durant l'été 2013, François Hollande reçut à l'Élysée le chef des services de renseignement saoudiens, le prince Bandar bin Sultan ; celui-ci était venu plaider pour un accroissement de l'aide militaire à la rébellion syrienne. Mais le chef de l'État français opposa une fin de non-recevoir aux demandes de celui qui avait juré de faire tomber Assad « par tous les moyens ». François Hollande redoutait que les armes fournies aux insurgés syriens de l'Armée libre ne tombent dans les mains des djihadistes, notamment du Front al-Nosra... ce qui se produira à plusieurs reprises.

Certes, confie le haut gradé, « il y a eu deux ou trois contrats d'armement au terme desquels on a vendu des pièces au Qatar, sans clause d'interdiction de réexportation ». Cela concernait des missiles Milan, dont certains ont d'ailleurs été retrouvés entre les mains des rebelles djihadistes. « Mais jamais des missiles sol-air », précise le haut gradé. Bref, en haut lieu, on connaissait les risques d'une dérive vers la djihadisation du conflit ; mais, à l'époque, cette dérive paraissait mineure par rapport à l'objectif auquel on se cramponnait : faire tomber Assad. D'autant plus qu'à l'été 2013, ce dernier est accusé d'avoir utilisé des armes chimiques contre sa population dans la banlieue de Damas (1 200 morts).

Un an auparavant, alors que les premiers djihadistes affluaient en Syrie, en profitant de la complaisance de notre allié turc[1] pour franchir la frontière, Laurent Fabius avait eu ces mots malheureux en parlant d'Assad : « Ce monsieur ne mérite pas d'être sur terre. » Un encouragement assez clair à aller lui faire la guerre !

Il faut leur reconnaître une certaine franchise : nos alliés du Qatar et d'Arabie n'ont jamais vraiment caché leurs intentions. Bertrand Besancenot, ambassadeur de France en Arabie, se souvient d'une visite chez son ami l'ancien émir du Qatar, cheikh Hamad al-Thani. « Je lui avais dit que nous étions d'accord avec le Qatar pour évincer Bachar, mais que nous voulions soutenir des éléments modérés. Ce qui nous inquiète un peu, lui ai-je précisé, c'est que vous soutenez des éléments parmi les plus extrémistes[2]. » « Sur le terrain, ce sont les plus efficaces, me répondit-il, avant d'ajouter : comme le régime tombera dans trois mois, ensuite on fera le ménage, ce n'est pas un problème. » Un pari manqué qui s'est révélé très dangereux.

Quant au prince Bandar bin Sultan, il était lui aussi très direct, comme le constatèrent ses interlocuteurs français lors d'une rencontre en février 2013 à Riyad[3]. Sa priorité, on l'a vu, c'était la chute de Bachar, et « par tous les moyens », y compris en renforçant les franges djihadistes de la rébellion. « Je vous donne la garantie qu'une fois à Damas, nos gars ne se rendront pas coupables de choses

---

1. François Hollande a des mots très durs contre le président Recep Tayyip Erdogan. « Il le traite de fasciste en conseil restreint de défense », affirme un haut gradé. En revanche, Laurent Fabius était plus accommodant. Il était proche de son homologue Ahmet Davutoglu, l'architecte de la politique syrienne de la Turquie, jusqu'à sa mise à l'écart en mai 2016.

2. Même les responsables saoudiens leur reprochèrent, au début de la révolte, d'aider des rebelles trop extrémistes.

3. *Marianne*, 11-17 mars 2016.

affreuses contre les populations civiles. Mais je veux être franc : ma garantie ne vaut pas plus que celle que le général de Gaulle avait donnée de la Résistance au moment de la Libération ! » Bref, un vœu pieux !

Dans le télégramme diplomatique rendant compte à Paris de cette rencontre, l'ambassadeur Bertrand Besancenot insista d'ailleurs sur le fait que Bandar était « resté vague sur la sécurité des communautés syriennes [sous-entendu, les minorités chrétiennes et *a fortiori* alaouite, celle du président Assad] et sur les contours de la nouvelle Syrie ». D'où la prudence de François Hollande quand il le recevra quelques mois plus tard.

Jouer aux apprentis sorciers n'a jamais dérangé Bandar. Sous son égide, un tout petit contingent d'officiers des forces spéciales saoudiennes auraient même démissionné de leur poste. Redevenus civils, ils auraient gagné la Syrie où, avec le soutien tacite du service que le prince dirigeait, ils auraient épaulé la branche locale d'al-Qaïda, le Front al-Nosra, ce dernier ayant à l'époque des liens étroits avec le renseignement saoudien. Des prisonniers yéménites auraient été de leur côté libérés des geôles saoudiennes, à condition qu'ils acceptent d'aller combattre Assad en Syrie, où ils furent convoyés par hélicoptères en passant d'abord en Turquie, avant de s'infiltrer dans le nord du pays. Bandar finira par payer son aventurisme, puisqu'il devra quitter son poste en 2014 sans avoir réussi à renverser Assad.

Pour résumer, les dirigeants français n'ignoraient rien ou presque du jeu saoudo-qatarien en Syrie ; mais celui-ci paraissait marginal par rapport à l'objectif de faire chuter Assad. « Il y a eu toujours des questionnements au Centre d'analyse et de prospective du ministère sur nos liens avec l'Arabie Saoudite et le Qatar, explique un de ses membres. Mais il y avait cette affaire de la diplomatie économique qui tenait à cœur à Fabius. À long terme, répétait le ministre, on sera avec le Golfe pour reconstruire la Syrie. »

Écœuré par cet aveuglement, un cadre de la DGSE démissionnera au début de l'année 2014 : « Je ne veux pas être coresponsable du désastre qui se prépare, dit-il à son chef Bernard Bajolet quand il lui rendit son tablier. Bien sûr que nous savions tout ce qui se tramait depuis le sud de la Turquie, ajoute-t-il, mais puisque notre ministre des Affaires étrangères avait dit qu'il fallait se débarrasser de Bachar, aucune autre option n'était acceptée. L'histoire en jugera[1]. »

1. Entretien avec l'un des auteurs. Paris, juin 2016.

– 6 –

Au pays d'Allah, des Bédouins schizophrènes

Vu de l'extérieur, les monarchies du Golfe semblent un monde aussi immobile que le désert qui constitue leur environnement naturel. L'apathie politique et sociale est la règle. À l'exception de Bahreïn et du Yémen, le vent des printemps arabes n'a pas soufflé sur la péninsule arabique. Avec leurs immenses richesses pétrolières et gazières, les émirs ont depuis des décennies acheté la paix sociale. Il faut dire que les populations locales sont assurées d'un revenu à vie dans l'administration et les entreprises publiques. Ici, la majorité des gens rêvent surtout de préserver la générosité de l'État-providence, et non de renverser les pouvoirs en place !

Lors d'une conférence en avril 2011 à l'Institut du monde arabe, l'ambassadeur de France à Riyad, Bertrand Besancenot, avait été interpellé par le ministre des Affaires étrangères de l'époque, Alain Juppé, qui s'interrogeait : « Quand y aura-t-il un printemps arabe en Arabie Saoudite ? » Réponse du diplomate : « Monsieur le ministre, pourquoi voulez-vous qu'il y ait un printemps au pays de l'été permanent ? » Deux ans plus tard, Alain Juppé sera forcé de reconnaître que l'ambassadeur avait raison…

Pétrodollars, tribus et islam cimentent ces sociétés conservatrices, et assurent la stabilité politique et sociale. Mais, confrontés à la mondialisation, les Bédouins du Golfe sont aujourd'hui tiraillés entre le respect de leurs traditions ancestrales et une aspiration à la modernité. Résultat : dans la vie quotidienne, le choc culturel est brutal et la schizophrénie guette…

L'Arabie Saoudite ou le complexe de la citadelle assiégée

« En Arabie Saoudite, pays de permanence et d'éternité, la religion n'est pas seulement omniprésente : elle est tout, constate Issa Maraut, un ancien consul de France à Djeddah. Dans le royaume, le temps n'existe pas. » Depuis des siècles, la vie des Saoudiens s'égrène au rythme des cinq prières quotidiennes. Et, comme pour leur rappeler leur identité religieuse, le drapeau saoudien ne reproduit-il pas la profession de foi musulmane (« Il n'y a de Dieu que Dieu, et Mohamed est son prophète ») frappée au dessus d'un sabre ?

Pourtant, il y a quelques décennies, l'Arabie Saoudite n'était pas le pays rétrograde et intégriste que l'on connaît aujourd'hui. Il y avait des cinémas à Djeddah et à La Mecque dans les années 1950-1960. Certains lycées étaient mixtes.

Les femmes occidentales pouvaient se promener à Djeddah sans *abaya*, ce long manteau noir couvrant le corps.

Le tournant s'est produit en 1979, avec la révolution islamique en Iran et la prise de la Grande Mosquée de La Mecque par des fondamentalistes saoudiens qui contestaient la légitimité de la famille des al-Saoud. Les dirigeants saoudiens découvrent alors que leurs ennemis intérieurs pouvaient commettre l'inimaginable en s'emparant des lieux saints musulmans censés être protégés par la dynastie des al-Saoud.

Avec l'arrivée de l'ayatollah Khomeini au pouvoir en Iran, le diable perse et chiite sortit de sa boîte, promettant d'exporter sa révolution dans toute la région, et notamment chez le voisin saoudien qui abrite une minorité chiite concentrée dans l'Est, là même où se trouvent les puits de pétrole.

Tétanisé par la concomitance de ces deux évènements, le royaume wahhabite se referma sur lui-même. Depuis, il se considère comme une citadelle assiégée, menacée par des ennemis intérieurs (les djihadistes) et extérieurs (les Iraniens). Des dangers que le pouvoir saoudien considère comme cardinaux. Pour affermir une légitimité religieuse contestée, les rois saoudiens se sont attribué le titre de « gardiens des deux lieux saints » de l'islam, en l'occurrence, La Mecque et Médine, deux villes interdites aux non-musulmans[1].

1. Selon l'islamologue Ghaleb Bencheikh, l'interdiction des non-musulmans à La Mecque et à Médine n'a aucune justification théologique.

L'ensemble du territoire de l'Arabie est sacré. Il est considéré comme une immense mosquée. Au pays d'Allah, tous les autres cultes sont prohibés[1]. Aucun signe religieux extérieur n'est toléré en public. À tel point que certains religieux se sont opposés à ce que les drapeaux de la Suisse et du Danemark soient hissés au-dessus de leur ambassade dans le quartier diplomatique de Riyad, parce qu'ils comportaient une croix… En vain[2].

Contrairement aux autres monarchies du Golfe, l'Église catholique est clandestine en Arabie Saoudite. Mais les services secrets n'ignorent pas que des messes underground sont organisées dans plusieurs régions du royaume, en particulier dans les ambassades occidentales. Généralement, ils ferment les yeux, à condition que ces célébrations religieuses soient le plus discrètes possible.

« À Djeddah et dans les provinces orientales pétrolières, il existe une vie pastorale assez bien organisée, mais évidemment avec des limites, nous a confié Monseigneur Paul Hinder, vicaire apostolique des Émirats, d'Oman et du Yémen. Mais s'il y a une plainte, nous n'avons aucune

1. Pour le grand mufti, cheikh Abdul Aziz ibn Abdullah, il est « nécessaire de détruire toutes les églises de la région », car selon lui leur élimination serait en accord avec les règles séculaires selon lesquelles l'islam est la seule religion praticable dans la péninsule arabique. *La Croix*, 29 septembre 2013.

2. *Arabie Saoudite, l'incontournable*, Jacques-Jocelyn Paul, Riveneuve Éditions, 2016.

protection. Quand je faisais des messes clandestines à Riyad, il y avait d'ailleurs une sorte de service de sécurité, dont le rôle était de nous alerter en cas d'arrivée imminente de la police religieuse. »

Créée dans les années 1980, cette milice islamique est la gardienne de l'orthodoxie wahhabite. Rassemblés dans le Comité pour la prévention du vice et la propagation de la vertu, ces soldats de la foi, les *mouttawa'in*[1], sont chargés de faire respecter dans la vie de tous les jours les principes d'un islam ultrarigoriste.

Répartis dans plus de 450 casernes, ils sont environ 4 000 membres, issus le plus souvent des classes défavorisées. Vêtus d'une tunique blanche plus courte que d'usage pour mieux courir, ils sont facilement reconnaissables avec leur barbe bien fournie et leur tête couverte d'un keffieh non cerclé par l'agal traditionnel[2]. Quand on les croise, ils arborent une mine soupçonneuse et agressive.

À bord de leurs 4 x 4, ces miliciens de l'ordre moral patrouillent dans les villes, souvent accompagnés de la police. Armés de badines, ils exhortent les passants à fréquenter les mosquées et vérifient que les restaurants ferment bien leurs portes aux heures de prières. Théoriquement, les *mouttawa'in* ne sont pas autorisés à pénétrer dans le quartier diplomatique de Riyad (*Diplomatic Quarter* ou DQ) ; mais un diplomate français nous a raconté cette

1. Littéralement, « ceux qui se portent volontaires et qui obéissent ».
2. Sorte de rond en cordelette tressée de couleur noire.

anecdote : « Un jour, je m'étais installé dans un restaurant du *Diplomatic Quarter* quelques minutes avant la prière. Les serveurs m'ont laissé entrer en m'informant qu'ils ne pourraient pas me servir pendant une demi-heure. Ils ont éteint les lumières et la télévision, et fermé la cuisine. Ils se sont excusés en m'expliquant que la dernière fois qu'ils avaient fait entrer des clients au moment de l'heure de la prière, la police religieuse avait débarqué ! »

Cette milice d'Allah supervise aussi la censure des livres et de la presse. L'Alliance française de Riyad est pourtant située dans le quartier diplomatique, mais il lui a fallu prendre des précautions pour sa bibliothèque. Certains livres, comme *Le Deuxième sexe* de Simone de Beauvoir, ne peuvent pas être exposés en libre-service. Pour les emprunter, le lecteur doit montrer patte blanche.

Ces zélotes sont aussi chargés de faire appliquer la stricte ségrégation des sexes dans les lieux publics. Ils arpentent les centres commerciaux, rares endroits où garçons et filles peuvent se croiser, et éventuellement s'échanger leurs numéros de portable. Ils sont autorisés à pénétrer dans des maisons privées s'ils soupçonnent une mixité « immorale », la présence d'alcool, ou qu'on y joue de la musique.

Le monde du travail est aussi dans le collimateur des *mouttawa'in*. « Au bureau, explique un expatrié français, nous avons une Libanaise qui travaille avec un Égyptien à la comptabilité, ce qui est en principe interdit. Nous avons donc organisé une solution de secours en cas de descente de la police religieuse. Nous avons créé un bureau où il n'y a que des femmes, que notre comptable libanaise pourrait rejoindre en vitesse en cas d'alerte… »

Les femmes sont les cibles privilégiées de la police religieuse, très pointilleuse sur leur apparence extérieure. Un voile mal ajusté ou une tenue jugée « indécente » peut valoir des vociférations haineuses, que vous soyez saoudienne ou étrangère. Mais sous le règne d'Abdallah (1995-2015), les excès des *mouttawa'in* leur ont valu de sévères mises en garde du monarque qui a bridé leurs prérogatives et interrompu le recrutement de volontaires.

Au début du règne de Salman, les *mouttawa'in* ont voulu tester le nouveau souverain, qui les a vite recadrés. Leurs dérapages, quand ils sont filmés, sont désormais diffusés sur Internet. En février 2016, la vidéo montrant deux membres de la police religieuse pourchassant deux jeunes femmes, avant de passer l'une d'elles à tabac, a provoqué une immense bronca sur les réseaux sociaux.

Une semaine plus tard, le chef des *mouttawa'in* de Riyad était limogé, et le palais leur interdisait de mener des raids dans des lieux privés… Plus question non plus pour eux d'interroger des suspects ou de mener des contrôles d'identité. Le vice-prince héritier, Mohamed bin Salman, aurait versé une forte somme d'argent aux responsables de la police religieuse pour calmer les ardeurs de ses troupes.

L'Arabie Saoudite ne possède pas de code pénal. La justice y est rendue à coups de sabre, conformément à une interprétation littérale de la *charia*, la loi islamique. Après la Chine et l'Iran, le royaume wahhabite est le pays qui exécute le plus au monde, la plupart du temps par décapitation[1]. En 2015, le record a été battu, avec 153 mises à mort, un chiffre inégalé depuis vingt ans. Manquant de bras pour accomplir cette tâche macabre, les autorités saoudiennes ont même eu recours aux petites annonces pour recruter huit nouveaux bourreaux[2].

Terrorisme, meurtre, viol, vol à main armé et trafic de drogue sont passibles de la peine capitale, mais aussi l'apostasie, la sorcellerie ou l'adultère. La plupart du temps, les procès sont organisés dans le plus grand secret. Les accusés bénéficient rarement de l'assistance d'un avocat, et d'un traducteur lorsqu'ils sont étrangers. Dans ces huis clos, les autorités saoudiennes en profitent à l'occasion pour liquider physiquement des opposants[3]. Pour les vols mineurs, on coupe la main droite, mais le juge peut ordonner une « amputation croisée » de la main droite et du pied gauche.

---

1. L'Arabie Saoudite utilise aussi les pelotons d'exécution, comme pour la mise à mort des 47 condamnés le 2 janvier 2016, dont le cheikh chiite saoudien Nimr Bakr al-Nimr.

2. *Saudi Arabia advertises for eight new executioners as beheading rate soars*, *The Guardian*, 18 mai 2015.

3. Selon Amnesty International, au moins 20 personnes, qui avaient participé à des manifestations dans la province orientale, ont été exécutées depuis 2011.

Des séances de décapitations publiques servent à frapper les esprits, pour dissuader les futurs criminels. Les familles apprennent généralement la mort de leur proche dans les journaux, une fois la sentence exécutée[1].

Les bourreaux saoudiens pratiquent aussi les crucifixions, même si la pratique reste très rare. Concrètement, le condamné est décapité ; sa tête est ensuite emballée dans un sac plastique, avant d'être replacée au-dessus de son corps qui est attaché à un poteau bien en vue des passants. Pendant plusieurs jours, la dépouille mutilée reste en place jusqu'au pourrissement des chairs. « J'ai assisté à ce type de supplice, se souvient un expatrié français. C'était en 2004. Un adolescent avait tué sa mère et l'avait dépouillée de ses bijoux. Il a été décapité et crucifié sur la place du village. En plein mois d'août, par une chaleur torride, son corps a été exposé pendant une semaine. »

Prohibées par les conventions internationales, les séances de flagellation font aussi partie de l'arsenal répressif de la justice saoudienne. Condamné à mort pour apostasie en 2014, le bloggeur Raïf Badawi a vu sa peine commuée à dix ans de prison, 1 000 coups de fouet et 1 million de riyals d'amende (environ 250 000 euros). Son crime ? Avoir tenté, comme il l'écrit, d'« abattre les murs d'ignorance, effriter l'inviolabilité du clergé, et essayer de promouvoir un embryon d'opposition et le respect de la

1. *Killing in the name of Justice*, rapport d'Amnesty International sur la peine de mort en Arabie Saoudite, août 2015.

liberté d'expression, des droits de la femme, et de ceux des minorités et des indigents en Arabie Saoudite[1] ». Raïf Badawi, dont le cas a suscité l'indignation internationale, a déjà reçu 50 coups de fouet sur une place de Djeddah !

À la cour des al-Saoud

L'Arabie Saoudite est donc le fief de la famille des al-Saoud, qui vit dans des palais somptueux. Pendant longtemps, Rafic Hariri, l'homme d'affaires libano-saoudien assassiné en 2005 à Beyrouth, fut l'architecte en chef des monarques et princes d'Arabie. Sa légende et le début de sa fortune remontent à 1977, quand le roi Khaled le chargea de construire un palais à Taëf – qu'il bâtit en moins de six mois. Un record qui lui valut la confiance et la reconnaissance de la cour saoudienne.

Avec sa société Saudi Oger, Rafic Hariri a multiplié les chantiers dans le royaume. Après l'occupation du Koweït par l'armée de Saddam Hussein en 1990, il est parvenu à convaincre le roi Fahd de construire des palais souterrains pour se protéger des dangers d'une invasion du dictateur irakien. « Nous avons construit trois palais sous terre, qui étaient en fait trois bâtiments contigus, nous a révélé Bernard Thuyllier, ancien directeur de projets chez Saudi Oger. Le premier était capable de résister à une attaque nucléaire, le second à une guerre bactériologique, et le troisième à un gazage chimique. Enterrés à quinze mètres sous terre dans la périphérie de Riyad et d'une superficie de

1. *1 000 coups de fouet parce que j'ai osé parler librement*, Raïf Badawi, Éditions Kero, 2015.

6 000 mètres carrés chacun, les trois palais ont été recouverts d'une dalle en béton avec un toit en gazon. De l'extérieur, on ne distingue rien. »

Il a fallu deux ans pour les terminer. Plus de 1 000 ouvriers ont travaillé sur les trois chantiers. « Ils ont été décorés avec un luxe inouï, avec des plafonds dorés à l'or fin, nous a précisé Bernard Thuyllier. Le roi Fahd ne voulait que du mobilier Louis XVI, de la porcelaine de Limoges et du cristal de Baccarat. On ne savait jamais combien coûtait ce type de palais, car dès qu'il y avait des travaux supplémentaires non prévus au départ, on multipliait leur devis par trois ou quatre. On faisait des marges énormes, comme nulle part ailleurs dans le monde ! Résultat, le roi Fahd n'a jamais passé une seule journée dans ses palais souterrains. Un gâchis gigantesque ! »

Le lieu le plus stratégique de la cour saoudienne est le *maktab al-diwan al-maliki*, le bureau particulier du roi. Son chef de cabinet est l'un des hommes les plus puissants du royaume. Grand vizir des temps modernes, il filtre les accès au monarque et gère ses rendez-vous. La cour saoudienne est un univers secret régi par des coutumes ancestrales.

La façon de se saluer obéit à un code précis. Le cérémonial des baisers marque symboliquement la hiérarchie entre les princes lors d'occasions protocolaires : le baiser dans le creux de l'épaule signifie la soumission, le triple baiser sur le nez est un signe de parenté et d'égalité de rang, tandis que le baiser sur le front indique le respect que l'on porte à son aîné.

Aujourd'hui, 769 princes et 738 princesses sont les descendants directs du roi Abdel Aziz Ibn Saoud[1]. Mais la famille ne se limite pas à ce noyau le plus pur de la dynastie. Quand on l'élargit à d'autres branches et sous-clans, on arrive au chiffre de 4 000 princes et princesses. Certains spécialistes avancent le chiffre global de 20 000 descendants royaux.

Dès sa naissance, un bébé al-Saoud échappe à la condition du commun des mortels. Tout au long de sa vie, il accumulera les privilèges. Chaque membre de la famille royale saoudienne touche une allocation mensuelle, distribuée par « l'administration des décisions et des règles » *(Idarat al-Mouqarrarat wa al-Qawa'eid)* du ministère des Finances. La dotation varie en fonction du rang et de l'âge du prince. En moyenne, leurs émoluments annuels tournent autour de 100 000 dollars. Mais ils peuvent atteindre 270 000 dollars pour les plus importants, et s'élever à moins de 1 000 dollars pour les membres de branches éloignées.

Un télégramme diplomatique de l'ambassade américaine à Riyad datant de 1996, publié par Wikileaks, révélait que les allocations des princes représentaient 5 % du budget de l'État saoudien, soit la coquette somme de 4 milliards

1. *Arabie Saoudite, l'incontournable*, Jacques-Jocelyn Paul, Riveneuve Éditions, 2016 (*op.cit.*).

de dollars[1]. Depuis l'arrivée sur le trône du roi Salman en 2015, les rentes mensuelles auraient subi un coup de rabot. La chute des cours du pétrole est sans doute passée par là…

Les princes ont un seul but dans la vie : faire le plus d'enfants possibles, afin de gagner le maximum d'argent et d'élargir leur lignée. Quand il se marie, l'émir touche un « bonus ». Il dispose d'une carte spéciale lui donnant accès gratuitement aux soins à l'étranger. Dans chaque ambassade saoudienne, il existe un bureau médical qui gère leur hospitalisation de A à Z et règle la facture[2].

L'allocation mensuelle des princes ne représente qu'une toute petite partie de ce qu'ils perçoivent réellement. Comme ils se considèrent comme propriétaires d'un royaume qui porte leur nom, il est naturel pour eux « d'exploiter » toutes ses ressources. Les cinq ou six membres les plus importants de la famille royale engrangent quotidiennement les revenus d'un million de barils de brut sur les neuf à dix millions de barils par jour de la production nationale. On leur distribue des terres qu'ils revendent à prix d'or pour des projets immobiliers.

1. https://wikileaks.ch/cable/1996/11/96RIYADH4784.htm
2. En 2015, l'Arabie Saoudite avait une ardoise de 3,7 millions d'euros d'impayés auprès de l'Assistance publique-Hôpitaux de Paris. *Le Parisien*, 4 août 2015.

Au quotidien, les princes ne paient pas leurs factures d'électricité, d'eau ou de téléphone. Les billets d'avion sur la Saudia Airlines sont gratuits. Quand ils voyagent, c'est le Palais qui règle leurs chambres d'hôtel dans les palaces du monde entier. Chez les princes saoudiens, il n'y a pas de petits profits. En tant que « sponsor », ils touchent un intérêt sur l'établissement et le renouvellement des permis de résidence des travailleurs étrangers. Chaque fois, c'est 100 dollars dans la poche du prince, une somme qu'il faut multiplier par des milliers.

Dans leurs *diwan*, les princes font aussi du négoce en monnayant leur influence pour faire avancer des contrats. Les hommes d'affaires font la queue pour obtenir un accès au premier cercle décisionnaire de la famille royale. Certains, comme le prince Walid Ben Talal, sont devenus des rois de la finance internationale.

En jean, il reçoit le jeudi soir dans sa « ferme », à une cinquantaine de kilomètres au sud de Riyad. Il aime marcher, entouré de trois gardes du corps, le regard en permanence rivé sur l'écran de son téléphone portable sur lequel il suit l'évolution de cours de la Bourse. Ce soir-là, où l'un des auteurs l'accompagnait dans sa promenade nocturne, le prince Walid était contrarié. Il avait été rétrogradé de la 16e à la 26e place des hommes les plus riches du monde répertoriés par le magazine *Forbes*. Scène éloquente : dans sa résidence du désert, des dizaines d'écrans de télévision sont branchés sur CNBC, la chaîne des cours de la Bourse.

En fin de soirée, les Bédouins arrivent dans sa ferme. Les uns après les autres, ils lui donnent l'accolade – en lui embrassant l'épaule droite, signe de soumission. En échange, le prince leur glisse un billet dans la main. Ces hommes viennent chercher une aide pour faire hospitaliser un parent, un conseil en affaires, ou un appui pour obtenir un emploi dans l'administration.

Une armée d'attachées de presse, parfois vêtues de mini-jupes, s'active dans ses bureaux de la Kingdom Tower, la plus haute tour de Riyad, pour promouvoir son image. « Le prince Walid aime l'argent et la publicité, note un ambassadeur occidental à Riyad. Il adore se faire remettre des décorations. Un jour c'est le Bangladesh, le lendemain c'est un autre pays exotique. Ça lui fait plaisir, ça fait sourire dans le royaume. »

Les « Al Capone du désert »

Hypocrisie, quand tu nous tiens ! Pour assurer leur train de vie fastueux, certains princes organisent la contrebande d'alcool et tiennent le marché noir dans le royaume. Ces « Al Capone du désert » utilisent leurs jets privés équipés de doubles planchers. Dans les aéroports du royaume, ils ont leurs salons VIP et aucun douanier saoudien ne s'aviserait de les contrôler quand ils reviennent de l'étranger. « Les riches Saoudiens et les princes atterrissent à l'aéroport du Bourget avec leurs jets privés, confirme le manager d'un palace parisien. Une limousine les conduit jusqu'à l'hôtel.

Ils me passent commande de caisses de vins et de whisky qu'ils remportent ensuite en Arabie. »

La contrebande d'alcool est particulièrement lucrative. Le prix d'une bouteille de whisky est multiplié par dix : une bouteille achetée 30 euros est revendue 300 euros en Arabie. Le Black Label s'écoule à 1 500 riyals la bouteille, soit 375 euros. Pourtant, le Coran n'interdit pas la vente de l'alcool mais l'ivresse, car à l'époque du prophète Mohammed on fabriquait du vin de palme à La Mecque. Mais l'interprétation wahhabite, elle, interdit la possession, la vente et la consommation d'alcool[1].

On est à mille lieues de la morale religieuse imposée pour le commun des mortels dans le royaume… En fait, et c'est surprenant, les princes saoudiens ne sont pas wahhabites. Sur le plan des mœurs, à la différence de l'Iran où la société civile est en avance sur le pouvoir théocratique, c'est l'inverse en Arabie Saoudite : la famille royale est plus progressiste que la société, encore très traditionnelle et conservatrice.

Dans les soirées mondaines en Arabie, comme en Iran d'ailleurs, l'alcool coule à flots malgré l'affichage religieux du pouvoir. « Les princes font attention de ne pas être vus

1. Lors de la première guerre du Golfe en 1990, l'armée de l'air française stationnée en Arabie Saoudite avait fait reconditionner des bouteilles de shampoing pour les remplir de vodka et de whisky !

en train de boire en public, explique cependant un diplomate français. Lors des dîners organisés au consulat de France de Djeddah, ils ne buvaient jamais. » Tous les expatriés étrangers en Arabie vous le diront : c'est à Riyad et à Djeddah que l'on trouve les plus grandes caves de grands vins de Bordeaux et de whisky ! « J'ai passé un réveillon du 31 décembre chez Khaled al-Tuweijri, l'ancien chef de cabinet du roi Abdallah, et à ma grande surprise, raconte, encore éberlué, un entrepreneur français, il y avait un mur complètement tapissé de bouteilles de whisky ! »

Dans l'enceinte de leurs palais, les princes se lâchent. Ils organisent même des « Halloween Parties », comme l'a révélé un télégramme diplomatique américain rendu public par Wikileaks. Lors d'une de ces soirées à Djeddah à laquelle il assistait, le consul américain décrit une ambiance de boîte de nuit, style « sexe, drogue et rock'n'roll ». Sur la piste de danse, une centaine de jeunes garçons et filles se déchaînent en se déhanchant, sous l'effet de l'alcool et de la drogue. Des prostituées ont été amenées pour « égayer » la soirée.

Les fiches de douanes dans les aéroports saoudiens indiquent que toute personne interpellée avec de la drogue est passible de la peine de mort. Un avertissement qui n'empêche pas certains princes du royaume d'être de véritables trafiquants ! Fin octobre 2015, l'un d'entre eux a été arrêté à l'aéroport de Beyrouth alors qu'il faisait charger à bord de son jet privé deux tonnes de pilules de Captagon, une drogue utilisée par les djihadistes lorsqu'ils commettent des attentats-suicides. Les cachets étaient dissimulés dans 40 valises. C'est la plus importante saisie de stupéfiants jamais effectuée au Liban !

Au plan des mœurs, les jeunes princes n'ont aucun tabou. Un comportement excessif entretenu par un sentiment d'impunité. Par exemple, Mohammed bin Fahd, l'un des nombreux fils de feu le roi Fahd, avait l'habitude de circuler sur les Champs-Élysées avec une arme de gros calibre dans sa voiture. Quand, ayant découvert le fusil d'assaut, un policier français en rendit compte à sa hiérarchie du ministère de l'Intérieur, elle lui répondit : « laissez tomber ! ». Un autre prince, fils de feu le roi Abdallah celui-là, est sous le coup d'une accusation d'agression sexuelle dans son palais de Beverly Hills[1]. Le décès de cheikh Rashid, le fils aîné de l'émir de Dubaï, en septembre 2015, est aussi emblématique de ces princes du Golfe qui brûlent la vie par les deux bouts. Âgé de trente-quatre ans, cheikh Rashid est officiellement décédé d'une crise cardiaque[2]. Il était surtout connu pour sa passion des chevaux, des jolies femmes et des grosses voitures !

La plupart du temps, les autorités des pays du Golfe ferment les yeux sur les turpitudes des princes. En revanche, en Arabie Saoudite, elles sont impitoyables quand un ressor-

1. *Saudi Prince arrested at L.A. compound for alleged sex crime*, *Los Angeles Times*, 24 septembre 2015.

2. « Derrière la mort du fils aîné de l'émir de Dubaï, les secrets du monde d'excès des princes du Golfe », site Atlantico, 29 septembre 2015.

tissant étranger est contrôlé par la police avec de l'alcool dans son coffre de voiture ! La justice saoudienne prévoit cinq à dix ans de prison pour la détention de plus de 24 bouteilles d'alcool (notion de contrebande) et de un à trois ans pour moins de 24 bouteilles (notion de simple consommation).

Karl Andree, un Britannique âgé de soixante-quatorze ans, a été arrêté en août 2014 à Djeddah car il transportait des bouteilles de vin dans le coffre de sa voiture. Le septuagénaire a été condamné à une peine de 350 coups de fouet pour possession d'alcool artisanal. Londres a fait pression pour qu'il échappe à ce châtiment « pour des raisons médicales ».

L'Arabie Saoudite est un pays de frustration et d'interdits. L'hypocrisie règne en maître. Tout est affaire de dissimulation pour ceux qui veulent échapper au carcan wahhabite. Pour se défouler, les Saoudiens passent leurs week-ends à Dubaï et à Manama, où la consommation d'alcool est autorisée dans les bars, les restaurants et les hôtels. Pour cela, ils franchissent le pont qui relie le royaume à Bahreïn, le très justement surnommé *Johnny Walker Bridge* ! Selon l'ambassade d'Arabie à Manama, en moyenne 35 Saoudiens ivres morts sont emmenés au poste chaque semaine.

Les émirs en vacances

Comme dans les monarchies européennes, la chasse est le divertissement favori des princes du Golfe. Pour ses fusils, Tamim, l'émir du Qatar, se fournit chez le célèbre armurier britannique Holland & Holland. La carabine de base vaut 100 000 euros, et les prix grimpent en fonction des matériaux d'incrustation dans la crosse (or, diamants, pierres précieuses, etc.). Tamim affrète des avions privés pour aller chasser dans le monde entier : en Écosse, en Afrique, mais aussi sur le domaine qu'il a acheté en Seine-et-Marne, à Armainvilliers, où il possède 1 000 hectares pour assouvir sa passion.

Au temps de sa splendeur, l'ex-président tunisien Ben Ali avait offert à Mohamed Ben Nayef (MBN), aujourd'hui prince héritier d'Arabie Saoudite, de vastes terrains de chasse dans le sud du pays pour tirer l'outarde, une espèce d'oie sauvage. « Dans l'une de ses résidences de chasse, Mohamed Ben Nayef a fait installer une réplique du PC de son ministère de l'Intérieur de Riyad pour la lutte antiterroriste », nous a confié un diplomate tunisien. Pour remercier Ben Ali de son cadeau, Mohamed Ben Nayef avait imposé que toutes les réunions des ministres de l'Intérieur de la Ligue arabe se tiennent à Tunis. Pas étonnant non plus que l'Arabie Saoudite ait offert l'asile à l'ex-dictateur tunisien qui passe sa retraite à Djeddah.

Ahmed, un frère du roi Salman, préfère chasser au Kazakhstan. Pour cela, il n'hésite pas à affréter des avions russes de type Antonov pour charger ses 4 x 4 et son matériel de bivouac. L'un des autres « spots » de chasse le plus prisé par les émirs, c'est le sud de l'Irak, comme le décrivait un télégramme diplomatique de l'ambassade de France à Bagdad en 2010 : « Les familles régnantes du

Golfe aiment à chasser dans le désert irakien, mais elles subissent parfois des revers. Elles y vont chasser la gazelle, l'outarde, la perdrix. La chasse est florissante dans ce grand désert qui longe la Syrie, la Jordanie et l'Arabie Saoudite. Les frontières sont très poreuses, ce qui permet aux terroristes de s'infiltrer [...]. Trois chefs tribaux émiriens, leur accompagnateur irakien et son fils ont été enlevés par des insurgés dans le grand désert d'al-Anbar, près de Mossoul, lors d'une partie de chasse au faucon. Les Émiriens étaient rentrés clandestinement en Irak. Selon des rumeurs, la milice d'al-Qaïda serait derrière ces rapts. Les trois Émiriens ont été libérés après le versement d'une lourde rançon. »

En décembre 2015, 26 chasseurs qatariens, dont deux membres de la famille royale al-Thani, ont connu pareille mésaventure, cette fois dans le Sud irakien – ils étaient pourtant entrés avec une autorisation officielle de Bagdad. L'affaire a pris une tournure politique. Elle s'est dénouée par le versement, notamment, d'un très importante rançon aux ravisseurs, une milice chiite irakienne, proche de l'Iran. Les Émirats ont sévèrement condamné un tel versement d'argent à un groupe lié à Téhéran.

Après la saison de la chasse vient celle de la période estivale. Fuyant la chaleur assommante du Golfe qui dépasse les 50° C à l'ombre, les émirs accomplissent chaque année leur transhumance vers des cieux plus cléments, en Europe et aux États-Unis. Des avions-cargos sont spécialement affrétés pour transporter leurs Porsche, Ferrari et autres Maserati. Les princes ont tous des pied-à-terre à Londres, Paris, Genève ou sur la Côte d'Azur[1].

Les vacances du roi Salman, accompagné de sa suite de 1 000 personnes à Vallauris pendant l'été 2015, ne sont pas passées inaperçues. La construction d'un accès en béton menant à la plage publique de la Mirandole devant le palais du monarque saoudien a fait couler beaucoup d'encre[2]. Cette propriété – le château d'Aurore – avait été acquise en 1979 par le roi Fahd. Abdallah, son successeur, l'avait délaissée au profit de son palais à Casablanca, au Maroc.

Pour la première fois depuis bien longtemps, un roi saoudien revenait sur la Côte d'Azur. Mais, irrité par la polémique, Salman et sa suite sont repartis pour le Maroc au bout de quelques jours, au grand désespoir des commerçants locaux. Chaque membre de la délégation disposait en effet d'un *per diem* de 10 000 dollars par jour, leur argent de poche pour faire des emplettes ! Pour ses vacances d'été de 2016, vexé par l'accueil qui lui avait été réservé en France, le roi Salman a préféré séjourner dans son palais de Tanger.

1. Le roi Salman possède un appartement avenue Foch, à Paris, et un autre à Londres.

2. « Une dalle de béton coulée devant la propriété du roi Fahd à Golfe-Juan fait polémique », *Nice-Matin*, 15 juillet 2015.

Les al-Thani du Qatar prennent leurs quartiers d'été sur les hauteurs de Cannes. L'ex-émir cheikh Hamad, qui a abdiqué en faveur de son fils Tamim, aime naviguer sur le *Katara*, son yacht de 124 mètres de long, en Méditerranée, des Baléares jusqu'en mer Égée où il a acheté six îles grecques, les Échinades, pour 8,5 millions d'euros[1].

La famille régnante des Émirats arabes unis, elle, privilégie l'air pur du lac Léman et de la Suisse[2]. Cheikh Zayed avait acheté un domaine à Maxilly-sur-Léman. Son fils cheikh Khalifa, l'actuel président des Émirats, a acquis une seconde propriété à Amphion-sur-Léman, à côté de Genève. Les émirs koweitiens, eux, se sont plutôt regroupés autour de Divonne-les-Bains, où les al-Sabbah possèdent des propriétés.

Les émirs du Golfe aiment la belle pierre et le charme des demeures anciennes. Le roi du Bahreïn, Hamed ben Issa Al Khalifa, s'est offert l'hôtel de Bourbon-Condé dans le 7e arrondissement de Paris. Ce bâtiment historique, qui a coûté 70 millions d'euros, a été complètement rénové. Alors qu'une majorité de son peuple survit au quotidien, le roi a aussi racheté pour 200 millions d'euros le château de Gretz-Armainvilliers en Seine-et-Marne, avec son parc de 400 hectares, jusqu'alors propriété de la monarchie marocaine.

---

1. *Qatari emir buys six Greek islands for a song*, *The Guardian*, 4 mars 2013.
2. « Les cheikhs se rivent autour du Léman », *Le Matin Dimanche*, 16 janvier 2014.

Si Londres a les faveurs des Émiriens et des Koweitiens en matière d'investissement immobilier, Paris reste la capitale préférée des Saoudiens et des Qatariens. « La surface minimale qu'ils exigent, c'est 600 mètres carrés, rapporte un agent immobilier spécialisé dans la clientèle des Arabes du Golfe. Ils achètent beaucoup dans le 16e arrondissement. » L'une des filles de feu le roi Abdallah s'est d'ailleurs offert en 2016 un pied à terre de 1 000 mètres carrés avenue Raymond-Poincaré.

Après l'intronisation du roi Salman en janvier 2015 et la montée en puissance de son fils Mohamed bin Salman (MBS) comme vice-prince héritier, « les membres de la famille royale ont considérablement augmenté leurs achats dans la capitale française, poursuit notre agent immobilier. Ils ont peur de Mohamed bin Salman qui a écarté beaucoup de monde. Ils préparent leurs arrières en cas de coup dur ».

Une partie de la famille royale et les VIP du royaume sont fébriles et inquiets.

« Il y a trois ans, leur priorité allait à l'optimisation fiscale, constate un avocat d'affaires parisien qui conseille plusieurs princes du Golfe. Aujourd'hui, leur préoccupation a complètement changé. Leur obsession est désormais de sécuriser leur patrimoine. Ils me demandent tous : "Comment faire pour protéger mon argent ?" ! »

Pour assurer la discrétion de leurs investissements immobiliers, les princes du Golfe utilisent des montages le plus opaques possible. « Pour acheter un bien immobilier à Paris, par exemple, confie notre avocat d'affaires, ils montent une SCI (société civile immobilière) au nom d'une société luxembourgeoise ou belge qui financera l'acquisition *via* une fiduciaire à Jersey, qui sera ensuite dissimulée sous trois ou quatre étages de sociétés off shore pour camoufler le tout. L'opération est financée par un emprunt gagé par le même montant qu'ils ont en dépôt dans une banque suisse. » Ni vu ni connu, les princes échappent ainsi à l'ISF (impôt sur la fortune) et à une éventuelle saisie de leurs biens immobiliers.

Quand ils voyagent à l'étranger, les VIP du Golfe sont une cible de choix pour les voleurs, car ils ont toujours sur eux des liasses de billets de banque et les femmes arborent des bijoux de grande valeur. À Paris, ils ont leurs habitudes dans les hôtels cinq étoiles du 8e arrondissement, ce qui facilite le travail de repérage des malfaiteurs.

« En juillet 2015, nous avons enregistré un nombre record de vols contre nos clients du Golfe, a constaté un cadre d'un palace des Champs-Élysées. Trente-sept plaintes ont été déposées au commissariat. Un responsable qatarien, qui venait dans le cadre d'un contrat militaire, s'est fait dérober son porte-documents alors qu'il était au comptoir de l'accueil de l'hôtel. Les caméras de surveillance ont vu un homme s'approcher et lui dérober son bagage… »

Désormais, les ambassades d'Arabie Saoudite et des Émirats arabes unis communiquent aux grands hôtels parisiens des consignes de précautions à prendre vis-à-vis de leurs ressortissants. Autant dire que la sécurité est une manne pour les sociétés de protection qui fournissent gardes du corps (hommes et femmes) et voitures blindées. Le filon des émirs du Golfe est un business qui rapporte gros !

Mais pendant que les princes et les VIP s'amusent et dépensent sans compter leur argent à l'étranger, la jeunesse saoudienne s'ennuie chez elle. Corsetés par une multitude d'interdits religieux et de règles sociales, les jeunes étouffent. Les loisirs et les distractions sont rares au pays d'Allah. Cinéma, théâtre et concerts de musique restent prohibés.

Les jeunes passent leur vie dans les centres commerciaux et multiplient les comportements à risque. Le jeudi soir, veille de week-end, ils font des rodéos en voiture, en quad ou à moto sur l'avenue Takhliyah, les Champs-Élysées de Riyad. Devant l'ampleur du phénomène, les oulémas ont dû édicter une *fatwa* condamnant ces raids nocturnes, qualifiés de « phénomènes mauvais » pratiqués par « quelques jeunes dépravés en pensée et en action[1] ». Sans grand résultat !

Frustrée socialement et culturellement, la jeunesse saoudienne s'invente des jeux transgressifs pour échapper à la routine, comme le *skying* : sur l'autoroute, à bord de bolides, les jeunes gens roulent à vive allure, s'accrochent

1. *Royaume d'asphalte – Jeunesse saoudienne en révolte*, Pascal Ménoret, éditions La Découverte et Wildproject, 2016.

à la portière et glissent sur le bitume comme s'ils faisaient du ski nautique ! Ils customisent leurs voitures en enlevant tout ce qu'il y a l'intérieur, ne laissant qu'un siège dans l'habitacle. Dans le désert, à bord de ces véhicules allégés, le jeu consiste à grimper les dunes les plus hautes possibles sans se renverser ! Chaque week-end, il y a des blessés, parfois des morts.

L'univers mental saoudien est schizophrénique. « Notre population est sans doute la plus connectée du monde, se félicite le ministre des Affaires étrangères, Adel al-Jubeir. La moitié des Saoudiens utilisent Twitter[1] », et chaque jour 190 millions de vidéos sont vues sur YouTube. Avec la mondialisation, la tension entre modernité et tradition s'est exacerbée.

« En Arabie Saoudite, cette ambivalence entre ouverture et fermeture a toujours existé, remarque un diplomate français qui fut longtemps en poste dans le royaume. Ce n'est pas nouveau. Mais aujourd'hui, elle prend plus d'acuité compte tenu de l'ampleur des défis à relever. »

Le premier d'entre eux remonte – encore et toujours – au pacte de 1744, qui permet à l'institution religieuse d'exercer une emprise sur la société saoudienne. Et selon la plupart des experts du royaume, les choses ne sont pas près de changer.

1. Entretien avec les auteurs. Paris, 10 mai 2016.

L'autre défi concerne la gérontocratie qui gouverne l'Arabie Saoudite. La question est sur les lèvres de tous les Saoudiens : qui succédera au roi Salman, âgé de quatre-vingts ans ?

– 7 –

La nouvelle Arabie

« C'est Juan Carlos à l'appareil, puis-je parler au roi Salman ? » Lorsque l'ancien monarque espagnol appelle le souverain saoudien sur son téléphone portable, il est surpris de ne pas reconnaître son ami. Au bout du fil, une voix jeune lui répond : « Ah ! Juan Carlos d'Espagne, le roi est occupé ! » C'est le fils de Salman qui l'éconduit ainsi, le prince Mohamed bin Salman, l'étoile montante du royaume depuis l'accession de son père au trône à la mort d'Abdallah en janvier 2015[1].

L'Arabie Saoudite vit, depuis, une minirévolution, même si ce terme est honni dans ce pays qui déteste les accélérations brutales de l'Histoire. Plus qu'une monarchie, l'Arabie était, jusque-là, une oligarchie princière.

De nombreux princes de sang royal intriguaient en coulisses en vue de la succession du roi Abdallah, affaibli par la maladie depuis plusieurs années. Parmi les prétendants, il y avait son fils, Mitaeb, Khaled bin Sultan (KBS)

1. L'anecdote est racontée à Riyad par l'ambassadeur d'Espagne.

un fils du prince Sultan, le demi-frère d'Abdallah. Et enfin, Mohammed bin Nayef (MBN), le fils du prince Nayef, un autre demi-frère du monarque.

Comme en Arabie pouvoir égale argent, chacun de ces aspirants au trône s'était bâti un empire grâce à la complaisance du patriarche à la tête de chacun de ces clans. À Mohammed bin Nayef, la lutte antiterroriste conduite par le ministère de l'Intérieur qu'avait dirigé son père pendant quarante ans. À Khaled bin Sultan, l'armée sur laquelle veilla Sultan, son père. Et à Mitaeb, la Garde nationale, sorte de garde prétorienne au service du roi Abdallah.

Un subtil jeu d'équilibre militaire et tribal permettait de neutraliser leurs luttes internes. Par le biais de la Garde nationale et des tribus qui la composent, Mitaeb assurait la protection du régime et des installations pétrolières. Khaled bin Sultan, lui, était responsable de la défense des frontières, mais également du dossier nucléaire. De son côté, Mohammed bin Nayef devait sauver la famille des griffes d'al-Qaïda. En coulisses pourtant, à partir de l'année 2010, avec la détérioration de la santé du roi Abdallah, les sabres étaient sortis des fourreaux.

Pénible fin de règne d'Abdallah

Avant la visite du Premier ministre François Fillon à Riyad en février 2011, l'ambassade de France alerta Paris. « Ne vous arrêtez pas à l'apparence de vos interlocuteurs, sinon vous serez horrifié ! avertissait un télégramme diplomatique. Le roi Abdallah est très fatigué, le prince héritier

Sultan est très affaibli. Nayef, le ministre de l'Intérieur, marche comme un petit vieux, et Saoud al-Faiçal, le patron de la diplomatie, n'est pas mieux. »

Il n'y avait guère que le prince Salman, alors gouverneur de Riyad, âgé de soixante-dix-huit ans, qui affichait une relative bonne santé. Les autres, ceux de la « bande des quatre », paraissaient en effet fort décrépits. Tous dépassaient déjà les quatre-vingts ans. Certes, à quatre-vingt-huit ans, le roi Abdallah venait encore d'être père avec une jeune Marocaine, même si ses médecins américains lui recommandaient de ne pas trop forcer sur le Viagra[1].

Les dernières années d'Abdallah sur le trône furent ponctuées par la disparition, les uns après les autres, de plusieurs de ses successeurs potentiels, parmi les autres fils d'Abdelaziz ibn Seoud, le fondateur du royaume d'Arabie qui avait eu 53 enfants

Ministre de la Défense depuis 1963, le prince Sultan mourut en octobre 2011, après avoir amassé une fortune colossale, bâtie autour des mégacontrats d'armements que l'Arabie avait conclus depuis les années 1980 avec les États-Unis, la Grande-Bretagne et la France. Il légua à ses enfants quelque 270 milliards de dollars. Notoirement corrompu, il ne fut pas vraiment pleuré à sa mort, au terme de longs mois d'absence passés entre la clinique Rochester Mayo aux États-Unis et son palais d'Agadir au Maroc.

L'histoire retiendra de Sultan son rôle de modernisateur des forces armées, doublant leurs effectifs à 100 000 hommes, et pilotant de juteux contrats d'armements

---

1. Entretien avec un diplomate. Riyad, avril 2016. Également mentionné dans Wikileaks.

jusqu'à ce qu'Abdallah mette un peu d'ordre dans ces transactions opaques.

Sitôt Sultan disparu, le roi Abdallah et ses proches brisèrent le clan de son demi-frère. Le fils du prince Sultan, Khaled bin Sultan, fut la première victime des règlements de comptes. Peu après la mort du patriarche, Abdallah préféra le prince Salman plutôt que Khaled bin Sultan au poste de ministre de la Défense, bien que ce dernier fût déjà vice-ministre de la Défense. Toutefois, il faudra six mois d'une impitoyable guerre de tranchées pour qu'Abdallah et les siens parviennent à évincer totalement Khaled bin Sultan. Une mise à la retraite brutale au printemps 2012, signifiée à l'intéressé par un communiqué de trois lignes !

Mais, comme chaque fois chez les Saoud, prévaut la volonté de ne pas humilier un membre de la famille régnante. En compensation, le prince héritier Salman accordera à la compagnie aérienne Nas Air, proche de Khaled bin Sultan, de nouveaux contrats de transports de pèlerins vers La Mecque, au départ du Tchad et du Soudan.

Khaled bin Sultan à son tour évincé, Mitaeb, le fils du roi Abdallah, avait désormais le champ libre. Poussé par son père, le prince cherchait à se forger une stature internationale. « Tous les six mois environ, il était reçu par Nicolas Sarkozy à l'Élysée », se rappelle un diplomate[1].

À partir de 2012, il rencontrait régulièrement François Hollande et Jean-Yves Le Drian, accompagné de Georges Fancioli qui dirige Cæsar International, discret mais très efficace fournisseur d'armes françaises à la Garde nationale. Bien que celle-ci soit uniquement une force terrestre,

1. Il investit à Paris en achetant l'Hôtel de Crillon.

son chef était présent en juin 2012 au salon du Bourget, le rendez-vous des industriels de l'aéronautique. Mitaeb cherchait à doter son « bébé » d'hélicoptères, pour intervenir rapidement en cas de coup porté à la famille royale.

En juin 2012, c'est au tour du prince Nayef de mourir. Abdallah n'est pas mécontent de voir disparaître son demi-frère, un conservateur proche des religieux et plutôt hostile aux réformes que le roi avait accélérées.

Pour que la famille royale ne se déchire pas davantage, un pacte avait été scellé entre les demi-frères. Au roi, les réformes, et à Nayef, le soin de rassurer la frange conservatrice de la société. Mais en Bédouin madré qu'il était resté, Abdallah voulut bétonner le pacte pour que ses réformes lui survivent. Il forgea des alliances de sang en mariant plusieurs de ses filles à des enfants de son demi-frère Nayef. Conservation du pouvoir oblige ! À la mort de Nayef, son fils Mohamed fut promu naturellement à la tête du ministère de l'Intérieur, après en avoir dirigé avec succès les opérations antiterroristes.

Entre le clan Abdallah et Mohamed bin Nayef, le fils du défunt, une paix armée s'instaure. Le roi a besoin de l'expertise de Mohamed bin Nayef contre les terroristes. Quelques mois avant la mort de Nayef père, Abdallah dépêcha son ministre de l'Intérieur pour ramener le calme dans la province chiite troublée de l'est du pays qui abrite les réserves de pétrole. Non seulement Mohamed bin Nayef obtint la tête du gouverneur de cette province, Mohamed bin Fahd, le fils de l'ancien roi Fahd qui dirigeait cette région stratégique depuis 1985, mais, pour lui succéder, il plaça son frère aîné, Saud bin Nayef – jusqu'en 2010 ambassadeur en Espagne, et à ce titre l'architecte du rapprochement des familles royales qui permit aux entreprises espagnoles de remporter plusieurs grands contrats dans le royaume. Aux commandes de la région pétrolifère et du ministère de l'Intérieur, le clan Nayef semble plus puissant que jamais.

À l'ombre de ces luttes de clans, l'Arabie tournait au ralenti, aucun ministère n'osant prendre de décision importante, ni signer des contrats d'envergure qui auraient pu être remis en cause par le roi suivant. Mais, durant la fin de règne d'Abdallah, une fois de plus, l'intérêt à protéger la famille finalement prévalut. « La première question que le roi Abdallah se pose en se rasant le matin, confiait alors un diplomate américain à son collègue français, c'est : où sera ma famille dans cinquante ans, sera-t-elle toujours sur le trône d'Arabie Saoudite ? Ou en exil à Washington, ou dans un palais à Marrakech. Comment faire pour durer ? »

Salman, gardien de la Maison des Saoud

Vingt-cinquième fils d'Abdelaziz, Salman devint roi au décès de son demi-frère Abdallah le 23 janvier 2015. Il ne lui rendit qu'un hommage minimal en décidant la fermeture des institutions gouvernementales pendant 24 heures seulement, sans même décréter de deuil national.

Salman évinça aussitôt de nombreux proches d'Abdallah : deux de ses fils, le prince Michal (gouverneur de la région de La Mecque), Turki (le gouverneur de Riyad), et surtout Khaled al-Tuwaijri, le tout-puissant chambellan du roi Abdallah, qui avait profité de sa maladie pour accroître son pouvoir. En avril, soucieux de faire le ménage, le nouveau monarque démit le prince héritier Mouqrin, autre proche du défunt Abdallah : une mise sur la touche inédite dans l'histoire de la monarchie. Il nomma à sa place son neveu Mohammed bin Nayef. Et dans un souci affiché de rajeunissement, il promut son fils Mohammed bin Salman au poste de vice-prince héritier.

Sous son règne, fini le partage du pouvoir entre princes. Place à la « sainte Trinité » pour conduire les destinées de la « nouvelle Arabie » : le roi, et les deux Mohammed, le prince héritier bin Nayef, et le vice-prince héritier bin Salman.

Les autres princes ont été écartés, y compris les rares demi-frères d'Abdallah (Mouqrin et Ahmed) qui auraient pu prétendre au pouvoir. Qu'on se rassure ! Leur éviction a été chèrement monnayée. « Les onze princes écartés de la course au trône ont reçu chacun entre 1 et 2 milliards de dollars. Mouqrin, lui, a reçu 2 milliards de dollars », confie un diplomate bien informé.

La nouvelle gouvernance s'est organisée autour de deux pôles : économique, dirigé par Mohamed bin Salman, et sécuritaire, derrière Mohamed bin Nayef. Chaque lundi matin, le roi Salman préside le conseil des ministres dans son palais. L'après-midi, se tient sous la direction de Mohamed bin Salman la réunion du Comité pour les affaires économiques avec les ministres concernés. Et le mardi matin, se réunit le Comité politique, présidé par le prince héritier, auquel participe Mohamed bin Salman en tant que ministre de la Défense.

Outre son titre d'héritier du trône, Mohamed bin Nayef garde la haute main sur l'antiterrorisme. En plus de l'économie, Mohamed bin Salman, lui, contrôle la Défense et les Affaires étrangères, *via* un proche, le ministre Adel al-Jubeir, ancien ambassadeur aux États-Unis.

C'est d'ailleurs la première fois qu'un roturier occupe le poste de chef de la diplomatie du royaume.

Les princes disparaissent du gouvernement. Mais d'autres membres de la famille régnante restent gouverneurs des provinces, afin de maintenir un équilibre entre les différentes branches des Saoud. Quant aux ministres, la plupart sont maintenant des technocrates choisis pour leurs compétences, souvent des hommes d'affaires.

Si Abdallah était un vrai réformiste, Salman est plus attentiste, surtout sur le plan social. « Lui, c'est vraiment le gouverneur de Riyad, le représentant des habitants du Najd, berceau de la famille Saoud, et le gestionnaire qui est à 7 h 30 du matin à son bureau pour surveiller la situation », relève l'ambassadeur Bertrand Besancenot.

Pendant cinquante-cinq ans, Salman fut l'inlassable gouverneur de la capitale saoudienne, un poste d'observation[1] qui lui permit d'être relié aux nombreuses tribus qui s'installèrent dans une mégalopole peuplée aujourd'hui de 5 millions d'habitants.

Comme il était réputé conservateur, ses premiers gestes de roi furent scrutés. Rapidement, la nomination comme conseiller d'un imam rigoriste dont Abdallah s'était séparé nourrit la rumeur sur un recentrage du pouvoir au profit des religieux.

« À Djeddah, les premiers jours après la succession, il n'y avait personne dans la rue, se souvient un expatrié. Les gens avaient peur de sortir, ils redoutaient la police religieuse. » Confusément, chacun craignait que le nouveau roi s'adosse aux oulémas pour raffermir son pouvoir.

---

1. Les Français, sauf Jacques Chirac, n'allaient pas ou peu le voir quand il était gouverneur de Riyad.

À l'approche des premières élections municipales ouvertes aux femmes en décembre 2015, certains religieux vinrent au *diwan* afficher leur opposition. Mais cette décision prise sous le règne d'Abdallah faisait partie des sujets non négociables avec l'establishment religieux. En revanche, ce que le pouvoir dut négocier avec les oulémas, c'est la stricte séparation des sexes dans les bureaux de vote ainsi que l'organisation des conseils municipaux quand les nouvelles élues iraient siéger. Deux pas en avant, un en arrière !

Au cours de ses premiers mois, Salman surveilla son monde. Il laissa la police religieuse avancer ses pions, mais quand il vit que ses écarts dépassaient les bornes après un scandale de viol, le roi les rappela sévèrement à l'ordre, comme on l'a vu. En avril 2016, il accentua la pression sur les *mouttawa'in* en leur interdisant les arrestations. Bref, contrairement à ce que redoutaient certains, Salman n'a pas durci le contrôle social.

Après deux ans à la tête du royaume, il laisse son fils Mohamed bin Salman moderniser l'économie, tout en avançant à pas comptés en matière sociale. « On ira aussi loin que la population l'accepte, c'est son principe directeur », analyse un diplomate, qui rappelle le fond conservateur de la société saoudienne.

Fort de sa longue expérience à la tête du conseil de famille, où il arbitra les différends entre clans, Salman affiche deux priorités : la préservation du contrat social et le maintien d'un minimum d'homogénéité au sein d'une famille régnante secouée par la transition. Encore une fois, c'est la préservation du pouvoir des Saoud qui est en jeu. « Au gré des circonstances, Salman sera donc libéral ou conservateur », estime l'industriel Jacques Bourgeois, fin connaisseur de l'Arabie.

Proche des cercles dirigeants depuis quarante ans, l'ancien diplomate Hassan Yasseen décrypte la personnalité du roi saoudien. « Les enfants de sa première épouse, Sulthana al-Soudayri, ont étudié aux États-Unis ; ceux de sa seconde épouse, eux, ont été éduqués en Arabie. Salman était très ouvert avant d'être gouverneur de Riyad. Il voyageait beaucoup. Mais une fois à la tête de la capitale, il a dû davantage rester au pays, et en vieillissant il s'est attaché aux choses essentielles. Vous ne pouvez pas dire qu'il est conservateur, mais ce qui est le plus important chez Salman, c'est qu'il a capté l'importance de la gouvernance et des changements. Et cela, il l'a transmis à ses plus jeunes enfants », dont le préféré, Mohamed bin Salman.

Un autre diplomate familier du *diwan* raconte une anecdote qui semble montrer sa vision pertinente des pays arabes. « Alors qu'il était prince héritier durant les Printemps arabes, Salman me demanda un jour : "Vous savez pourquoi toutes les républiques sont en train de se casser la figure et pourquoi les régimes monarchiques, eux, ne sont pas touchés ? Pour une raison fondamentale, me dit-il : quand vous, les Occidentaux, Français et Britanniques, avez donné l'indépendance aux pays arabes après la guerre, vous avez laissé des constitutions avec des parlements et des élections. Simplement, il n'y avait, pas plus en Syrie qu'ailleurs, de véritable culture démocratique. Que s'est-il passé ensuite ? Les élites, qui avaient hérité du pouvoir, l'ont monopolisé, ont très bien vécu ainsi, et puis un beau jour elles ont commencé à avoir l'idée de rendre héréditaire leur pouvoir, en pleine contradiction entre le texte et la pratique. Nous en Arabie, nous ne parlons jamais de démocratie, mais on essaie de faire avancer la société à son rythme". »

Mohammed bin Nayef, monsieur Sécurité

Depuis l'accession de Salman sur le trône, une guerre sourde oppose son fils Mohammed bin Salman et son neveu, le prince héritier Mohammed bin Nayef. Cette lutte entre les deux Mohammed est alimentée par la volonté de Mohammed bin Salman d'accaparer une grande partie du pouvoir, profitant d'un accès privilégié à son père le roi Salman.

En tant que prince héritier, Mohammed bin Nayef, cinquante-sept ans, devrait être le prochain roi, si l'ordre protocolaire actuel est respecté. Il jouit du consensus de la famille royale, il a la haute main sur le système de sécurité, et il bénéficie du soutien international – américain, en particulier.

Discret, Mohammed bin Nayef est avant tout le patron de l'antiterrorisme saoudien, celui qui sauva littéralement la famille Saoud des attaques répétées d'al-Qaïda durant les années de sang entre 2003 et 2006. Après un attentat contre le ministère de l'Intérieur en 2004, qui alarma la famille régnante, Mohammed bin Nayef mit en place un système de protection des princes et de leurs installations. Lui-même fut à quatre reprises au moins la cible d'un attentat. Le plus spectaculaire se déroula en 2010 : l'assaillant, qui venait le féliciter à l'occasion du ramadan, avait dissimulé un explosif dans un suppositoire introduit dans son rectum ! Heureusement, alors que le terroriste s'approchait de Mohammed bin Nayef, celui-ci s'écarta pour recevoir un appel de son père sur son portable !

En 2003-2004, alors que de nombreux Saoudiens partaient en Irak combattre l'« occupation américaine », la police était infiltrée par les partisans d'al-Qaïda. « Chaque fois que les autorités planifiaient une opération antiterroriste, comme il y avait 10 % de policiers infiltrés par al-Qaïda, la plupart de leurs actions échouaient car elles étaient éventées », se rappelle un industriel qui vit à Riyad depuis des années.

Aux commandes du ministère de l'Intérieur, le clan Nayef procéda alors à une purge des forces de l'ordre, remplaçant des policiers, originaires du Hedjaz et infiltrés par al-Qaïda, par des Najdiens dont les familles étaient strictement contrôlées et qui sont aussi les plus fidèles aux Saoud. « La curée fut sévère, toutes les semaines il y avait du nettoyage », conclut notre industriel.

En même temps, une « guerre des idées » fut lancée contre tous ceux qui se laissaient séduire par les thèses djihadistes. Un programme de déradicalisation vit le jour pour réintégrer les Saoudiens de retour d'Irak ou rapatriés de la prison américaine de Guantanamo. Et pour remédier à un manque de renseignements, la Garde nationale reçut mandat de resserrer les contacts avec les tribus, pour savoir ce qui s'y tramait.

Outre ce maillage tribal au moyen d'indics qui firent remonter le renseignement, de l'argent fut versé aux ex-djihadistes pour trouver un travail, un logement, une femme. Et les familles furent elles aussi sollicitées pour ramener tous les « déviants » dans le bon chemin, c'est-à-dire celui d'un islam non-violent.

À partir de l'année 2005, les services de sécurité commencèrent à devancer les évènements. Le tandem Nayef père et fils parvint à chasser les terroristes d'al-Qaïda au Yémen voisin, et à démanteler les organisations caritatives qui aidaient le réseau d'Oussama ben Laden, l'ex-militant saoudien déchu de sa nationalité par Riyad. Dans son combat, Mohammed bin Nayef fut aidé par la CIA, qui depuis le tient en estime[1].

Peu à peu, la guerre contre al-Qaïda produisit des résultats, même si en février 2007 sept Français en promenade sur le site archéologique de Madaïn Saleh furent sauvagement assassinés par un commando djihadiste. « Je vous promets qu'on retrouvera les assassins et je vous inviterai à leur décapitation », s'engagea alors Mohammed bin Nayef auprès de Pierre Goujard, l'attaché de sécurité intérieure à l'ambassade de France[2].

Malgré les coups assénés à al-Qaïda, le défi restait immense, comme le reconnaissait Mohammed bin Nayef devant ses homologues étrangers. « Nous avons 10 000 hommes prêts à commettre un attentat et 1 million disposés à les aider, c'est sur ce million que nous devons jouer. » Objectif : les empêcher de basculer dans la lutte armée.

C'était il y a dix ans. Et aujourd'hui, qu'en est-il avec Daech, la nouvelle menace terroriste[3] ? « En 2003, les

---

1. Washington n'aimait guère son père, trop proche des religieux, qui avait refusé de communiquer au FBI les résultats de l'enquête sur l'attentat contre les tours d'Al Khobar en 1996 au cours duquel 19 Américains furent tués.

2. Certains ont été exécutés en janvier 2016, lorsque 47 condamnés à mort ont été passés par les armes.

3. En dix-huit mois, 25 attentats ont été commis par la nouvelle entité Daech en Arabie, selon le ministère de l'Intérieur.

Saoud me disaient, nous avons entre 12 et 15 % de sympathisants al-Qaïda dans la société, relève un expert européen à Riyad. Maintenant, ils me disent 20 à 30 %. Ils sont inquiets. La preuve ? En même temps qu'ils inscrivent les Frères musulmans comme entité terroriste, ils nouent une alliance avec la Turquie qui défend les Frères, ça veut dire qu'ils ont peur. Ils hésitent. »

Entre-temps, la guerre en Syrie est passée par là. Les Saoudiens, intransigeants à l'intérieur pour éradiquer al-Qaïda, ont joué avec le feu chez leur ennemi Assad. Au printemps 2014, le prince Bandar bin Sultan, patron des services de renseignements (GID), est dessaisi du dossier syrien. Celui-ci est transféré à Mohammed bin Nayef, qui incarne aussitôt la rupture avec Bandar. Le ministre de l'Intérieur fait immédiatement adopter par le cabinet royal un décret interdisant aux Saoudiens de rejoindre les rangs d'une organisation « extrémiste » à l'étranger, c'est-à-dire en Syrie et en Irak.

Riyad tourne la page de l'ère Bandar. Au roi Abdallah affaibli qui lui avait assigné de faire chuter Bachar, le « faucon » Bandar promit d'en finir en six mois avec le dictateur syrien, pour peu qu'on se retrousse les manches.

« Quand on entre dans une guerre, il faut y aller sans états d'âme, et multiplier les moyens pour qu'elle soit la plus brève possible [...], affirme-t-il le 2 février 2013 à une délégation française[1] venue sonder ses intentions. J'ai souhaité qu'on donne 12 millions de dollars par mois pour financer

1. Composée d'Emmanuel Bonne, conseiller de François Hollande à l'Élysée, d'Éric Chevallier, ambassadeur auprès de l'opposition syrienne, et du colonel Piccirillo, membre de l'état-major particulier du président de la République. L'hebdomadaire *Marianne* a publié quelques extraits du compte-rendu de cette réunion.

l'ensemble des combattants. » Bandar dit bien « l'ensemble des combattants », ce qui suppose que de l'argent saoudien est allé à des groupes radicaux islamistes.

Sûr de lui, le prince Bandar assurait devant ses hôtes français contrôler « 80 % des combattants sur le terrain »... tout en reconnaissant que les groupes armés gardaient une certaine autonomie au sein d'une rébellion éclatée. Une contradiction qui n'avait pas échappé aux services français ! Mais Bandar justifiait sa politique aventureuse : « Si je me rendais sur le terrain en leur disant : "Écoutez les gars, voilà 100 millions, rendez les armes, on fait un cessez-le-feu. Ils prendraient les 100 millions... et poursuivraient le combat." » L'instrumentalisation des militants djihadistes, chère à Bandar, a montré ses limites : faute d'instructeurs en nombre sur le terrain, le GID (les services secrets saoudiens) n'a eu qu'un contrôle limité sur les groupes rebelles qu'il finançait. Autrement dit, Bandar ne contrôlait pas grand-chose, une fois l'argent distribué en Syrie.

Inquiète à l'idée que des armes tombent entre de mauvaises mains, l'administration américaine usa de son influence à Riyad pour qu'il soit évincé. Son service vit alors ses activités subir un brusque coup d'arrêt, tandis que celui du ministère de l'Intérieur – General Security Service – de Mohammed bin Nayef s'activera pour freiner les départs de combattants saoudiens vers la Syrie.

Actant ce changement de stratégie en Syrie, Mohammed bin Nayef fut reçu par Barack Obama à la Maison Blanche et à Langley, le siège de la CIA que dirige John Brennan, ancien chef de station à Riyad et l'un des principaux partisans de Mohammed bin Nayef au sein de l'administration américaine.

En revanche, la France n'a pas noué d'aussi bonnes relations avec lui. L'Élysée, on l'a vu, a longtemps misé sur les autres ex-princes prétendants au trône, comme Mitaeb ou Khaled bin Sultan. C'est sans doute pour cette raison que notre ambassade à Riyad lui proposa la légion d'honneur lors de sa venue à Paris début 2016. Une opération de rattrapage qui tourna au fiasco, lorsque la presse révéla l'affaire, et qui suscita un vif embarras à l'Élysée où l'on ne voulait pas assumer ce geste. Résultat, Mohammed bin Nayef en a voulu à l'ambassadeur Bertrand Besancenot de lui avoir proposé la rosette.

Mohammed bin Nayef n'a pas de fils. Et si un jour il devient roi, ce ne sera donc pas sa descendance directe qui assumera la charge du trône. Pour le plus grand bonheur de son cousin Mohammed bin Salman !

Mohammed bin Salman, le jeune prince qui décoiffe

Qui est Mohammed bin Salman ? Un jeune prince impulsif qui ne prend pas de pincettes pour répondre au roi d'Espagne ? Ou au contraire un visionnaire ? Probablement les deux.

Mohammed bin Salman est le sixième des dix enfants du roi Salman. À trente et un ans, on lui prête déjà deux épouses avec lesquelles il a eu quatre enfants, deux fils, Salman et Ma'chour, et deux filles, Fadah et Nour.

« Il est très proche de son père : quand Salman était gouverneur de Riyad, Mohammed bin Salman se levait avant lui et se couchait après lui, affirme son ami d'enfance Mazen Soudeyri, un banquier qui étudia avec lui. Il est très connecté avec les milieux financiers. Il est conservateur mais pas religieux. Il a peu d'expérience et n'a jamais étudié à l'étranger. Il y a beaucoup de jalousie autour de lui. Mais les autres princes sont souvent des incapables ! »

Première évidence : ce grand gaillard qui a longtemps bégayé jouit d'une proximité avec son père, sur lequel il avait investi bien avant de monter sur le trône. « Contrairement à ses demi-frères qui avaient fait leur vie, lui était resté dans la maison de son père, apprenant à son contact et s'occupant de lui. Son père veut lui donner une chance de faire quelque chose, car Mohammed bin Salman a des idées », souligne l'ambassadeur Besancenot

Au cours des années précédant l'accession de Salman au trône, Mohammed bin Salman a cumulé les nominations : conseiller spécial de son père, ministre de la Défense en 2011 – avec rang de ministre d'État –, puis en 2012 conseiller spécial de Salman devenu prince héritier. Et lors de la constitution du premier gouvernement nommé par son père le 23 janvier 2015, Mohammed bin Salman devient tout à la fois ministre de la Défense, directeur du *diwan* royal et président du Comité pour les affaires économiques et de développement. Le 29 avril 2015, Mohammed bin Salman est enfin nommé vice-prince héritier et président du nouveau conseil suprême d'Aramco.

Peu connu du grand public, Mohammed bin Salman a fait fortune dans l'immobilier à Riyad, après avoir mis sur pied une société qui recevait des terrains de son père, gouverneur de la capitale.

Mohammed bin Salman parle mal l'anglais, et les mauvaises langues disent même qu'il a acheté son diplôme de *bachelor* en droit de l'université du roi Saoud à Riyad. Dans son entourage, il a plusieurs conseillers francophones, dont le général Ahmed al-Assiri, officier saint-cyrien qui a fait l'École de guerre en France.

Au sein de sa propre famille, si Mohammed bin Salman peut compter sur l'aide de son demi-frère Turki, qui le lie aux milieux d'affaires, ses coups de menton en dérangent d'autres. Il se retrouve isolé. « Sultan, par exemple, un autre demi-frère que Salman eut avec sa première épouse, ne s'entend pas bien avec Mohammed bin Salman, relève un banquier familier de l'Arabie. Il faut dire que Sultan est un peu atypique, il aime l'art et la culture ; il dirige le département du Tourisme et des Antiquités. D'autres demi-frères se sentent eux aussi marginalisés par Mohammed bin Salman, car ils doivent passer par lui pour parler au roi. »

En tant que président du Comité économique et de l'Aramco, toutes les décisions importantes remontent jusqu'à lui. « Tous les contrats de plus de 100 millions de riyals (25 millions d'euros) doivent être approuvés par Mohammed bin Salman et le bureau du roi. Or, 25 millions, c'est vraiment le bas du tableau ! » observe ce banquier. Cela signifie qu'il contrôle tout sur le plan économique…

Mohammed bin Salman est soutenu par de nombreux membres des classes moyennes, les technocrates et certains jeunes, qui attendent des retombées de sa gouvernance. Il dispose d'une garde rapprochée : Adel al-Toraifi, le ministre de l'Information, Khaled al-Faleh, le patron du fonds souverain et le nouveau ministre de l'Énergie qui lui ouvre des portes à Washington et, à la cour royale, Ahmed al-Khatib. Après avoir « flingué » des groupes comme Ben Laden et Saudi Oger, Mohammed bin Salman en fait émerger d'autres, comme Zamil, et Nesma à Djeddah, dont le patron est un proche.

Sitôt en fonction, Mohammed bin Salman prit la décision fin mars 2015 de lancer une offensive militaire contre les rebelles houthis du Yémen, soutenus par l'ennemi iranien. Mohammed bin Salman était même prêt à y envoyer des troupes au sol : une première en Arabie, d'ordinaire prudente et calculatrice ! Mais le prince héritier Mohammed bin Nayef, qui gérait le dossier Yémen depuis la mort de Sultan, s'opposa à une périlleuse aventure chez leur turbulent voisin du Sud.

Menée par une coalition de pays arabes, l'offensive fut hâtivement lancée : ni les alliés pakistanais et égyptiens de Riyad n'acceptèrent d'envoyer des soldats. Et plus d'un an après, face au risque de pourrissement d'une guerre qui coûte cher et fait le jeu d'al-Qaïda et de Daech, Riyad a finalement accepté de négocier avec les rebelles[1]. Barack Obama, lui non plus, n'avait pas été mis dans la confidence. Le jeune Mohammed bin Salman voulait sans doute se venger du refus américain de frapper Assad en 2013 en Syrie. Malgré de sérieuses réserves, les Américains soutiendront, comme la France et la Grande-Bretagne, l'offensive saoudienne… L'Arabie reste le premier acheteur d'armes au monde !

Il ne faut pas trop titiller Mohammed bin Salman sur sa guerre au Yémen. Jean-Yves Le Drian, ministre de la Défense, le constata lors d'un de ses entretiens avec lui lorsqu'il osa déclarer qu'au Yémen « la situation était difficile ».

1. « MBS s'est fait tancer par son père en raison de l'échec saoudien au Yémen, confie un diplomate français. Il est allé bouder une semaine sur son yacht au début de l'été 2016. »

« Mohammed bin Salman a littéralement rugi en rétorquant : “Ça ne se passera pas comme ça, je paierai des Noirs et on va voir !” » Et c’est qu’ils ont fait : ils ont enrôlé des Sénégalais, des Mauritaniens, des Soudanais, ainsi que des Tchadiens[1]… Bref, le jeune homme a parfois des réactions quasi incontrôlées.

En janvier 2016, Mohammed bin Salman annonça la création d’une grande coalition islamique anti-Daech rassemblant 34 pays. Il s’agissait en fait d’une coalition sunnite anti-iranienne. Et là encore, l’affaire fut mal préparée. La Malaisie, l’Indonésie et d’autres pays musulmans ne furent même pas avertis au préalable des détails opérationnels de cette coalition. Six mois après sa création, on ignore tout de ses plans militaires. Envoyer des troupes au sol en Syrie ? « Pas sans un engagement similaire américain », précisa quelque temps après Adel al-Jubeir, le ministre des Affaires étrangères. Or, chacun sait que les États-Unis n’enverront pas en Syrie des milliers d’hommes, comme l’espèrent les Saoudiens. Bref, la promesse de Mohammed bin Salman n’engage que ceux qui veulent y croire… c’est-à-dire personne !

Au-delà de la crise syrienne, c’est toute la position extérieure de l’Arabie Saoudite qui a changé en quelques mois. « Mohammed bin Salman pose les bonnes questions, résume un expatrié à Riyad. Nous avons, dit-il, des moyens financiers et des équipements militaires. Pourquoi nous nous sommes endormis ? S’il n’avait pas réagi, l’Arabie risquait de s’endormir et peut-être de sombrer. »

1. Entretien avec un haut gradé à l’état-major, Paris, 22 avril 2016.

Frictions Mohammed bin Salman – Mohammed bin Nayef

Début 2016, le prince héritier s'est absenté plusieurs semaines d'Arabie. Officiellement, Mohammed bin Nayef est allé chasser l'outarde en Algérie, où il a ses habitudes. En fait, il boude. Pour quelles raisons ? Probablement à cause d'un nouveau différend avec son cousin-germain, Mohammed bin Salman.

La chronique de leurs bisbilles alimente les potins des cercles diplomatiques de Riyad. Certains prétendent même que leurs regards ne se croisent pas lorsque les deux hommes se serrent la main.

Qu'en est-il exactement ? Compte tenu de l'opacité qui entoure les affaires de la famille régnante, il est toujours difficile de se faire une idée exacte de ce qui s'y trame. Mais il n'y a pas de fumée sans feu : l'appétit de pouvoir de Mohammed bin Salman gêne son aîné Mohammed bin Nayef. « Les frictions entre princes ont toujours existé, mais cela atteint un degré d'animosité très élevé, constate un diplomate français qui rentre d'Arabie. Le clan Salman s'est accaparé le pouvoir en affaiblissant le reste de la famille. C'est potentiellement dangereux », affirme-t-il.

Peu après sa nomination, Mohammed bin Salman défia Mohammed bin Nayef en évinçant son fidèle conseiller politique, Ahmed al-Jabri. Rompant avec la tradition selon laquelle l'Aramco était dirigée par un spécialiste du pétrole, non-membre de la famille régnante, Mohammed bin Salman mit la main sur le géant pétrolier. Le 29 avril 2015, il se fit nommer par décret royal président du nouveau conseil suprême de la compagnie.

Et pour renforcer l'emprise du clan Salman sur ce secteur stratégique, son demi-frère Abdelaziz resta vice-ministre du Pétrole. « C'est un des meilleurs guides saoudiens des restaurants parisiens, mais il connaît peu les affaires pétrolières », dit de lui un expert économique, en poste plus de dix ans en Arabie.

Il ne fallut pas longtemps pour que les frictions au sein de la famille s'étalent sur la place publique, ce qui est pourtant extrêmement rare. Neuf mois après l'accession au trône de Salman, un prince l'appela à abdiquer en raison de la maladie d'Alzeihmer dont souffrirait le monarque. Dans deux lettres, dont la presse se fit l'écho, ce prince, un petit-fils d'Abdelaziz, fustigeait également Mohammed bin Salman qui « gouverne » le royaume. « Le roi n'est pas dans un état stable, et en réalité c'est son fils qui dirige le royaume. Quatre ou cinq de mes oncles se rencontreront rapidement [...]. Ils élaborent un plan avec de nombreux neveux qui ouvrira la porte [au changement]. Beaucoup de membres de la seconde génération sont très inquiets », ajoutait la missive.

La lettre appelait les treize fils survivants du roi Ibn Saoud à s'unir pour renverser Salman, puis à choisir un nouveau gouvernement au sein de la famille. L'auteur priait les princes Bandar et Mouqrin de convoquer une réunion d'urgence pour sauver le pays. Pareille initiative ne s'était pas vue depuis le renversement du roi Saoud en 1964 par Faysal. L'auteur de la lettre prétendait jouir d'un large appui au sein de la famille. Mais en fait, seul un prince cautionna son initiative.

Les contestataires profitèrent du calendrier pour exploiter la très mauvaise gestion du drame de La Mecque, où des milliers de pèlerins moururent dans une gigantesque bousculade[1]. Une tragédie propice aux règlements de comptes entre princes. D'autant qu'une autre affaire avait alimenté les tensions au sein de la famille : une réforme en préparation pour taxer les terrains vides. Or, une partie des revenus des princes provient justement de terrains inexploités qu'ils possèdent. « Cette réforme a fait hurler au sein de la famille royale, se souvient un diplomate européen à Riyad. Jusque-là, un certain nombre de princes se contentaient d'attendre que ces terrains prennent de la valeur. Soudainement, on leur demande de faire fructifier leurs biens ou alors de payer des taxes. C'était une sorte d'impôt sur la fortune dont des princes devaient s'acquitter. »

Si l'on y ajoute la volonté de Mohammed bin Salman de rogner les ailes à certains groupes industriels réputés proches du roi Abdallah, on comprend que le jeune prince se soit fait beaucoup d'ennemis en très peu de temps.

Selon certaines sources, Mohammed bin Salman aurait découvert que la campagne médiatique sur la maladie d'alzheimer de son père avait été montée de toutes pièces par l'ancien chef du *diwan* Khaled Tuwaijri et le prince Mitaeb. Des enregistrements de conversations auraient été retrouvés, prouvant que des journalistes avaient été achetés pour salir la réputation du monarque.

Au-delà, une question se pose : quelle est la capacité de nuisance de tous les recalés ? Ceux-ci ont-ils les moyens de prendre leur revanche sur un jeune prince débordant d'ambition ?

Bandar, l'ex-patron des renseignements jusqu'en 2014 ? Il est au Maroc. Il soigne sa maladie du foie.

---

1. Elle a provoqué la mort d'au moins 2300 personnes, dont 450 Iraniens, le 11 septembre 2015.

Mitaeb, le patron de la Garde nationale ? « Il est intelligent. Il a compris qu'il devait faire le gros dos et être discret, observe un militaire européen à Riyad. Le pays a besoin de la Garde nationale. On l'a bien vu au Yémen, quand il y a eu des problèmes, c'est la Garde nationale qui est allée faire le boulot. Et Mitaeb a de bonnes relations avec le prince héritier Mohammed bin Nayef. »

Mouqrin, l'ex-héritier évincé à l'arrivée de Salman ? « C'était vraiment l'ex-roi Abdallah qui voulait en faire son successeur, ajoute ce militaire. Mais Mouqrin lui-même n'avait aucune envie de gouverner, et il savait que la famille le rejetterait car sa mère était une esclave » – ce qui, selon les règles de succession, lui interdit le trône

Quant au prince Ahmed, il a été, on l'a vu, grassement remercié. Enfin, Talal, exilé au Caire, et son fils Walid bin Talal, connaissent les limites à ne pas franchir. « Au moment de la guerre au Yémen, Walid bin Talal a proposé d'offrir une Bentley à chacun des pilotes des avions de combat saoudiens engagé contre les rebelles houthis. Mohammed bin Nayef l'a appelé pour lui signifier qu'il n'en était pas question, qu'ils étaient des soldats du royaume, pas des mercenaires », confie un haut fonctionnaire saoudien.

Peu d'experts croient en un coup d'État, et encore moins à une révolution de palais. Pour ne pas s'en faire des ennemis, on réintègre toujours à un moment ou à un autre les princes recalés dans le giron familial.

Certes, Mohammed bin Salman souhaite conforter son rôle de vice-prince héritier. Aujourd'hui, sa seule légitimité vient de son père. Il ne dispose que de peu de temps pour se créer une légitimité propre, c'est-à-dire tant que son père, âgé de quatre-vingts ans, est roi : deux ans, cinq ans, dix au maximum. « Mais Mohammed bin Salman sait qu'il n'a pas intérêt à aller trop loin dans son bras de fer avec Mohammed bin Nayef. Si on interroge les membres de la famille royale qui comptent au Conseil de l'allégeance, personne ne voterait pour lui », assure un ambassadeur occidental à Riyad

À défaut de s'entendre, les deux Mohammed se seraient partagé les tâches sous l'œil du roi Salman. « Le roi sait très bien que des princes ont râlé contre son fils, ajoute cet ambassadeur. Il y a beaucoup de jalousie à l'encontre de Mohammed bin Salman, qui, en plus, isole son père du reste de la famille régnante. Mais en même temps nous sommes dans un pays légitimiste où on aime bien la figure du *zaïm* – le chef à poigne. Pour le moment, la population se rend compte que le pays est tenu sur le plan sécuritaire, que la famille est réunie autour de Mohammed bin Nayef. Maintenant Mohammed bin Salman réussira-t-il ou non à s'imposer ? S'il y parvient, il accroît ses chances de devenir roi à terme, sinon il sera écarté. » D'ici là, un autre défi l'attend.

La révolution de l'après-pétrole

Premier exportateur mondial de pétrole, l'Arabie Saoudite est le pays de « l'or noir » par excellence. Son développement économique et social s'est bâti autour de la richesse pétrolière. C'est une mono-industrie qui génère plus de 90 % des recettes de l'État et, grâce à cette manne, l'immense majorité des Saoudiens sont des fonctionnaires. Mais les temps changent.

Dans une note en date de janvier 2016, la Direction générale du Trésor avertit que « le modèle classique d'État-providence des pays du Golfe ne permet plus d'assurer le développement de l'Arabie Saoudite ».

Avec la chute des cours du pétrole, les voyants sont passés au rouge dans la première économie du Moyen-Orient[1]. Pour la première fois de son histoire, l'Arabie Saoudite a dû lancer un emprunt obligataire sur les marchés internationaux. L'objectif est de financer le déficit budgétaire 2016 – 15 % du PIB, un record – sans trop pénaliser les liquidités des banques saoudiennes, déjà sollicitées pour des prêts intérieurs.

En 2015, les recettes pétrolières ont chuté de 23 %, et les recettes totales de 41,8 %, tandis que le gouvernement maintenait un niveau élevé de dépenses. En accédant au pouvoir, Salman avait desserré les cordons de la bourse, offrant deux mois de salaire supplémentaires aux fonctionnaires (de 80 à 90 % de la population active) et aux militaires. Coût de ces généreux cadeaux : 88 milliards de riyals – soit quelque 22 milliards d'euros.

Deux mois plus tard, son jeune fils lançait une dispendieuse guerre au Yémen, dont le coût est évalué entre 1 et 3 milliards de dollars chaque mois. Précision importante : dans ce climat de disette, la Défense est préservée, les dépenses militaires représentant 25 % du budget total d'un pays qui se sent menacé de toutes parts. Mais en raison de la chute du baril et du recul du cours du dollar indexé sur le riyal, l'addition finale devenait particulièrement salée.

1. Avec un PIB de 652 milliards de dollars, soit 45 % de ceux du CCEAG, l'Arabie est la 19e économie mondiale. En 2014, le royaume se positionnait au premier rang des exportateurs mondiaux de pétrole, possédant 18 % des réserves mondiales d'or noir (2e rang mondial).

« La nouvelle donne du marché pétrolier représente manifestement une opportunité que les autorités saoudiennes ont décidé de saisir afin de mener les réformes structurelles indispensables, dont la mise en œuvre aura été longtemps retardée », poursuit la note du Trésor.

C'est l'œuvre de Mohammed bin Salman. L'État doit se serrer la ceinture, notamment dans ses dépenses sociales. Le lendemain de l'adoption du budget, le 29 décembre 2015, le jeune prince annonce une réduction des subventions gouvernementales pour l'eau, l'électricité et les produits pétroliers, pour cinq ans. Une mesure politiquement sensible puisque le pouvoir a toujours maintenu les prix de ces produits à un bas niveau pour préserver la paix sociale.

« Les gens vont recevoir maintenant leurs factures d'eau, d'électricité, et ça va faire mal, avertit un expatrié. Cela veut donc dire que l'on revient d'une façon ou d'une autre sur le pacte social. Or la garantie de la stabilité, c'était ce pacte social, et surtout une répartition de la manne relativement large, même si elle est encore inégalitaire. »

Concrètement, le litre d'essence sans plomb augmente de 35 %[1]. Mais les réformes concernant l'eau devraient représenter une hausse de seulement un riyal par mois pour 52 % des usagers, avec la mise en place d'un nouveau système de paliers et une tarification légèrement révisée : on fait attention à ne pas trop mettre en péril le pacte social.

Ces coupes ont rapporté quelque 17 milliards de dollars à l'État saoudien.

---

1. L'Arabie ne fait qu'emboîter le pas aux Émirats arabes unis, devenus en 2015 la première des pétromonarchies du Golfe à libéraliser les prix des carburants.

Signe que la crise est grave : le tour de vis va plus loin que ce qui était envisagé au départ. « Lors d'un récent entretien avec le gouverneur de la Banque centrale, peut-on lire dans la note du Trésor, celui-ci avait énuméré un certain nombre de mesures, certes importantes symboliquement, mais avec un faible impact budgétaire et ne touchant que les classes sociales les plus élevées. À l'inverse, ajoute la note, le budget 2016 contient des mesures très significatives qui impactent directement le citoyen moyen, comme l'augmentation du prix de l'essence dès le lendemain même de l'annonce du budget. »

Ce tour de vis a été obtenu au prix d'un gel et d'un report des dépenses d'investissements sur les quatre derniers mois de l'année 2015 – ce qui pénalisa fortement le secteur de la construction, entraînant un fort mécontentement chez les salariés et les sous-traitants, dont certains n'ont plus été payés depuis six mois.

Après en avoir dévoilé les grandes lignes au cours de plusieurs entretiens accordés à des médias américains et britanniques, Mohammed bin Salman annonce le 20 avril 2016 sa Vision 2030 de l'économie saoudienne. L'objectif consiste à lier la diversification de l'activité, notamment en direction des services à haute valeur ajoutée et du tourisme, avec le développement du secteur privé, dont le poids devrait passer de 40 % à 65 % du PIB, et en particulier des PME. Le financement de cette transition sera assuré en priorité par la création du premier fonds souverain du monde doté d'une force de frappe de 2 000 milliards de dollars. Ses ressources proviendraient des réserves de change (594 milliards de dollars) et de l'ouverture du capital d'Aramco (cession de 5 % dans un premier temps, évalué entre 100 et 150 milliards de dollars) dans le cadre d'un appel aux investisseurs internationaux. Une minirévolution, qui entraînera notamment une plus grande transparence dans la gestion du mastodonte pétrolier qu'est devenu l'Aramco.

De l'avis des experts, l'Arabie n'avait plus le choix. Les défis se sont accentués. Et d'abord celui d'une jeunesse nombreuse : chaque année, 300 000 jeunes débarquent sur le marché du travail. Plus de 30 % des jeunes Saoudiens sont au chômage. Ces chiffres sont une véritable bombe démographique.

Mohammed bin Salman compte également rendre l'administration productive, introduire des taxes comme la TVA, revoir les subventions à l'énergie, ou encore privatiser et « saoudiser » les emplois.

« Tout cela n'est pas très glamour, concède un expert économique à Riyad. En gros, Mohammed bin Salman dit aux jeunes qu'il va falloir travailler, et aux autres de payer désormais des impôts. » Quant aux milieux d'affaire, ils restent dans l'expectative.

C'est une minirévolution des mentalités dans un pays où les jeunes veulent être fonctionnaires comme leurs pères. « Les Saoudiens sont des commerçants, des nomades qui n'ont jamais vraiment eu l'habitude de travailler et sur lesquels la malédiction de la manne pétrolière est tombée dès les années 1950 à la création de l'Arabie moderne », constate l'expert.

« J'ai trois domestiques philippines, reconnaît ainsi un ancien fonctionnaire saoudien, pourquoi ce travail ne pourrait pas être effectué par des Saoudiennes ? » s'interroge, dans sa villa du centre de Riyad, cet ancien diplomate qui, comme tous les notables saoudiens, possède son appartement dans le 16e arrondissement de Paris.

Pour son élan modernisateur, Mohammed bin Salman a recruté à prix d'or des dizaines d'experts de grands cabinets conseils, américains notamment, comme MacKinsey, du Boston Consulting Group, et même le Français Jacques Attali – « un juif algérien au pays des Saoud », ironise un vieil expatrié. « Sa priorité, selon un homme d'affaires français familier de Riyad, c'est de séduire Washington, d'être crédible là-bas. Nous autres Français sommes secondaires. Mohammed bin Salman veut que les Américains se disent qu'il peut être un successeur crédible à son père. D'où ses interviews à la presse américaine. Et avec son gigantesque fonds souverain, il s'adresse à l'establishment financier qui contrôle l'Amérique en lui disant que l'Eldorado est en Arabie et pas en Iran. Tout en espérant que cet establishment se fasse le relais auprès des politiques américains. En leur disant : “L'Arabie n'est pas ce que vous croyez.” »

Dans l'administration, une énorme machine s'est mise en place : 27 ministères et agences gouvernementales ont dû faire des propositions. S'inspirant de son ami Cheikh Mohammed d'Abou Dhabi, il compte même bâtir un *e-government* et imposer des indicateurs de performances aux fonctionnaires.

Mais ceux qui espéraient des avancées sociales ont été déçus. Hormis la promesse que la place des femmes actives passerait de 20 à 35 %, le jeune prince a très peu fait d'annonces en ce sens : pas d'ouverture de cinéma, ni de théâtre ou de musée. Pourtant, Mohammed bin Salman a concédé une incohérence : « Nous sommes le joyau de l'islam, mais nous n'avons même pas un musée islamique », a-t-il dit à la télévision locale. De telles créations seraient révolutionnaires dans un pays où le wahhabisme proscrit théoriquement toute représentation. Si Mohammed bin Salman n'a rien annoncé à ce niveau-là, c'est qu'il doit négocier ce virage sociétal avec l'establishment religieux qui venait de recevoir un coup avec la mise au pas des *moutawas*.

Même si les oulémas ont donné leur bénédiction, les résistances au changement ne manqueront pas de surgir. En avril 2016, le ministre en charge de l'Électricité a été renvoyé. La diminution des subventions a du mal à être appliquée. De sérieux doutes apparaissent également sur la faisabilité des réformes de Mohammed bin Salman, y compris au sein de la famille al-Saoud, qui vit de l'opacité régnant sur les affaires pétrolières.

« Le roi et son fils ne casseront pas la baraque. Ils sont conscients que la population ne peut pas accepter d'occuper du jour au lendemain un certain nombre de postes qui étaient jusque-là déclassés, relève Bertrand Besancenot. Je suis convaincu que si, à un moment donné, le roi se rend compte que ces mesures remettent en cause le pacte social, il desserrera une nouvelle fois les cordons de la bourse. » Une enveloppe spéciale de 183 milliards de riyals a d'ailleurs été mise en place dans le budget au cas où le cours du brut baisserait encore… Officiellement, il s'agit de préserver les investissements, voire aussi de prévoir un matelas social… au cas où.

Bref, comme le conclut la note du Trésor, « pour renforcer sa légitimité au sein de la famille, Mohammed bin Salman tient à mener à bien la modernisation de l'économie saoudienne. Le succès de cette transition dépendra de sa capacité à gérer ce tournant stratégique sans générer de contrecoups sociaux », conclut la note. Et à se tailler à son tour un mini-empire dans l'espoir d'accéder un jour au trône.

– 8 –

Et Dieu cacha la femme

Dans le Golfe persique, on voit la vie en noir et blanc ! Les rues de Riyad, de Doha ou d'Abou Dhabi offrent un paysage humain bicolore. Traditionnellement, les hommes portent le *thawb*, tunique blanche immaculée ; les femmes sont vêtues de noir de la tête aux pieds, enveloppées d'une *abaya*, un long manteau, tandis que leur visage est souvent dissimulé sous un *niqab*, le voile intégral.

Vu d'Occident, la question de la femme cristallise tous les clichés vis-à-vis de sociétés qui nous semblent rétrogrades et figées. En réalité, les progrès sont lents, parfois symboliques mais constants. Ici, plus qu'ailleurs dans le monde, la condition féminine mesure l'évolution de ces pays conservateurs confrontés au défi d'une mondialisation accélérée.

D'une monarchie à l'autre, la situation des femmes diffère. Mais partout dans le Golfe, sans bruit, elles grignotent des droits politiques et sociaux, y compris en Arabie Saoudite où, il est vrai, elles partent de très loin…

Sous la férule d'un tuteur, des Saoudiennes mineures

La condition des femmes dans le royaume wahhabite est en effet l'une des plus rétrogrades au monde. Quel que soit leur âge, les Saoudiennes sont considérées comme mineures. Elles doivent vivre en permanence sous l'autorité d'un *mahram*, un tuteur ou gardien masculin, qui peut être le mari, l'oncle, le frère, voire le fils, mais certainement pas le cousin – parce qu'il pourrait l'épouser.

Sur le plan religieux, musulmanes et musulmans sont pourtant égaux devant Allah. Le prophète Mohammed avait d'ailleurs accordé aux femmes un statut, alors qu'auparavant elles n'en avaient pas. Mais une lecture réductrice du Coran, renforcée par des traditions rigoristes et machistes, a créé une inégalité entre genres, justifiée par la tradition islamique du *adam al-kifaa'ah*, littéralement « absence de capacités ou d'aptitudes » : les femmes manqueraient de « capacités » par rapport aux hommes qui, eux, seraient considérés comme « plus responsables et plus capables ».

Plusieurs passages du Coran vont dans le sens d'une supériorité masculine. « Les épouses ont pour elles des droits semblables envers leurs époux en ce qui est reconnu comme convenable. Les hommes ont cependant sur elles une prééminence », peut-on lire dans la sourate 2, dite « de la Vache » ; tandis que la sourate 4, dite « des Femmes », affirme que « les hommes sont les tuteurs des femmes [...] Celles dont vous craignez l'indocilité, admonestez-les ! ».

Aujourd'hui, la majorité des Saoudiennes intériorise toujours ce statut « d'infériorité » car le *mahram* est responsable de la femme dont il a la garde dans tous les aspects de sa vie personnelle : celle-ci doit en effet obtenir l'autorisation de son tuteur pour entreprendre des études universitaires, pour se marier, pour ouvrir un compte en banque, et même pour subir une opération chirurgicale !

Jusqu'à très récemment, quand une Saoudienne voyageait à l'étranger, au moment où elle passait la douane à l'aéroport, un SMS était automatiquement envoyé sur le portable de son tuteur pour l'avertir qu'elle quittait le royaume. Depuis l'été 2015, elle peut désormais voyager sans l'autorisation de son *mahram*.

Cela peut paraître incroyable mais, jusqu'en 2007, les Saoudiennes n'avaient aucune existence juridique administrative propre. Leur nom figurait sur les papiers de leur tuteur. Depuis, les autorités ont rendu obligatoire la carte d'identité pour les femmes, où leur photo laisse apparaître le visage[1]. Compte tenu de la situation

1. Les épouses d'expatriés n'existent pas d'un point de vue administratif : elles sont enregistrées sur le visa de résidence de leur mari, qui est leur tuteur légal pendant leur séjour en Arabie Saoudite.

sécuritaire, elles doivent désormais se dévoiler lors des contrôles de police.

Ici, la tradition veut qu'une Saoudienne ne se promène pas toute seule dans les rues. Elle doit être accompagnée. Cette férule du *mahram* a conduit dans un passé récent à des drames. Ainsi, en 2002, un incendie dans une école à La Mecque avait provoqué un énorme émoi dans le royaume. Bloquant l'accès aux pompiers, la police religieuse avait interdit aux écolières de sortir dévoilées du brasier en l'absence de leurs tuteurs masculins ! Quinze écolières étaient mortes brûlées vives.

Le *mahram* est chargé de contrôler la conduite morale de son épouse ou des filles de la famille. Et si l'une d'elles s'écarte des règles, notamment en ce qui concerne la chasteté, ou s'il la soupçonne de quelque comportement « indécent », il aura échoué dans son rôle de protection, et de fait il aura humilié le reste du clan et de la tribu. Dans les cas extrêmes, des jeunes femmes sont ainsi périodiquement assassinées afin de « laver » l'honneur de la famille. Pour ce type de crime, la justice se montre particulièrement clémente envers le meurtrier.

En Arabie Saoudite, les futurs époux ne se connaissent pratiquement pas avant le mariage. Traditionnellement, quelque temps auparavant, une brève rencontre est organisée par les membres des familles pour sceller les fiançailles. « J'ai rencontré ma future femme dix minutes, raconte Mohamed, un jeune ingénieur que nous avons croisé à Riyad. Elle m'a été présentée par ma mère. Je n'ai pu voir son visage que quelques instants. » Si les comportements changent chez les jeunes, malgré tout les unions arrangées restent encore très nombreuses. On se marie encore beaucoup entre cousins et cousines pour préserver les liens de sang qui unissent le clan et la tribu.

Même si elle est autorisée dans le Coran[1], la polygamie est devenue assez rare. D'ailleurs, il est désormais possible de faire interdire la polygamie dans le contrat de mariage. Dans la pratique, il y a surtout des cas de bigamie, les hommes prenant une deuxième femme. Parmi les avancées récentes, les Saoudiennes ont obtenu le droit de conserver une copie de leur contrat de mariage, un privilège jusque-là réservé aux hommes. Un document utile en cas de litige ou de divorce, qui s'apparente à une simple formalité orale.

Pour répudier son épouse, le mari n'a pas à se justifier. Il doit répéter trois fois à voix haute la formule rituelle : « Je te divorce ! » Quand une femme, elle, veut se séparer de son époux, elle rentre se réfugier chez ses parents. Si le mari n'est pas d'accord, il réclame de l'argent en compensation des frais de mariage et de la dot. Le dossier est alors transmis à la justice qui arbitrera. Il faut savoir qu'en Arabie Saoudite, les hommes ont la garde des enfants à partir de

1. Le Coran autorise les musulmans à épouser jusqu'à quatre femmes, à condition de les traiter sur un strict pied d'égalité.

sept ans. C'est pourquoi, « certaines Saoudiennes retardent la naissance d'enfants pour être sûres qu'elles veulent rester avec le mari », assure l'universitaire Amélie Le Renard, spécialiste de la condition féminine en Arabie[1].

Dans le royaume, quand les histoires d'amour tournent mal, elles peuvent se terminer en un véritable micmac diplomatique… et en drame personnel ! Au cours de notre enquête, nous avons croisé le destin tragi-comique de Candice Amim, une Française juive qui avait épousé un prince saoudien.

L'idylle improbable commence dans une boîte de nuit de Cannes. Au début, tout est parfait. Candice épouse son prince saoudien. Ils ont une fille et vivent à Beyrouth. Mais un beau jour, le père du prince demande à son rejeton de rentrer au pays. En Arabie Saoudite, on ne discute pas la parole paternelle. Et c'est là que les ennuis vont commencer pour la belle Candice. Elle ne s'entend pas du tout avec sa belle-mère, une Syrienne qui lui reproche sa judaïté. Entre les deux femmes, c'est la guerre de tranchées ! Pour faire sortir la belle-mère de ses gonds, la « princesse juive » n'avait rien trouvé de mieux que de brandir des drapeaux israéliens à la maison !

Les querelles prennent une telle ampleur que l'ambassade de France doit intervenir. Candice est hébergée dans la résidence de l'ambassadeur, et des réunions sont même organisées au Quai d'Orsay pour trouver une issue à l'amiable. Avec son cœur d'artichaut, la belle Candice finit par tomber dans le piège tendu par les autorités saoudiennes, au grand

1. *Femmes et espaces publics en Arabie Saoudite*, Amélie Le Renard, éditions Dalloz, 2011.

dam de Bertrand Besancenot, l'ambassadeur, obligé de jouer les conseillers conjugaux. Lors de soirées organisées à l'ambassade, les services saoudiens dépêchent discrètement quelques « beaux gosses » pour draguer Candice qui, sa réputation entachée, se retrouve accusée de comportement immoral... L'affaire tourne à l'incident diplomatique.

Sans doute à bout de nerfs, la jeune femme décide finalement de quitter l'Arabie, en laissant derrière elle sa fille, scolarisée dans une école française de Riyad. Car le droit saoudien est encore plus défavorable quand il s'agit d'une étrangère. L'histoire se terminera tragiquement : Candice reviendra dans le royaume où elle se suicidera en sautant par une fenêtre. Dans l'accord conclu avec la partie saoudienne, la grand-mère française de Candice est tout de même autorisée à venir voir sa petite-fille de temps en temps.

Dans la société saoudienne, les princesses occupent une place à part. Elles sont enviées pour leur statut privilégié, et en même temps elles vivent dans des cages dorées...

Dans la peau d'une princesse saoudienne

Au cours de notre enquête, nous avons rencontré une jeune Libanaise que nous appellerons Roula. Pendant plusieurs années, elle a servi pour 2 000 dollars par mois, dans trois maisons chez les al-Saoud : d'abord comme nurse puis comme accompagnatrice d'une princesse – son dernier emploi, qu'elle a quitté en 2015. Son témoignage rare nous fait découvrir de l'intérieur le quotidien extravagant d'une jeune princesse de quatorze ans, prénommée Maram.

La famille de Maram, qui appartient au clan du prince Sultan décédé en 2011, habite Riyad, dans un ensemble résidentiel qui comprend une villa pour le père, une pour la mère et une autre pour les trois enfants. À cela, s'ajoute une maison pour les invités qui ne sont pas admis à pénétrer dans les villas de la famille. Un bâtiment est réservé au personnel de maison (femmes de ménage, cuisiniers, jardiniers, chauffeurs, etc.). Au total, le complexe s'étend sur 5 000 mètres carrés habitables. Sans oublier une salle de gym, une piscine et une salle de cinéma d'une quinzaine de places, où la famille aime regarder des films américains.

« Maram avait une préceptrice qui veillait sur elle en permanence, y compris la nuit, raconte Roula. Pendant la journée, ma tâche consistait à la réveiller et à l'accompagner à l'école, dans les centres commerciaux, chez ses amies ou dans ses sorties nocturnes. » Pour ses déplacements en ville, la jeune princesse utilise l'une de ses trois voitures conduites par un chauffeur : une Lexus, une Audi offerte par sa grand-mère et un 4 x 4 Range Rover d'un million de riyals (environ 250 000 euros) que lui a offert son père pour son anniversaire.

Le quotidien de Maram est celui d'une adolescente gâtée qui vit dans une prison dorée. « Pour une petite sortie le soir, se souvient Roula, elle partait avec un minimum de 1 000 riyals (environ 250 euros) dans son sac. Si elle était invitée à une fête d'anniversaire, elle arrivait avec un gâteau à 7 000 riyals (plus de 1 500 euros). »

Dans le complexe résidentiel, chaque membre de la famille vit sa vie. « Il n'y avait pas de repas familial en commun le soir, poursuit Roula. Le père sortait dîner chez sa mère, la mère allait chez des amis ou chez ses propres parents, Maram sortait seule, et ses deux jeunes frères déjeunaient ensemble. Quand ils étaient tous réunis, ils restaient assis, regardant le téléphone portable ou une tablette numérique. La mère avait un garde du corps français qui était son amant. Le père avait ses maîtresses. »

Quand le père rentrait le soir, il ne voulait voir personne devant lui. Les ordres au petit personnel sont simples : « Disparaissez hors de ma vue quand j'arrive ! » « Un jour, se souvient Roula, je ne l'ai pas entendu rentrer, il m'a hurlé dessus quand il m'a vue. Je suis sortie en courant de la pièce ! » Chaque membre de la famille dispose d'une femme de ménage attitrée pour ses appartements. « Si un vol se produisait, on savait immédiatement qui était le responsable ! » précise Roula.

Même si les études ne passionnent guère l'adolescente, des professeurs d'anglais, d'arabe et de mathématiques dispensent à Maram des cours particuliers à domicile. « Elle n'était pas religieuse, tout comme son père qui n'allait jamais à la mosquée le vendredi, rapporte Roula. Elle ne faisait jamais ses prières. Elle s'en foutait carrément. Sa philosophie de vie pouvait se résumer à : "Je fais ce que je veux, et après je demande pardon à Dieu." (*Estaghfer Allah* !). »

Roula se souvient d'un voyage mémorable de la jeune princesse, accompagnée de sa grand-mère et de ses quatre sœurs, pour des vacances aux États-Unis et en France. Le périple à bord d'un jet privé dura plus d'un mois. Après une escale à Djeddah sur la mer Rouge, direction Los Angeles et

Beverly Hills. « Nous sommes restés une dizaine de jours, se souvient Roula. Au programme, du shopping dans des magasins de luxe. La grand-mère de Maram lui donnait, tous les trois ou quatre jours, 10 000 dollars d'argent de poche. La jeune princesse faisait une razzia sur les robes, les chaussures et les bijoux. Elle était fière d'avoir acheté une paire de chaussures à 7 000 dollars, un modèle que portait Kim Kardashian ! »

Le 4 juillet, jour de la fête nationale américaine, le groupe de princesses se retrouve dans le palais de Saoud al-Fayçal, à Beverly Hills. L'inamovible chef de la diplomatie saoudienne, décédé en juillet 2015, y donne une fête grandiose. « Toutes les femmes avaient revêtu des robes sexy, se remémore Roula. On n'aurait jamais pu imaginer qu'il s'agissait de Saoudiennes ! Femmes et hommes étaient mêlés, comme partout en Occident. Les invités buvaient de l'alcool, y compris Maram qui fumait en cachette. Elle a même mangé du porc, comme si elle voulait briser des tabous. »

À quatorze ans, la princesse Maram a déjà les goûts d'une adulte. À Los Angeles, elle veut louer une Porsche pour aller faire une virée avec une amie. « J'ai dû lui dire : tu dois en louer une avec quatre places pour que je t'accompagne, sinon j'appelle ta mère ! Elle s'est fâchée. Si quelque chose était arrivée à la princesse, c'est moi qui aurais été tenue pour responsable et j'aurais eu de gros ennuis. » Lors de l'étape de Las Vegas, Maram a envie de jouer au casino. Si le jeu est *haram* (interdit) en Arabie Saoudite, il devient *halal* (permis) à l'étranger… ou quand l'hypocrisie franchit les frontières ! Finalement, les portes du casino lui resteront fermées parce qu'elle a moins de dix-huit ans.

Une autre fois, Maram fait une scène à sa grand-mère pour la convaincre de lui offrir un chien. L'aïeule rechigne, car dans le Coran c'est un animal impur. Finalement, à force de jérémiades, la princesse obtient 1 000 dollars pour acheter un golden retriever. « Tous les jours, nous faisions du shopping pour le chien, raconte Roula. La princesse s'est offert tous les types d'accessoires canins, jusqu'à la brosse à dents et le dentifrice. Pendant le voyage, elle a dépensé peut-être 10 000 dollars pour le chien. Et pour notre dernière étape, à Monaco, on a payé 500 euros pour le faire garder. »

Retour à Riyad où se pose le jet des princesses. « Elles avaient rapporté de l'alcool dans les valises, rapporte Roula. Le chien était caché dans un sac. Aucun contrôle de police n'a été effectué. Les voitures nous attendaient sur le tarmac et les valises, directement chargées dans les coffres des limousines, n'ont pas été inspectées. »

Quand la liberté des Saoudiennes passe par le métro !

Riyad est la seule capitale au monde où il n'existe pas de transports en commun ! Pour se déplacer, les habitants utilisent leur voiture personnelle ou des taxis. Et là, les difficultés commencent, que l'on soit saoudienne ou étrangère. L'Arabie Saoudite reste le dernier pays de la planète où les femmes n'ont toujours pas le droit de conduire. En Afghanistan, et même dans les territoires contrôlés par Daech, elles prennent le volant ! Sans parler de leurs voisines koweïtiennes, qatariennes ou émiriennes, qui, elles aussi, conduisent toutes.

En Arabie Saoudite, cette interdiction remonte à un décret promulgué en 1957 par le roi Séoud bin Abdelaziz (1953-1964) sous l'influence des milieux traditionalistes et religieux. Évidemment, rien n'indique ou ne suggère dans le Coran que les femmes ne peuvent pas prendre le volant ; mais la décision a été confirmée en 1990 par une *fatwa* des oulémas, après que le débat a refait surface en pleine guerre du Golfe. Des centaines de milliers de soldats américains se trouvaient alors stationnés dans le royaume le temps de l'opération Tempête du désert, destinée à libérer le Koweït.

Le 10 novembre 1990, profitant de la présence de soldates qui conduisaient, une cinquantaine de Saoudiennes défièrent les autorités et les *mouttawa'in* (la police religieuse) en prenant le volant dans les rues de Riyad. Arrêtées, elles se retrouvèrent au commissariat. Leurs tuteurs durent signer une décharge selon laquelle elles renonçaient à conduire… Celles qui travaillaient dans l'administration publique furent chassées de leurs postes sans autre forme de procès. Le grand mufti, la plus haute instance religieuse du royaume, édicta alors une *fatwa* contre ces « mauvaises musulmanes ».

Depuis, des militantes saoudiennes postent régulièrement sur Internet des vidéos où on les voit en train de conduire. Elles ont créé le mouvement Women2drive pour proclamer leur détermination. Mais jusqu'ici rien ne bouge, et ce n'est pas demain la veille qu'on verra des femmes conduire en toute légalité dans le royaume. Pour le grand mufti, cheikh Abdul Aziz bin Abdullah al-Cheikh, la question de la conduite des femmes reste « un sujet dangereux qui les expose au diable ».

Au final, seuls les oulémas disposent de l'autorité pour lever l'interdiction. Or, la famille royale ne souhaite pas engager un bras de fer avec les religieux sur ce dossier, comme l'a confirmé le vice-prince héritier Mohamed bin Salman au printemps 2016 : « À ce jour, la société n'est pas convaincue [...], mais nous insistons sur le fait qu'il revient à la société saoudienne de décider », soutenant que le changement ne peut s'opérer par la force. Une façon de botter en touche...

D'ailleurs, quand on interroge les Saoudiennes, cette revendication n'est pas prioritaire, comme on pourrait le penser en France. Certaines d'entre elles affirment qu'elles seraient même privilégiées par rapport aux Occidentales : quoi de plus pratique que de faire son shopping avec un chauffeur à disposition, qui trouvera votre place de parking, ou de ne pas affronter la conduite chaotique de Riyad ! Bref, selon elles, il serait même contre-productif de se concentrer sur le droit de conduire, qui est aussi perçu comme une forme d'occidentalisation.

Cette interdiction peut avoir des conséquences fâcheuses pour les contrevenants. Cet expatrié se souviendra toute sa vie qu'acheter un paquet de cigarettes en Arabie peut vous valoir de sérieux ennuis. À Riyad en 2011, il conduisait avec son épouse à côté de lui. Il s'est arrêté en double file pour acheter ses cigarettes dans une supérette. Alors qu'il était à l'intérieur, une ambulance toute sirène hurlante déboula dans la rue. Sa femme, croyant bien faire, prit le volant pour déplacer la voiture qui gênait. Mal lui en a pris ! La police religieuse intervint aussitôt. Le couple fut expulsé d'Arabie Saoudite…

Faute d'alternative bon marché, le budget chauffeurs et taxis pèse lourd dans les dépenses des familles modestes. L'Arabie Saoudite est un des premiers utilisateurs d'Uber, la société de transport américaine, dont plus de 80 % des clients sont des femmes. D'ailleurs, les autorités ont annoncé un investissement de 3,5 milliards de dollars dans la compagnie. Un investissement rentable, avec ce marché captif féminin. Une entrée dans le capital d'Uber que certains n'ont pas manqué d'interpréter comme un moyen de différer l'octroi du droit de conduire aux femmes.

Mais c'est surtout l'arrivée du métro dans la capitale saoudienne, dans les prochaines années, qui devrait faciliter la circulation des Saoudiennes. Ce chantier pharaonique de 23 milliards de dollars, démarré en 2014, devrait entraîner une minirévolution pour elles, quand les six lignes commenceront à fonctionner à partir de 2018.

Dans chaque rame, les femmes disposeront d'un wagon qui leur sera réservé ainsi qu'aux familles. Non seulement les Saoudiennes pourront se déplacer plus facilement et de manière plus économique, mais le métro devrait être un accélérateur pour le travail des femmes. Forcer les portes du marché de l'emploi est aujourd'hui leur principale revendication, loin devant le droit de conduire.

Dans le royaume, moins de 15 % des femmes travaillent, et 5 millions d'entre elles, qui pourraient occuper un emploi, restent à la maison[1]. Un véritable gâchis économique et social ! Pourtant, elles sont formées et qualifiées. Si l'éducation n'est pas obligatoire pour les Saoudiennes, au fil des ans elles sont devenues majoritaires à l'université.

Sous son règne, le roi Abdallah (2005-2015) avait ouvert aux étudiantes, jadis cantonnées aux métiers de la santé et de l'éducation, de nouveaux secteurs comme le droit ou l'architecture. « Aujourd'hui, les étudiantes sont même diplômées en archéologie, explique Saba Farès, archéologue à la Maison de l'Orient et de la Méditerranée de Lyon, seule femme à disposer d'une autorisation de fouille en son nom propre dans le royaume[2]. C'est un progrès, même si aucune Saoudienne ne fait encore de terrain. Elles enseignent ou mènent des recherches théoriques. »

Le roi Abdallah avait ordonné la construction de la plus grande université féminine du monde, l'université Noura qui

1. *Arabie Saoudite, l'incontournable*, Jacques-Jocelyn Paul, Riveneuve éditions, 2016 (*op.cit.*).

2. Saba Farès fouille à Kilwa, un site chrétien pré-islamique situé dans le nord-ouest de l'Arabie.

peut accueillir 50 000 jeunes filles. Aucun homme ne peut pénétrer sur le campus. « On m'avait expliqué, raconte un ancien conseiller culturel à l'ambassade de France, que lorsqu'une ampoule était grillée dans une salle de cours, un signal était envoyé dans les sous-sols indiquant le type de lampe à changer. Un technicien mettait alors l'ampoule dans un monte-charge et une employée procédait au remplacement ! »

La mixité interdite dans l'espace public

En Arabie Saoudite, la stricte ségrégation des genres dans l'espace public reste une ligne rouge qui n'existe pas dans les autres monarchies du Golfe. « L'obstacle majeur au travail des Saoudiennes a toujours été qu'elles ne doivent en aucun cas entrer en contact avec des hommes qui ne soient pas de leur parenté. Au risque, semblerait-il, si ce tabou était brisé, de provoquer une déflagration sexuelle immédiate et incontrôlable, soit que les hommes se jetteraient sur elles sans préavis, soit qu'elles les aguicheraient de façon éhontée[1]. »

Certes, les Saoudiennes peuvent devenir avocates ou architectes, mais dans la pratique, à de rares exceptions, elles ne pourront pas exercer leur métier, c'est-à-dire plaider au barreau ou diriger un projet de construction sur le terrain. Non pas parce qu'elles seraient moins compétentes que les hommes, mais parce qu'il est plus facile de créer des espaces ségrégués dans les bureaux… Et 90 % des Saoudiennes

1. *Révolution sous le voile*, Clarence Rodriguez, Éditions First, 2014.

titulaires d'un diplôme d'ingénieur se voient ainsi confier des tâches administratives, à l'abri des regards masculins[1].

La stricte séparation des sexes commence à la maison, où un espace est réservé aux hommes et un autre aux femmes, qui parfois disposent de leur propre entrée. Paradoxe : cette ségrégation ne s'applique qu'entre Saoudiens, car dans la plupart des foyers saoudiens, des hommes étrangers, généralement asiatiques, travaillent comme employés de maison, jardiniers ou chauffeurs. Comprenne qui pourra !

À Riyad, dans les restaurants ou les cafés, un espace est toujours dédié aux femmes et aux familles ; les hommes, eux, sont rassemblés dans la zone « célibataires ». La salle est compartimentée, avec des paravents et des rideaux, pour assurer d'être à l'abri des regards extérieurs. Avant d'apporter les plats, le serveur frappe à l'entrée, attend quelques secondes pour laisser à la femme le temps d'ajuster son voile, puis pénètre dans le compartiment.

Dans les banques, pas question non plus de se côtoyer. Saoudiens et Saoudiennes disposent de leur propre guichet. Certains établissements bancaires sont parfois exclusivement réservés aux femmes. Même l'Alliance française de Riyad, pourtant située dans le quartier diplomatique, a dû se plier au système de ségrégation des genres.

1. *Saudi Gazette*, 18 octobre 2015.

« Nous sommes les seuls du réseau au monde à avoir deux sections, une masculine et une féminine, reconnaît Amina Hammad, directrice de l'Alliance française de Riyad. Cela signifie qu'on multiplie nos coûts par deux ! À Djeddah, nous avons pu mettre en place une réception commune avec un côté homme et un côté femme. Cela fonctionne très bien. Pour notre antenne de Khobar, le matin est réservé aux femmes, l'après-midi aux hommes. »

Dans les entreprises, les sections femmes sont obligatoires. Les employées doivent porter une tenue « décente », sous peine d'amende. À l'hôtel Ritz-Carlton de Riyad, le règlement intérieur interdit de tenir une réunion de travail mixte sans avoir au préalable obtenu une autorisation du ministère de l'Intérieur… une semaine auparavant ! « La ségrégation de genres n'est pas près de s'assouplir, estime l'universitaire Amélie Le Renard. Certes, il existe de plus en plus d'espaces publics mixtes, mais il y a autant d'espaces ségrégués qui se développent dans le même temps ! Et puis il y a aussi des femmes qui préfèrent les espaces non mixtes, parce qu'elles se sentent plus à l'aise. »

Depuis le roi Abdallah, est à l'œuvre une dynamique qui voit les Saoudiennes grignoter peu à peu le marché du travail. Les femmes ont obtenu une victoire, qui peut paraître dérisoire vue de France mais qui, pour la société saoudienne, représente une avancée réelle : elles sont désormais autorisées à occuper des postes de vendeuses dans les magasins de lingerie et de vêtements, postes occupés auparavant par des hommes. « Mais on ne peut toujours pas essayer une robe sur place, constate une femme d'expatrié. Il n'y a pas de cabine d'essayage. Il faut d'abord acheter, rentrer chez soi, et si la robe ne vous va pas, il faut revenir l'échanger ! C'est la galère. »

Les Saoudiennes peuvent aussi maintenant tenir de petites épiceries. Elles ont également été autorisées à travailler dans des magasins de téléphonie mobile, où bien sûr il faudra une zone pour les hommes et une pour les femmes. Si les autorités ouvrent des espaces sur le marché du travail aux femmes, ce n'est pas dans un souci d'égalité, mais parce que le système de ségrégation des genres est une aberration d'un point de vue économique et social.

Comment peut-on se passer de la moitié de la population active qui, de plus, a été formée ? L'équation est aujourd'hui devenue impossible, compte tenu des défis économiques à relever depuis la chute des prix du pétrole. Dans son plan de développement pour le royaume, baptisé Vision 2030, le vice-prince héritier Mohamed bin Salman a l'ambition d'accélérer la « nationalisation » des emplois pour les Saoudiens et les Saoudiennes. Autrement dit, même si l'establishment religieux et conservateur grogne, l'implication croissante des femmes dans l'économie est devenue une nécessité impérieuse, et désormais un mouvement irréversible.

Le fait est peu connu, mais certaines Saoudiennes sont aujourd'hui de véritables *tycoons* de la finance, à l'instar d'une Lubna Olayan, P-DG du groupe Olayan Financing Company (OFC) qui pèse plusieurs milliards de dollars. Elle vient même de réaliser l'une des plus importantes opérations foncières de ces dernières années à Paris. Un expert du Golfe évoque un investissement de plus de 2 milliards d'euros.

En 2004, lors du Forum économique de Djeddah, elle fut la première femme en Arabie Saoudite à prononcer un discours inaugural à l'occasion d'une conférence majeure devant un public mixte. Lubna Olayan est celle qui incarne le mieux la montée en puissance des femmes dans le monde des affaires au Moyen-Orient[1].

Les femmes, moteur du changement

Comme toutes les femmes au monde, les Saoudiennes veulent gagner de l'argent pour consommer et acquérir leur autonomie financière. La chirurgie esthétique est aussi un moyen pour elles d'échapper à la tutelle des hommes et de reprendre possession de leur corps. « En Arabie, les femmes sont bridées, constate le Dr Nader Saab, le numéro un de la chirurgie esthétique dans la région. Elles viennent me consulter à Dubaï parce que c'est plus facile que d'aller en Europe ou aux États-Unis. Dans mon cabinet, tout est

1. *Le ciel est leur limite – Les Dirigeants du Golfe, leur influence, leurs stratégies*, François-Aïssa Touazi, Éditions du Moment, 2014.

possible. Être libre pour elles, c'est se faire faire des injections de Botox, se faire redessiner le nez ou gonfler les seins ! »

En Arabie Saoudite, le sport féminin est un sujet tabou. Les oulémas, qui ont décidemment réponse à tout, estiment qu'« il existe d'autres moyens permettant à la femme de préserver sa bonne santé : elle peut exercer une activité physique chez elle, se dispenser des services du personnel de maison et vaquer elle-même aux tâches ménagères, et faire preuve de modération dans son alimentation[1] ».

Les cours d'éducation physique pour les filles sont donc interdits à l'école, sauf dans les établissements privés. Pour le deuxième sexe, la bicyclette a longtemps été proscrite parce que les religieux les plus conservateurs considèrent que la pratique du vélo risque d'abîmer leur vulve[2] ! Pour les oulémas plus « progressistes », les Saoudiennes peuvent faire du sport mais dans certaines limites : elles ne doivent pas être maquillées, et il faut qu'elles portent une tenue décente et s'entraînent hors de la vue des hommes. Les clubs de fitness sont considérés au mieux comme des salons de massage, au pire comme des lieux de débauche !

1. *Révolution sous le voile*, Clarence Rodriguez, Éditions First, 2014.
2. Depuis 2013, les Saoudiennes sont autorisées à faire du vélo, mais uniquement dans les parcs récréatifs.

Jusqu'au jeux Olympiques de 2012, l'Arabie Saoudite était le seul pays au monde à n'avoir jamais envoyé de délégation féminine à cet évènement planétaire. Et pour cause : aucune fédération sportive du royaume n'accepte de femmes. Pour la première fois, deux athlètes femmes ont pu participer aux JO de Londres en judo et en athlétisme. Sous la pression du Comité international olympique (CIO), le roi Abdallah avait donné son feu vert, à condition qu'elles soient voilées[1].

« C'est le couteau sur la gorge que l'Arabie Saoudite s'est finalement décidée à présenter des athlètes femmes, se souvient un expert du CIO. Pour les autorités sportives de Riyad, le sport féminin n'est pas du tout leur priorité. Elles sont mêmes dans le déni. » Cet expert regrette que cette première participation de Saoudiennes aux jeux Olympiques de Londres n'ait pas enclenché de dynamique vertueuse.

Quatre ans plus tard, les femmes n'ont toujours pas le droit d'assister à une compétition sportive dans un stade ! Pire, l'Arabie Saoudite voulait présenter une candidature pour organiser des Jeux olympiques… mais réservés aux hommes[2] ! Un dossier commun avec Bahreïn aurait permis d'éviter la présence de sportives sur le sol sacré du royaume. Compte tenu de l'opposition du CIO, le projet a fait long feu.

1. Ces deux athlètes étaient la judoka Wojdan Shaherkani, et Satah Attar, coureuse de 800 mètres. Pour les JO de Rio, les autorités saoudiennes ont envoyé quatre athlètes féminines.

2. « L'Arabie Saoudite voulait organiser des JO… seulement pour les hommes », Le Figaro.fr, 31 janvier 2015.

Sous le règne du roi Abdallah, les femmes ont pu faire leurs premiers pas dans l'arène politique. En plein Printemps arabe, le souverain a décidé le 25 septembre 2011 de leur accorder le droit de vote et d'éligibilité aux élections municipales. Il désigna également 30 femmes de plein droit, sur 150, au *majlis al-choura*, le conseil consultatif qui fait office de Parlement[1]. « Nous avons beaucoup souffert quand nous avons été nommées, reconnaît Hoda al-Helaissi, membre de la Commission des affaires étrangères du Conseil. Les critiques, notamment *via* les réseaux sociaux, étaient très virulentes. » Depuis, hommes et femmes siègent ensemble.

À l'occasion des élections municipales du 12 décembre 2015, 900 candidates ont pu faire campagne pour la première fois... mais à la mode saoudienne ! Pour s'adresser aux électeurs masculins lors de réunions publiques, elles devaient engager un « porte-parole » homme afin d'expliquer leurs programmes. Les candidates n'avaient pas le droit de publier des photos sur une affiche électorale, tout comme les hommes – pour une fois à égalité ! La campagne électorale s'est donc déroulée essentiellement sur Internet et les réseaux sociaux.

Là encore, les candidates et leurs maris ont reçu une pluie de lettres d'insultes et des menaces de mort sur leurs téléphones portables. Quatorze d'entre elles ont néanmoins

1. En juin 2006, le roi Abdallah avait décidé de nommer 12 femmes au *majlis al-choura*, comme « consultantes à temps partiel ».

été élues, sur plus de 2 000 sièges à pourvoir. C'est très peu, mais un nouveau plafond de verre est désormais brisé. La prochaine étape en Arabie Saoudite serait la nomination d'une femme ministre, mais là c'est une autre histoire…

Partout dans le Golfe, les femmes accèdent désormais à des postes de responsabilité dans la haute fonction publique. Oman et Bahreïn ont été des précurseurs, avec la nomination de plusieurs ambassadrices, notamment à l'ONU. Au Qatar, une femme est devenue ministre pour la première fois en 2003, et aujourd'hui le portefeuille de la Santé dans le gouvernement est détenu par Hanane Mohamed al-Kuwari.

Aux Émirats arabes unis, cinq femmes siègent comme ministres au sein du cabinet fédéral, un des ratios les plus élevés du monde arabe. Certes, aucune d'entre elles n'occupe de poste régalien – chasse gardée pour les princes de la famille régnante –, mais la nomination au poste de ministre d'État chargé de la Jeunesse de Chemma al-Mazroui, une jeune diplômée d'Oxford de vingt-deux ans, est un symbole très fort.

Pour autant, cet empowerment féminin s'exerce dans un cadre bien défini. « Le mode de sélection des candidates aux postes de décision se fait dans le terreau de l'élite émirienne, réputation oblige, pour qui il serait mal vu de bousculer les codes […]. Autonomisation, oui, mais à condition de ne pas compromettre leur rôle essentiel qui est de servir leur famille, leur clan, leur pays :

responsabiliser les femmes sans troubler le cœur de l'héritage et de la culture traditionnelle arabe[1]. »

Si cette avant-garde éclairée sert de porte-drapeau, nombre de femmes dans les pays du Golfe souhaitent conserver un rôle traditionnel. Même diplômées, elles deviendront pour la plupart des femmes au foyer. Où se situent la part du choix personnel et celle du poids des traditions ? Difficile à dire.

N'essayons pas de plaquer nos certitudes et nos valeurs sur des sociétés en pleine mutation, qui avancent en tâtonnant. Laissons plutôt le dernier mot à la députée saoudienne Hoda al-Helaissi. Elle résume la voie choisie par l'Arabie Saoudite, qui s'applique peu ou prou aux autres monarchies du Golfe : « Nous ne voulons pas changer par la révolution, nous voulons un changement qui nous ressemble ! » Les dirigeants d'Arabie souhaitent surtout qu'on ne leur impose pas de l'extérieur le rythme et le contenu des réformes concernant les femmes, qui seraient perçues comme une forme d'occidentalisation. Car les religieux et les conservateurs veillent au grain, craignant une perte de leur pouvoir.

---

1. *Perles des Émirats – Qui sont vraiment les femmes derrière le voile ?*, Kyra Dupont, Éditions du Moment, 2014.

– 9 –

Le Qatar de Tamim

Quand, le 26 juin 2013, cheikh Hamad lui transmet le pouvoir de son vivant – une première dans le monde arabe –, Tamim, trente-quatre ans, hérite d'un pays alors à son zénith. Sorti de l'anonymat des sables en moins de quinze ans, le Qatar est devenu un centre de pouvoir influent dans les affaires arabes et internationales.

Étendard médiatique de ce pays à peine plus grand que la Corse, la chaîne de télévision Al-Jazeera rayonne dans le monde entier. L'exploitation de ses réserves de gaz assure à l'émirat des revenus colossaux, lui permettant d'investir dans tous les azimuts. Cerise sur le gâteau : en décembre 2010, le Qatar décroche l'organisation de la Coupe du monde de football pour l'édition 2022. Une consécration !

Ce miracle a été rendu possible grâce à un « trio magique[1] » : l'émir Hamad, visionnaire et anticonformiste ; sa deuxième épouse, cheikha Moza, avant-gardiste et charismatique ; et son cousin, Hamad bin Jassem, dit « HBJ », homme-orchestre rusé et manipulateur qui avait permis à Hamad de réussir son coup d'État en 1995 – où il déposa son père. Sortir son pays de l'anonymat était l'obsession de cheikh Hamad. Il a réussi au-delà de toutes ses espérances…

Aujourd'hui, le « trio magique » a quitté la scène. L'ancien émir Hamad a pris sa retraite, après avoir épaulé son fils pendant la première année de son règne[2]. Il gère sa fortune et occupe son temps libre en faisant des affaires tout en restant influent en coulisses pour conseiller Tamim. Il a acheté le Café de la Paix, à Paris, sur son argent de poche. Cheikha Moza a quasiment complètement disparu du paysage qatarien. « Avec son fils Tamim, les relations ont toujours été compliquées, analyse un diplomate familier de la vie au palais. J'avais fait le pari que maman serait très vite remerciée. »

Quant à Hamad bin Jassem, le troisième compère du « trio magique », il passe le plus clair de son temps à Londres d'où il dirige son empire financier.

1. *Qatar, les secrets du coffre-fort,* Christian Chesnot et Georges Malbrunot, éditions Michel Lafon, 2013.

2. Il est fortement soupçonné par l'Arabie Saoudite et les Émirats de pousser son fils dans la crise entre le Qatar et ses voisins.

Un émir gestionnaire et prudent

Autant cheikh Hamad était une personnalité extravagante et audacieuse, autant Tamim se montre prudent et réservé. Le jeune émir est plus conservateur et plus religieux que le père. Ses deux épouses n'apparaissent jamais en public. Cheikh Hamad était connu pour son sens du contact humain avec ses sujets. Tamim, lui, est emprunté et raide en public. « Lors des festivités de la fête nationale, c'est son père qui le pousse à aller saluer les gens », a pu constater un expatrié libanais, employé d'une agence de communication.

« L'émir est en train de rater la proximité avec son peuple », ajoute un avocat d'affaires français. Cheikh Hamad avait l'oreille des tribus qu'il connaissait par cœur. Tamim n'a pas la même capacité de dialogue avec les gens. Au Qatar, la fête nationale est l'occasion de réaffirmer le pacte d'allégeance ancestral entre la famille régnante des al-Thani et les tribus. C'est le moment symbolique où le palais distribue les enveloppes financières aux chefs tribaux. Or, précise un familier du *diwan*, « avec cheikh Hamad, la répartition ne suscitait aucune discussion, mais aujourd'hui, sous Tamim, la valeur des enveloppes est désormais âprement négociée ».

Il ne faut jamais oublier que l'émir au Qatar n'est que le *primus inter pares*, le chef du clan le plus puissant. Et à ce titre, il doit veiller à l'équilibre interne entre tribus. À la différence de ses prédécesseurs qui ont accédé au pouvoir par des coups d'État, Tamim est un héritier novice qui a reçu son trône sur un plateau d'argent.

Faute d'avoir l'autorité et le charisme de son père, cheikh Hamad, qui pouvait tout se permettre et imposer ses vues, le jeune émir doit composer. Réaliste et pragmatique, Tamim a rétabli la balance dans un sens plus conservateur sur le plan des mœurs, pour donner des gages aux religieux. En matière d'ouverture, le retour en arrière est très net.

Le jeune émir a ainsi imposé une interdiction de consommation d'alcool pendant une période de dix jours avant le ramadan et de dix jours après l'*aïd al-fitr* qui marque la fin du mois de jeûne. Il a aussi interdit l'alcool dans les bars piscines (*pool bar*) des grands hôtels de Doha, et on ne sert plus de boissons alcoolisées au très select Club diplomatique.

La nouvelle équipe dirigeante est jeune, à l'image de son ministre des Affaires étrangères, cheikh Mohamed bin Abdulrahman al-Thani, trente-six ans. Depuis son accession au trône, Tamim a fait monter une génération de technocrates formés dans les plus grandes universités occidentales pour gérer les affaires de l'État. Tous parlent des langues étrangères. Mais cette jeune garde n'est pas forcément appréciée de la population. « Tamim surnage au milieu d'une armée d'experts », nous a confié un officiel.

À la Qatar Foundation, cheikha Hind, sœur de l'émir, incarne la « génération Tamim » dans sa version féminine.

Elle a succédé à sa mère cheikha Moza au printemps 2016 à la tête de cette institution, créée pour développer un secteur universitaire haut de gamme et favoriser la promotion des femmes dans tous les secteurs de la vie sociale, culturelle et économique.

Brillante, Hind travaillait auparavant comme conseillère politique au cabinet de son père, cheikh Hamad. Familière des dossiers diplomatiques, elle l'accompagnait dans ses voyages officiels à l'étranger. Certains observateurs à Doha murmurent que cheikha Hind pourrait un jour devenir Premier ministre, ce qui serait une première dans le monde arabe.

Au *diwan* royal, l'efficacité est désormais le maître mot. Fini l'ère dispendieuse de cheikh Hamad où, sur un claquement de doigts, on décidait la mise en œuvre d'un projet coûteux sans vraiment avoir réfléchi à son utilité et sa faisabilité. « Depuis dix ans que je suis au Qatar, je n'ai jamais vu un projet qui ait été bien géré, constate un expatrié français qui travaille dans le secteur des infrastructures. Aujourd'hui, Tamim veut se démarquer de son père : il exige que les chantiers se terminent dans les délais et le budget impartis au départ. » En bon gestionnaire qu'il veut être, Tamim souhaite mettre fin à la gabegie qui a généré une corruption rampante dans le monde des affaires.

Des sociétés de premier plan, comme UrbaCon Trading and Contractor (UCC), Aktor, le groupe bin Laden ou encore Al-Jaber Engineering, sont dans le collimateur des autorités. « L'émir a personnellement lancé une opération *mani pulite* (mains propres), confirme le représentant d'un groupe français. Plusieurs grands patrons de sociétés de construction sont passés par la case prison et ont dû payer plus de 100 millions de riyals qatariens (environ 25 millions d'euros) pour être remis en liberté et assignés à résidence. »

Cette opération « mains propres » ne concerne pas seulement les milieux économiques. Cinq officiers supérieurs appartenant à l'Interior Security Force (ISF) dorment aujourd'hui en prison à la suite d'accusations de corruption. Dans ce combat pour la transparence, l'émir Tamim a renforcé les pouvoirs du Bureau d'audit de l'État, sorte de cour des comptes qatarienne, qui contrôle les finances des ministères, des banques et des institutions financées par l'argent public, et qui rapporte directement au *diwan*.

Pour consolider son trône, Tamim s'est donné comme priorité de remettre de l'ordre à l'intérieur de la maison Qatar et d'abandonner quelques rêves de grandeur régionaux. Son père, Cheikh Hamad, avait « un peu dérapé psychologiquement, reconnaît un diplomate proche du *diwan* royal. Quand en 2008, il a réussi à arracher un accord sur le Liban à Doha, il a cru qu'il était devenu un interlocuteur mondial. Il y a eu ensuite l'intervention en Libye. En soutenant les Frères musulmans, il pensait être du même coup le parrain du monde arabe. L'émir se faisait des illusions. »

Dès son arrivée au pouvoir, ses pairs du Golfe font subir à Tamim un véritable bizutage diplomatique. Reprochant au Qatar de s'ingérer dans les affaires de ses voisins, l'Arabie Saoudite, les Émirats arabes unis et Bahreïn avaient rappelé leurs ambassadeurs à Doha au printemps 2014. Joignant le geste à la parole, Riyad avait même fait manœuvrer son armée et menacé de fermer sa frontière avec son voisin.

Le Qatar payait son soutien inconditionnel aux Frères musulmans pendant les révolutions arabes, notamment en Égypte. Une hérésie politique pour les autres monarchies du Golfe, qui ne portent pas la confrérie dans leur cœur. Novice au pouvoir, Tamim ne pouvait plus continuer dans la voie de son père, fervent supporter des Frères musulmans. « Malgré la tournure des évènements en Égypte, nous a confié un diplomate proche du *diwan*, cheikh Hamad reste toujours aussi convaincu que les islamistes sont l'avenir du monde arabe, parce qu'ils représentent une sensibilité incontournable. Quand je lui rétorque que le chemin qu'ils ont pris a mené à une impasse, il me répond en bougonnant : "Oui, c'est vrai pour le moment, mais ça ne va pas forcément durer…" »

Depuis les années 1960, l'idéologie des Frères musulmans constitue l'ADN de la famille régnante des al-Thani. Le cheikh égyptien Youssef al-Qaradaoui, icône audiovisuelle des Frères musulmans sur Al-Jazeera, est le père spirituel de l'ex-émir Cheikh Hamad, et Tamim a été nourri de ses prêches et de ses *fatwas* lorsqu'il officiait à la mosquée Al-Khalifa. À près de quatre-vingt-dix ans, le vieux prédicateur ne présente plus son émission sur Al-Jazeera,

La Charia et la vie, qui l'a rendu célèbre ; mais il reste actif et influent dans l'émirat et dans le monde islamique, à la tête de l'Union internationale des oulémas.

Mais face à la pression de ses pairs des monarchies du Golfe, Tamim a dû s'incliner et prendre quelques distances avec les Frères musulmans, en expulsant en septembre 2014 vers la Turquie sept membres égyptiens de la confrérie appartenant au parti de la Liberté et de la Justice. Depuis, le Qatar est moins vociférant vis-à-vis de l'Égypte d'Abdel Fatah al-Sissi, le général qui a embastillé l'ancien président « frèriste » Mohamed Morsi. Pour le Qatar, il ne s'agit pas d'une rupture totale avec le courant islamiste, mais plutôt d'un choix tactique de circonstance, un changement de forme plus que de fond comme la crise du printemps 2017 l'a bien montré.

Proche de l'émir père, Azmi Bichara, ancien député arabe de la Knesset israélienne, reste d'ailleurs une personnalité clé au palais royal. Considéré comme l'idéologue en chef du soutien aux Frères musulmans pendant les printemps arabes, ce nationaliste arabe est toujours très écouté par Tamim, dont il est le conseiller diplomatique. Preuve qu'il est toujours en cour chez les al-Thani, « Azmi Bichara se fait inviter quand il le veut dans les journaux d'Al-Jazeera, même dix minutes avant l'antenne, alors que ce n'est pas prévu », nous a confié un journaliste de la chaîne.

Tamim s'est trouvé un nouvel ami en la personne du président turc, Recip Tayep Erdogan. L'émir a noué une alliance stratégique avec les Frères musulmans au pouvoir à Ankara. Le Qatar et la Turquie ont signé en 2014 un accord de défense, qui comprend l'établissement d'une base turque dans l'émirat et des entraînements communs entre les deux armées. Le parlement turc a voté l'envoi à une date encore indéterminée de soldats au Qatar, montrant ainsi qu'Ankara est impliqué dans la défense de l'émirat. Pour soutenir l'économie turque, la Qatar National Bank (QNB) a injecté 2,7 milliards d'euros en 2013 dans Finansbank, la cinquième banque privée turque. Preuve de cette lune de miel entre Doha et Ankara, Tamim a été le premier chef d'État arabe à féliciter le président Erdogan pour avoir mis en échec le putsch des 15 et 16 juillet 2016.

Alors que son père pouvait jouer les trublions, Tamim n'a pas l'âme d'un aventurier. Le jeune émir a abandonné la projection de puissance tous azimuts, même si ses voisins du Golfe continuent de lui reprocher son soutien aux Frères musulmans dans la région et au-delà. Après la crise de 2014 qui fut résolue grâce à une médiation du Koweït, le jeune émir s'est, un temps, replacé sous l'aile protectrice de l'Arabie Saoudite. La consigne a d'ailleurs été passée à tous les médias de l'émirat, et notamment à Al-Jazeera : plus question de critiquer le grand voisin saoudien. Avec la nouvelle crise de 2017, ce modus vivendi a volé en éclat.

C'est une chose d'avoir des sympathies idéologiques avec la Turquie ou avec le Hamas palestinien, mais Tamim a aussi bien compris que, pour durer au pouvoir, la seule chose qui comptait vraiment était sa relation avec les États-Unis. La priorité de l'émir est donc de s'attirer les bonnes grâces de Washington. Il a d'ailleurs décidé d'investir 35 milliards de dollars aux États-Unis au cours des cinq prochaines années, *via* Qatar Investment Authority (QIA), le fonds souverain de l'émirat. Compte tenu de l'extrême tension qui règne au Moyen-Orient, mieux vaut renouveler sa police d'assurance avec Washington. Tamim n'oublie pas que la plus grande base aérienne américaine, Al-Oudeid, qui couvre les théâtres afghan, irakien et syrien, est installée dans l'émirat. Après avoir encouragé l'Arabie Saoudite et les émirats dans leur bras de fer avec le Qatar au printemps 2017, Donald Trump semble avoir fait machine arrière car l'émirat reste un allié utile dans la lutte contre Daech.

Dans le contexte chaotique et incertain du Moyen-Orient, une certaine fébrilité semble s'être emparée du *diwan* royal. Un familier des coulisses du palais nous rapporté les confidences que lui a glissées à l'oreille une princesse du premier cercle : « Vous savez, nous avons préparé notre appartement à Londres parce que, avec la crise syrienne et la guerre au Yémen, il est de notre devoir, en tant que membre de la famille royale, de nous tenir prêt à toute éventualité. Dans notre armée, il y a beaucoup de soldats yéménites. On ne sait jamais… » Même s'il n'était pas forcément enthousiaste, l'émir Tamim a dû répondre aux sollicitations du grand frère saoudien et envoyer au Yémen des troupes combattre les rebelles houthis.

La fin du miracle qatarien ?

Au Qatar, il n'existe aucun moyen d'exprimer une critique publique. Les médias sont aux ordres et relaient la bonne parole du Palais. Les gens expriment leurs frustrations dans les *diwans*. Ils s'interrogent sur les destinées du pays. Dans ces temps troublés, certains princes rappellent qu'ils ont aussi des racines saoudiennes. Au cours de notre enquête, nous avons rencontré un officiel haut placé qui nous a ouvert son cœur. Bien évidemment, il a souhaité conserver l'anonymat.

Pour lui, il n'y a aucun doute possible, le Qatar va droit dans le mur. « Notre modèle mène à l'impasse, c'est un train à grande vitesse qu'il n'est pas facile d'arrêter, nous a-t-il expliqué avec franchise. Alors, on essaie de s'adapter. » Il faut dire que la voie du développement choisie par l'émirat défie toutes les lois en vigueur sur la planète : pour la première fois dans l'histoire de l'humanité, un pays se construit sans aucune ressource en eau, avec une population quasiment inexistante et avec l'obligation d'importer toute sa nourriture !

« Nous avons voulu copier un modèle de développement qui nous a été fourni clés en main par les grands cabinets de consultants internationaux. On nous a vendu l'illusion du progrès et nous avons acheté ! » Notre officiel reconnaît qu'il fait partie d'une minorité dans l'émirat, consciente de la situation, mais qu'il est difficile de convaincre l'élite du pays.

Pire, poursuit-il, « nous sommes en train de perdre nos structures culturelles et sociales. La plupart des Qatariens sont mal à l'aise avec la rapidité des changements. Nous devons importer de plus en plus de main-d'œuvre étrangère. Organiser la Coupe du monde n'était pas une nécessité ».

Il rappelle aussi que le Qatar est situé dans une zone sismique qui subit les rebonds des tremblements de terre en Iran. « Le Japon s'est relevé après la catastrophe de Fukushima. S'il nous arrive un évènement similaire, nous, nous disparaîtrons ! » N'oublions pas que le pays ne dispose que de 72 heures de réserve d'eau potable, produite par les usines de dessalement de Ras Laffan.

Avec la chute des prix du pétrole et du gaz, le Qatar a la gueule de bois comme les autres monarchies du Golfe ! Pour la première fois depuis quinze ans, l'émirat accuse un déficit budgétaire de 7,8 % en 2016, qui devrait se répéter pendant les trois prochaines années. « La situation du système bancaire justifie un suivi spécifique, à la fois parce que la liquidité n'est plus ce qu'elle était et parce que son exposition aux secteurs considérés comme “sensibles” (le secteur immobilier en tout premier lieu) reste significative », peut-on lire dans une note destinée à Bercy, consacrée au Qatar[1].

Certes, l'émirat peut faire face à la baisse de ses revenus gaziers et pétroliers grâce à son matelas financier encore très bien garni[2] ; mais l'heure est désormais à la réorientation des projets, voire à l'arrêt complet de certains. « Les

1. Note sur la situation économique et financière du Qatar, service économique pour le Moyen-Orient, ambassade de France à Beyrouth, 14 janvier 2016.

2. Le fonds souverain qatarien est le 10e au monde par la taille de ses actifs, évalués entre 170 et 250 milliards de dollars.

appels d'offres pour les grands projets ont baissé en valeur de 92 % en un an entre 2015 et 2016 », a constaté un avocat d'affaires français qui estime que « beaucoup d'entre eux étaient irréalistes ».

Les autorités qatariennes ont conservé les projets phares liés à la Coupe du monde de 2022, comme le métro, le tramway, le port, les extensions de l'aéroport, etc. Tous les chantiers liés à cet évènement planétaire sont sanctuarisés financièrement. Le Qatar n'a pas le choix : quoi qu'il arrive, ces travaux d'infrastructures devront être menés au forceps. Cela n'empêche pas les *cost killers* qatariens d'éplucher les comptes. Dans les stations du futur métro, les autorités ont trouvé les finitions et la moquette trop luxueuses à leur goût ! Trop cher, a fait savoir le ministère des Transports, il faut diminuer la facture… Les autorités avaient prévu de creuser un tunnel sous l'eau entre l'aéroport et le quartier d'affaires West Bay. Ce projet de 12 milliards de dollars a été remisé dans les cartons.

Et il n'y a pas de petites économies. Y compris pour la compagnie aérienne Qatar Airways, fleuron de l'émirat, sévèrement touchée par les sanctions imposées à Doha par ses voisins saoudiens et émiriens qui lui coûtent cher en carburant supplémentaire. L'interdiction du survol de l'Arabie et des Émirats entraîne une augmentation des trajets. Déjà, avant la crise, les pilotes avaient reçu la consigne de couper un de leurs moteurs après l'atterrissage pour se garer au terminal d'arrivée. « Un jour, nous a raconté l'un d'eux, je n'ai pas eu assez de puissance, car la piste de l'aéroport Hamad International de Doha, pourtant flambant neuf, était déjà gondolée ! Il a fallu appeler un camion remorqueur pour atteindre le terminal. »

Ce ralentissement de liquidités dans l'émirat affecte tous les domaines, y compris celui du sport, qui fait pourtant la fierté de la famille royale. Les fédérations sportives qatariennes affichent des budgets en baisse de 30 à 60 %. Elles retardent les paiements des grandes compétions internationales qu'elles organisent à Doha, voire demandent des reports de calendrier. Dans les milieux du CIO, on commence à se poser la question : le Qatar est-il toujours aussi solvable ?

Pour générer de l'argent frais et continuer d'investir, l'état qatarien emprunte sur le marché international à des taux d'intérêt proches de 0 %. L'idée d'une TVA qui serait commune aux autres monarchies fait son chemin. Elle devrait entrer en vigueur en 2018. C'est une révolution dans ces pays sans impôt ! Une délégation du Conseil de coopération du Golfe (CCG) est même venue à Paris pour demander l'expertise technique de Bercy dans ce domaine. « Ils voulaient qu'on leur détache sur place des fonctionnaires pour instaurer un système de TVA, nous a rapporté le ministère des Finances. Nous leur avons fait comprendre qu'ils devaient en prendre le coût à leur charge. »

« C'est vrai, les affaires vont moins bien, concède un entrepreneur lié à la famille régnante, mais ce n'est pas très grave. Il y a toujours beaucoup d'argent au Qatar. Pour les expatriés occidentaux, nous avons réduit les avantages : plus de villas, mais des appartements ; on ne paie plus les billets d'avion pour toute la famille comme on le faisait avant. Le luxe, c'est fini ! »

Du coup, partout, on dégraisse à coups de milliers de licenciements, principalement les cols blancs : à Qatar Petroleum (QP), à la Qatar Foundation (QP), à la Qatar Museum Authority (QMA), etc. Les projets sont revus à la baisse, ou purement et simplement annulés. Plusieurs musées prévus ne verront jamais le jour. Celui de Jean Nouvel, le Musée national, qui ressemble à une rose des sables posée sur la Corniche, a échappé au couperet : il devrait être inauguré fin 2017. Un chantier d'assainissement d'une valeur de 500 millions d'euros réalisé par Bouygues, lui, est interrompu.

À Doha, on assiste à une hémorragie de cadres étrangers qui ne sont pas remplacés. « J'ai reçu ma lettre de licenciement un mois après avoir renouvelé mon contrat, nous a raconté un expatrié. Mon employeur ne m'a pas versé mes indemnités de départ, alors que je suis resté six ans au Qatar ! » Juste avant son licenciement, on avait même demandé à ce ressortissant français de prendre à sa charge son assurance santé. Au Qatar, il faut être prêt à faire ses valises en une semaine !

Pendant l'été 2016, une société de déménagement a ainsi organisé le départ de 35 000 expatriés ! Dans certains secteurs, cet exode commence à inquiéter les responsables de l'émirat. Sans une main-d'œuvre étrangère, qualifiée ou non, le pays mettrait la clé sous la porte, car l'écrasante majorité des Qatariens ne travaillent pas, comme nous le verrons un peu plus loin.

Un avocat d'affaires français qui travaille au Qatar Financial District (QFC), à West Bay, nous a raconté une réunion qui s'est tenue au printemps 2016 avec des responsables qatariens et des expatriés occidentaux : « D'habitude, les Qatariens étaient arrogants, mais cette fois-ci ils étaient tout mielleux. C'était l'affolement complet. Le message qu'ils nous ont délivré était : comment faire pour que vous restiez au Qatar ? Car un avocat anglo-saxon avait posé une question intéressante : comment nous convaincre de ne pas migrer vers Dubaï ? L'un d'entre eux a aussi évoqué la perspective de l'ouverture du marché iranien. Bref, les Qatariens sont contrariés. Ils n'ont pas assez de personnel local compétent pour prendre la relève des expatriés, et ils n'ont pas beaucoup d'idées à proposer. C'est la première fois que je vois autant de fébrilité depuis dix ans. »

Le Qatar a grandi vite, trop vite sans doute. Résultat : des chantiers parfois bâclés comme celui du nouvel aéroport Hamad International. On prend les entreprises les moins chères, qui ensuite multiplient les sous-traitants en cascade. Au final, les coûts s'envolent, les commissions des intermédiaires se multiplient, et le résultat final est décevant. « Pour l'aéroport Hamad, explique un avocat, il y a un énorme contentieux en cours avec le consortium italien en charge de la construction. La liste des malfaçons est très longue, sans parler de la mauvaise qualité des matériaux et des retards. » À la première grosse pluie, pendant l'hiver 2016, une partie du toit de l'aéroport s'est effondrée…

Même la chaîne de télévision Al-Jazeera, qui a fait connaître le Qatar dans le monde entier, a réduit la voilure avec une vague de 500 licenciements en 2016. « Les mises à pied ont essentiellement concerné les administratifs et les techniciens, rapporte un cadre de la chaîne. La direction a justifié ces départs par une baisse des revenus, donc il fallait arrêter la gabegie. » Tous les projets d'extension à l'étranger sont tombés à l'eau.

Al-Jazeera America a mis la clé sous la porte, malgré un investissement de 2 milliards de dollars. Les projets de chaîne en turc, en swahili, en français et en chinois ne verront sans doute jamais le jour. Seule la chaîne Al-Jazeera Balkans, destinée aux téléspectateurs musulmans de Bosnie et du Kosovo, a survécu dans la tempête, sans doute parce qu'elle ne coûtait pas très cher.

« La taille d'Al-Jazeera n'était plus en adéquation avec l'influence que la télévision avait au temps de sa splendeur, analyse un journaliste de la chaîne. Hier nous étions seuls et regardés par tout le monde au Moyen-Orient, aujourd'hui ce n'est plus le cas. Pour l'émir Tamim, Al-Jazeera a joué son rôle historique, donc il réduit les coûts, même s'il n'est pas question de fermer la chaîne. »

Une société déboussolée

Au Qatar, la chute des prix puis l'extinction de la culture des perles dans les années 1930-1940 reste un traumatisme grave dans la mémoire collective. Activité traditionnelle dans les pays du Golfe persique, le secteur de la perle faisait vivre une bonne partie de la population locale. Leur qualité était réputée dans le monde entier. Les plus belles pièces ornaient les colliers de toutes les têtes couronnées de la planète.

À l'époque, le pays avait été ruiné par la concurrence des perles de culture japonaises et avait connu par la suite des années de disette. Aujourd'hui, la baisse des prix du pétrole et du gaz n'est pas comparable, mais Tamim devra maintenir un État-providence généreux pour assurer l'allégeance des tribus et des grandes familles. Sinon, des pulsions de destitution pourraient renaître…

Malgré une modernisation imposée par la famille royale, la société qatarienne reste fondamentalement conservatrice. À l'instar de l'Arabie Saoudite, l'émirat est régi par le wahhabisme dans sa version édulcorée. Les femmes conduisent, il n'existe pas de ségrégation stricte des genres, et l'alcool est toléré[1]. Mais sous Tamim, l'atmosphère est devenue

1. Au Qatar, les étrangers ont le droit de dépenser jusqu'à 10 % de leur salaire en alcool, qu'ils achètent dans un magasin qui leur est réservé.

plus lourde. Cet expatrié libanais, qui vit dans un *compound* sécurisé où il y a une mosquée, doit pourtant supporter tous les vendredis matin des prêches enflammés. « À la fin de la prière, j'ai les oreilles qui sifflent quand l'imam invoque Dieu pour tuer tous les *koufars*, c'est-à-dire les mécréants. »

Des exemplaires du livre *Blanche-Neige et les sept nains* ont dû été retirés d'une école privée parce que contenant des « illustrations indécentes » et des « images inappropriées ». Une enquête a été diligentée par le Conseil suprême de l'éducation sur plainte d'un parent d'élève. Les autorités ont également envoyé des consignes aux crèches de l'émirat, pour interdire toute décoration faisant référence à Noël, assimilé à « une célébration d'un rituel non islamique ». Dans le même temps, l'émir Tamim accordait un terrain pour construire l'église Saint-Charbel pour la communauté libanaise de Doha. Toujours ce côté schizophrène des pouvoirs, que l'on retrouve dans tous les pays du Golfe.

Tamim doit gérer une nouvelle génération très difficile. Son principal défi, c'est l'empowerment d'une jeunesse complètement déboussolée, surtout la tranche d'âge des quinze-vingt ans, celle qui n'a pas connu les rigueurs de la vie dans le désert. Dans ses discours, l'émir essaie de secouer la jeunesse sur le thème : « Arrêtez de passer votre vie dans les centres commerciaux, faites des études et mettez-vous au travail ! » Mais l'argent a pourri toute une génération. Quand le PIB par tête d'habitant avoisine les 100 000 dollars par an, pourquoi travailler et faire des efforts quand vous avez dix-huit ans ?

« Les Qatariens ont des salaires qui sont déconnectés de la création de valeur, constate un avocat d'affaires français. Un salaire moyen pour un cadre local avoisine les 100 000 riyals par mois, c'est-à-dire 25 000 euros ! Ceux qui ont des postes clé travaillent comme des fous pour faire avancer le pays, ensuite il y a tous ceux qui préfèrent passer le week-end à Londres ou à Paris, et enfin il y a la classe moyenne plutôt conservatrice qui voit d'un mauvais œil l'omniprésence des étrangers. » Les autorités encouragent la « qatarisation » des emplois, mais les Qatariens capables sont peu nombreux. Ils se retrouvent souvent à des postes au-delà de leurs capacités et sont noyés dans la masse des dossiers qu'ils doivent gérer.

Le problème, c'est que pour les Qatariens, travailler est un peu insultant. Ici l'oisiveté n'est pas honteuse, bien au contraire : elle prouve que vous êtes influent et que vous faites travailler les autres ! Et pourtant, les autorités qatariennes multiplient les initiatives pour que les jeunes montent leurs propres compagnies et ne comptent plus sur la générosité de l'État.

Un cadre libanais d'une agence de communication raconte : « La Qatar Development Bank leur prête le capital de départ pour créer leur société, réalise le business plan et va même jusqu'à recruter les employés ! Dans quel pays du monde trouve-t-on des conditions aussi favorables pour se lancer dans la vie ? Or, ici, les jeunes n'accrochent pas : ils veulent tous être directeurs dans l'administration. »

L'argent qui coule à flots au Qatar depuis une quinzaine d'années n'a pas ramolli la population locale seulement sur le plan moral. L'obésité maladive au Qatar atteint aujourd'hui 30 %, c'est-à-dire le même niveau qu'aux États-Unis. Dans les *diwans*, on mange toute la soirée au-delà du raisonnable. « Un Qatarien ne peut refuser une invitation, c'est une obligation sociale pour lui, explique ce médecin tunisien. Un de mes patients, qui avait pourtant un taux de cholestérol très élevé, se plaignait d'être obligé de festoyer : il avait trois ou quatre *diwans* par semaine ! » Et dans ce banquet interminable, on ne peut pas manger du bout des doigts, ce serait risquer de froisser le maître des lieux.

Pour la population qatarienne, consommer est devenu une addiction. Malgré des revenus confortables, les gens vivent pourtant à crédit. Ils souscrivent des prêts pour acheter des voitures qu'ils revendront un peu plus tard, sans rembourser la banque. Le gouvernement passera l'éponge à l'occasion de la fête nationale ou du ramadan. Même chose quand ils empruntent pour se faire construire une maison. Au bout de quelques années, ils ne remboursent plus rien. Encore une fois, le *diwan* royal régularisera la situation.

Et le ralentissement économique n'a pas tari la soif de « bling bling » au Qatar. La dernière mode, ce n'est pas seulement d'acheter une voiture de luxe mais aussi de s'offrir une plaque d'immatriculation spéciale pour se distinguer. Une plaque style « 333 » ou « 007 » vaut entre 2 et 3 millions de dollars ! Même phénomène pour les numéros de téléphones portables avec des chiffres spéciaux, dont les prix peuvent atteindre les 30 000 euros.

À l'instar des autres monarchies du Golfe, la consommation d'alcool explose, y compris chez les femmes. Un nouveau phénomène a fait son apparition à Doha, appelée *qahwa al-cheikha*, le « café des cheikhas ». En fait, c'est l'expression qu'utilisent les Qatariennes pour commander de l'alcool dans les grands hôtels. La boisson alcoolisée est dissimulée dans des cafetières ou des théières. Entre excès et frustration, tout est permis, à condition que cela ne se voie pas…

Pour l'émir Tamim, la grande affaire de son règne, c'est de réussir l'organisation de la Coupe du monde de football, un projet qu'il espère mobilisateur pour ses sujets. Ce n'est pas un hasard si la finale aura lieu le 18 décembre 2022, coïncidant avec le jour de la fête nationale. Tout est fait pour que ce jour-là couronne dans l'apothéose le règne de Tamim. L'émir, qui a assisté à la dernière finale de l'Euro au Stade de France à Paris, a dépêché pendant toute la compétition une quinzaine d'officiers de gendarmerie qatariens pour se familiariser avec les méthodes de sécurisation d'un grand évènement. Mais d'ici 2022, le chemin est encore long et semé d'embûches.

Nous pouvons d'ailleurs révéler qu'une armada de juristes et d'avocats internationaux planche sur un plan B, si d'aventure la FIFA retirait l'organisation de la Coupe du monde au Qatar à cause du scandale de corruption qui a entouré la désignation de l'émirat. Des scénarios de simulation d'annulation de la compétition ont été commandés à des cabinets de juristes.

« Il s'agit de savoir comment faire fonctionner les assurances, quels seraient les dommages et intérêts, quelles seraient les pertes, nous a expliqué un proche du dossier. Si le comité d'organisation qatarien était mis en cause pour prévarication, Doha ferait alors porter le chapeau à quelques individus, en insistant sur le fait qu'ils n'avaient pas de fonctions officielles, ce qui exonérerait les autorités de l'émirat d'une responsabilité directe. » Bref, sacrifier quelques lampistes pour garder l'organisation de la Coupe du monde à tout prix !

Pour l'alcool des supporters, des fans zones sont prévues. Mais au sein du pouvoir qatarien, certains ont essayé de remettre en cause la future campagne de publicité du fabricant de bière Carlsberg, partenaire officiel de la FIFA. « A-t-on vraiment besoin d'un sponsor de boissons alcoolisées ? » se sont interrogés les organisateurs. Il aurait même été envisagé de dédommager le brasseur danois pour qu'il ne fasse pas de promotion pendant la Coupe du monde. En vain, car le poids de la FIFA et des annonceurs pour ce type d'évènements est trop puissant.

Le talon d'Achille des organisateurs, ce sont surtout ces centaines de milliers de travailleurs asiatiques qui construisent les huit stades de la compétition et les infrastructures de Doha (200 milliards de dollars d'investissement). Les critiques n'ont pas cessé de pleuvoir concernant le sort de cette main-d'œuvre étrangère. La Confédération mondiale des syndicats (ITUC) a estimé que « 7 000 d'entre eux mourraient d'ici le coup d'envoi du premier match en 2022 ». Les organisateurs ont réfuté ce chiffre, qu'ils considèrent comme fantaisiste et qui ne tient pas compte des améliorations en cours. Mis devant ses responsabilités et détestant la mauvaise publicité, l'émirat a en effet commencé à réformer le statut de la main-d'œuvre étrangère et ses conditions de travail.

Les autorités de Doha sont aujourd'hui conscientes du caractère « anachronique » du système de sponsoring des étrangers, qu'on appelle en arabe la *kafala*[1]. Une nouvelle loi a été adoptée en décembre 2015, mais elle n'entrera pas en vigueur avant 2017[2]. L'un des points les plus contestés dans l'ancien système concernait les autorisations de sortie de territoire (*Exit permit*) laissé à l'entière discrétion des patrons qui pouvaient retenir un salarié contre son gré au Qatar.

Désormais avec la nouvelle loi, le permis de sortie sera délivré par le ministère de l'Intérieur dans un délai de trois jours. « Ça ne change grand-chose, analyse un avocat d'af-

1. Le système de la *kafala*, considéré comme une forme de travail forcé par les ONG internationales des droits de l'homme, place le salarié en situation de dépendance totale par rapport à l'employeur, qui parfois lui confisque son passeport.

2. Loi n° 21 de 2015 sur la régulation de l'entrée, de la sortie et des conditions de résidences des expatriés (*New Sponsorship Law*).

faires. La nouvelle réglementation a même rendu les choses plus compliquées. Maintenant, les permis de sortie sont émis par un comité au sein du ministère de l'Intérieur mais il doit quand même demander son avis à l'employeur. » Autrement dit, si un patron veut empêcher un salarié de quitter le territoire, il pourra toujours le faire de façon indirecte...

Pour autant, des progrès réels ont été accomplis pour améliorer le sort de la main-d'œuvre étrangère. Les employeurs qatariens doivent désormais obligatoirement verser le salaire à leurs employés par virement bancaire, et non plus en liquide. Sous certaines conditions, ces derniers pourront changer de travail à la fin de leur contrat, ce qui n'est pas le cas aujourd'hui. À compter du 1er janvier 2017, les compagnies ont l'obligation de transporter leurs ouvriers à bord d'autobus climatisés entre leurs lieux de résidence et les chantiers.

Pointé du doigt par les organisations de défense des droits de l'homme, le Qatar élimine progressivement les *labor camps* (camps d'habitation pour travailleurs) les plus sordides. Pour les sociétés qui participent aux chantiers de la Coupe du monde, le standard est désormais de 4 ouvriers logés dans 25 mètres carrés, alors que la norme auparavant était couramment de 8 personnes dans 20 mètres carrés.

Pour vérifier les conditions de vie des travailleurs asiatiques, les autorités qatariennes ont recruté 375 inspecteurs du travail. Autant d'avancées pour gommer les aspects les plus abusifs de la *kafala*, qui confirment, estime une note de l'ambassade de France au Qatar, « une forte volonté politique de mettre en place un nouveau cadre législatif, malgré les oppositions qui pourraient se faire entendre de la part des employeurs qatariens[1] ».

Grâce à la Coupe du monde, le Qatar entend mettre un coup d'accélérateur sur le tourisme sous toutes ses formes (culturel, médical ou d'affaires). L'objectif est d'accueillir 11 % de visiteurs supplémentaires chaque année, pour parvenir à 7 millions de visiteurs par an en 2030 contre 2,8 millions en 2014. Au cours des cinq prochaines années, il est prévu l'ouverture de 80 nouveaux hôtels, dont 80 % de 4 et 5 étoiles.

Mais déjà se posent plusieurs questions : après la Coupe du monde de 2022, à quoi serviront toutes les infrastructures construites ? Que deviendront les 2 millions de travailleurs étrangers qui auront construit le miracle qatarien ? L'émir Tamim devra alors montrer que, lorsque les feux de cet évènement planétaire seront éteints, le Qatar peut continuer de briller et d'attirer les regards du monde, comme l'avait rêvé son père, cheikh Hamad.

---

1. Note du service économique de l'ambassade de France à Doha, 17 mars 2015.

– CONCLUSION –

L'Arabie Saoudite, le Qatar, les Émirats et le Koweït doivent rester des partenaires privilégiés de la France. Loin d'acheter notre pays, leurs investissements ici et ceux que nous réalisons chez eux sont bénéfiques à chacun. Et puis, la France n'a aucun intérêt à voir un grand pays comme l'Arabie Saoudite basculer aux mains des radicaux.

Avec Riyad, le problème numéro un reste pourtant son prosélytisme religieux. S'il est vain d'espérer des autorités saoudiennes qu'elles renoncent au pacte fondateur avec le clergé wahhabite, la France est en droit d'attendre moins de confusion dans les relations parfois obscures que Riyad entretient avec les communautés musulmanes à travers le monde. L'affaire de la mosquée de Nice financée avec l'argent personnel du ministre des Affaires religieuses, si elle est parfaitement légale, n'est pas acceptable.

Une exigence de transparence qu'il faudra âprement négocier. Se considérant comme « l'Empire du milieu » au Moyen-Orient, l'Arabie Saoudite, qui contrairement à ses voisins n'a jamais été colonisée, a toujours voulu vivre à l'abri des regards extérieurs. « Nous voulons que personne ne se mêle de nos affaires, répétaient comme un leitmotiv les responsables saoudiens à l'ambassadeur Bertrand Besancenot. Si nous n'interférons pas dans les affaires des autres, c'est justement pour qu'on nous fiche la paix. »

Or, cette position n'est plus tenable aujourd'hui, avec la politique de la nouvelle direction saoudienne au Yémen, par exemple. Un dialogue critique doit donc maintenant guider nos relations politiques avec l'Arabie Saoudite. La position de ses dirigeants – une hésitation perpétuelle entre transaction et fermeté avec les radicaux, dénoncée notamment par Bruno Le Maire et François Fillon – devrait être infléchie. Or elle ne peut l'être que si la France exerce davantage de pressions sur Riyad, l'expérience ayant à maintes reprises montré que l'Arabie Saoudite ne comprenait que les contraintes extérieures.

Sur ce point, la France devrait s'inspirer non seulement des États-Unis, mais aussi de pays plus modestes comme la Suède ou la Suisse, qui n'ont pas craint d'agir. Au nom des droits de l'homme, Stockholm n'a pas renouvelé son accord de coopération militaire signé avec l'Arabie Saoudite en 2005. Certes, le montant en jeu n'était pas énorme (37 millions d'euros), mais la Suède, elle, n'a pas transigé sur les principes de sa diplomatie.

La Suisse, elle aussi, a refusé de livrer des munitions à l'Arabie Saoudite, pour respecter un embargo sur les armes en raison des nombreuses victimes civiles causées par les bombardements de la coalition arabe conduite par Riyad au Yémen. L'Allemagne, par la voix du vice-chancelier Sigmar Gabriel, a eu également des prises de positions très fermes, exhortant l'Arabie à cesser « le financement des mosquées wahhabites à travers le monde ».

Même le gouvernement britannique, pourtant proche allié de l'Arabie, s'est retiré d'un appel d'offres visant à moderniser le système pénitentiaire saoudien sur fond de critiques sur les droits de l'homme. Le silence imposé jusqu'au début 2016 au Quai d'Orsay par Laurent Fabius au sujet des atteintes aux libertés individuelles en Arabie doit cesser. Une fois encore, « ces pays ne respectent que les gens forts, pas les courtisans », confie un diplomate. Autre erreur de notre diplomatie : elle a survendu un retrait américain du Golfe dans l'espoir de se substituer à Washington. Or rien, ni dans les chiffres – 33 milliards de dollars d'achats militaires américains en 2015 – ni même dans l'affichage – trois semaines de visite aux États-Unis pour le prince Mohammed bin Salman en juin 2016, comparé à ses 48 heures passées en France – n'accrédite un réel désengagement des États-Unis vis-à-vis de ses alliés sunnites même si la confiance n'est plus ce qu'elle était. La France reste, au mieux, « le partenaire de compensation » de l'Arabie Saoudite, notamment.

Quant au financement du terrorisme islamiste, il est absurde d'accuser les autorités saoudiennes de financer Daech, alors qu'elles sont elles-mêmes l'une des principales cibles du calife autoproclamé Abou Bakr al-Bagdadi, qui revendique une légitimité sur les lieux saints par sa parenté avec les Qoreish, une tribu historiquement liée à La Mecque et au prophète Mahomet.

Ces dernières années, Riyad a multiplié les efforts contre le terrorisme. Mais là encore il a fallu exercer de fortes pressions sur le pays. Elles furent souvent l'œuvre des États-Unis, que la France devrait appuyer avec moins de réserve dans un domaine où tout est affaire de volonté politique.

Avec le Qatar, le problème relève plutôt du double jeu de l'émirat, notamment ses relations ambigües avec certains mouvements radicaux islamistes. Les rançons payées à la branche locale d'al-Qaïda en Syrie et sa tolérance à l'égard des financiers du djihad abrités par Doha sont de réelles sources de préoccupation. Dans un contexte sécuritaire dégradé, ces zones d'ombre ne peuvent plus être traitées avec légèreté par certains dirigeants politiques français. La complaisance, ou même le simple aveuglement, ne sont plus de mise.

Certes, le nouvel émir Tamim se montre plus prudent. Mais à l'instar de l'Arabie Saoudite, le Qatar développe un prosélytisme inquiétant, *via* des ONG caritatives comme Qatar Charity. Doha utilise la charité islamique (5 projets de mosquées au Mali, 8 au Niger, 4 au Kosovo, 3 en Albanie, etc.) comme arme de son *soft power*. Bref, là aussi, il convient d'être vigilant et plus ferme.

Si le Koweït reste très discret, des pressions sont nécessaires pour que ses ONG et ses financiers privés n'alimentent plus les groupes terroristes. Là encore, les Américains sont offensifs, pas la France. À aucun moment, dans le plan d'action du nouvel ambassadeur en 2014, Christian Nakhlé, il n'est question de ce problème du financement du terrorisme qui a pourtant fait des ravages en Syrie. Le document de cinq pages que nous avons consulté est largement consacré à la diplomatie économique. Difficile également de comprendre pourquoi, dans ce contexte marqué par le terrorisme, la DGSE a fermé son poste – officiel – à Koweït-City.

Dans la guerre contre les djihadistes, s'il est un pays avec lequel la France peut travailler, ce sont les Émirats arabes unis. Leur agenda en fait un partenaire sans ambiguïté dans ce domaine, même si leur obsession anti-islamiste pousse parfois les Émiriens à des positions maximalistes, peu productives dans le règlement des crises en Libye, par exemple. Pour Abou Dhabi, l'éradication des barbus est la seule option possible.

On l'aura constaté, l'attitude de la France vis-à-vis de ces pays, qui nous font miroiter des marchés, est trop docile, et finalement contre-productive. « Le fait que nous cherchions à tout prix à obtenir des contrats n'est pas perçu comme très respectable : cela se sait dans la région, et la France y est considérée comme un pays faible, affirmait devant la commission des Affaires étrangères de l'Assemblée nationale en janvier 2016 la chercheuse Fatiha Dazi-Héni, spécialiste du Golfe. Vous n'imaginez pas à quel point les pays du Golfe en jouent, et de manière très humiliante ! Lorsqu'ils voient arriver les Français avec leurs gros sabots à la recherche de contrats, ils se disent qu'ils vont "faire mumuse" avec eux ! S'il y a une chose que respectent ces pays, c'est la puissance. » Des propos confirmés une fois encore par de très nombreux industriels familiers de ces monarchies.

Non seulement les émirs nous connaissent beaucoup mieux que nous ne les connaissons, mais ils sont aussi informés des faiblesses et turpitudes d'une partie de notre classe politique. Les pratiques indignes et quasi mafieuses de certains responsables français avec les Qatariens sont parfois stupéfiantes. Le comportement de nos dirigeants devrait changer dans le sens d'un assainissement de leurs relations avec le Golfe. Trop souvent aussi, nos élites considèrent les émirs avec condescendance. Leur envoyer des courtiers originaires du Maghreb – qu'ils n'apprécient pas – pour négocier certains contrats n'arrange rien, comme nous l'ont rappelé bon nombre d'hommes d'affaires.

Vient enfin la question de l'argent qui a pollué nos relations avec ces pays depuis des décennies. Financent-ils nos partis politiques ? Écoutons ce qu'en dit Jacques-Jocelyn Paul, industriel français installé à Riyad depuis plus de quinze ans et auteur d'une somme sur l'Arabie : « L'argent, nerf de la guerre, est aussi en Arabie la meilleure façon de gérer le clientélisme. Vers les tribus, vers les Occidentaux en les aidant à financer leurs partis politiques, en régulant les prix du pétrole et en octroyant des contrats d'armements mirifiques, vers les croyants du monde entier par la diffusion des thèses hanbalites[1] et vers les pays sous-développés à vassaliser[2]. »

Conscients de tous ces comportements, ne serait-il pas temps que nous revoyions nos relations ? Encore une fois, il ne s'agit pas de rompre, mais de rééquilibrer nos liens avec ces pays, surtout après le « big bang » qu'a connu le Moyen-Orient le 14 juillet 2015, avec la signature de l'accord nucléaire qui a réintégré l'Iran dans le concert des nations. Le souhaitons-nous ? À entendre bon nombre

1. Le courant hanbalite est l'une des quatre écoles de jurisprudence sunnites – en dehors des écoles hanafite, chaféite et malékite. C'est la plus rigoriste d'entre elles et le wahhabisme en vigueur en Arabie Saoudite s'inscrit dans le cadre de cette école.

2. *Arabie Saoudite, l'incontournable*, Jacques-Jocelyn Paul, Riveneuve Éditions, 2016.

de nos diplomates, nous ne sommes pas encore prêts à reconsidérer des décennies de relations privilégiées avec nos très chers émirs.

Cette question a pourtant été posée par certains candidats à l'élection présidentielle. On ne pourra en faire l'économie. « On ne peut pas séparer politique étrangère et politique intérieure, insiste Bruno Le Maire. On ne peut pas considérer que renforcer sans cesse les liens avec les États du Golfe, en particulier l'Arabie Saoudite, n'a aucune incidence sur la situation en France. Ce n'est pas vrai », insiste-t-il.

Les Français, traumatisés par les attentats, ne comprendraient probablement pas le maintien de notre *statu quo* diplomatique. Un défi que le président Emmanuel Macron ne pourra éluder pendant son quinquennat. D'autant plus que le Qatar est aujourd'hui mis au banc des accusés, sommé de toutes parts de clarifier ses relations avec des mouvements extrémistes.

Cartes du Golfe

Carte 1 :

L'Arabie Saoudite, « l'Empire du milieu » au Moyen-Orient

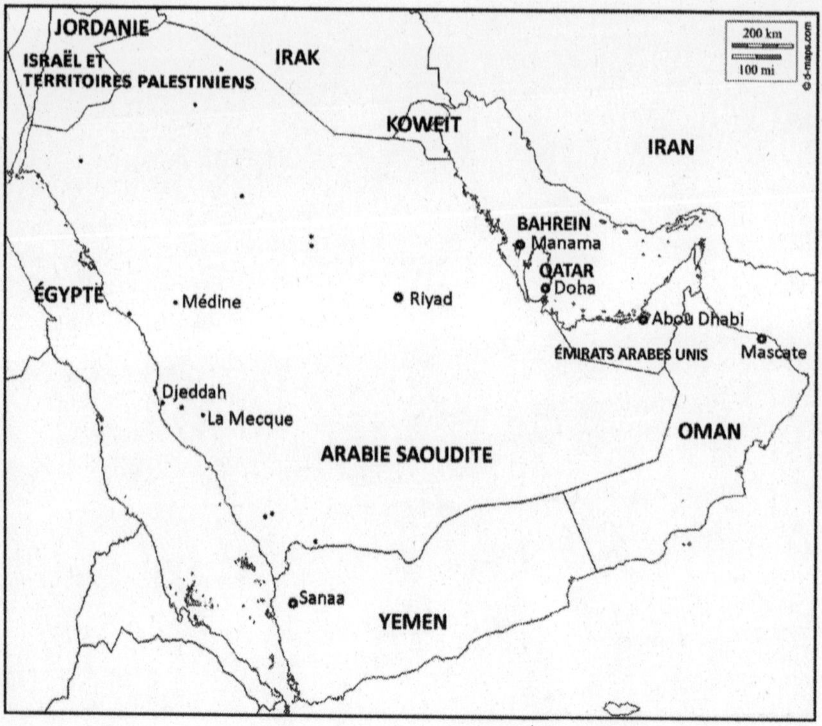

Carte 2

Les Émirats arabes unis

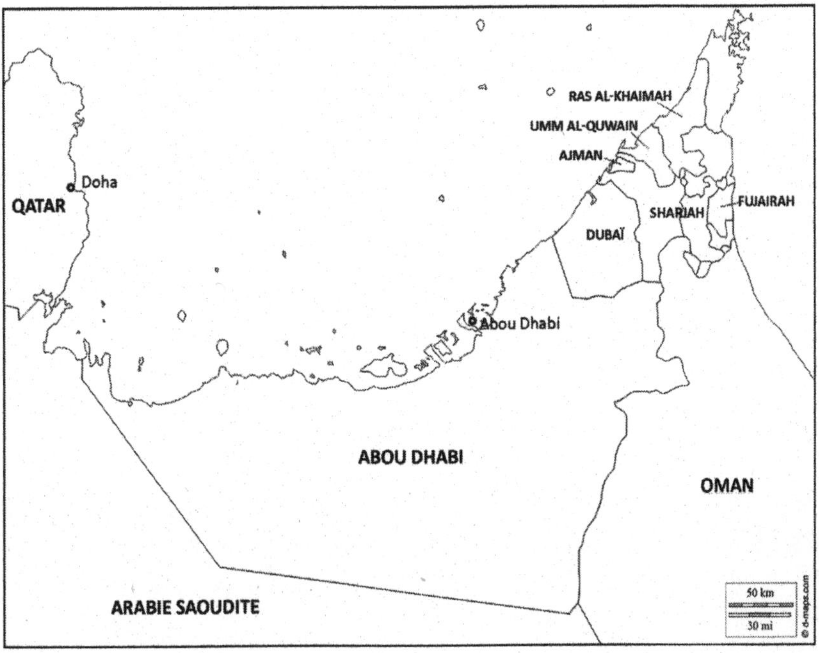

Quelle est la position de sport ?

Qatar a compris + tôt ?

Pays 1-p culturelle ≠ ?

G est 1 sujet ds les ambassades ?

Sport était 1s 1 option of ARS ?

Le W Bein → pompé par les ARS ?

Il est permis → of la langue et in désinformation

Mettre la jeunesse au sport, goût ff

Allies aux notables ? W déjà j eux ?

BSC et CDM j'ai retrouvé eux ?
— bad image < fixe — droits is faire / clim
— éclairage ... de rech

Ds le rech de Vision 2030 ?

Sport ≠ P d ARS. Tourisme ? Flux ? Pur ?
Occuper la jeunesse ? Santé ?

JO Arabie S ? Sélections

CDM sans choix

Modernité, attrait (pour les sports — ... en faisant avec les religieux

TABLE DES MATIÈRES

Mise en pages par
PRESS·PROD

IMPRIM'VERT® PEFC 10-31-1510

Imprimé en France
par Corlet Imprimeur
14110 Condé-sur-Noireau
en Juin 2017
N° d'imprimeur : 190792
Dépôt légal : septembre 2016
ISBN : 978-2-7499-2487-8
LAF : 1978